中国企业对丝绸之路经济带直接投资风险防范研究

贺宁华 著

Research on Risk Prevention of
China Enterprises' Outword Foreign Direct Investment
in the Silk Road Economic Belt

中国社会科学出版社

图书在版编目(CIP)数据

中国企业对丝绸之路经济带直接投资风险防范研究 / 贺宁华著. —北京：中国社会科学出版社，2019.9
ISBN 978-7-5203-5180-5

Ⅰ.①中⋯ Ⅱ.①贺⋯ Ⅲ.①丝绸之路—经济带—直接投资—投资风险—研究—中国 Ⅳ.①F832.6

中国版本图书馆 CIP 数据核字（2019）第 216506 号

出 版 人	赵剑英
责任编辑	刘晓红
责任校对	周晓东
责任印制	戴 宽
出 版	中国社会科学出版社
社 址	北京鼓楼西大街甲 158 号
邮 编	100720
网 址	http://www.csspw.cn
发 行 部	010-84083685
门 市 部	010-84029450
经 销	新华书店及其他书店
印刷装订	北京君升印刷有限公司
版 次	2019 年 9 月第 1 版
印 次	2019 年 9 月第 1 次印刷
开 本	710×1000 1/16
印 张	16.25
插 页	2
字 数	251 千字
定 价	89.00 元

凡购买中国社会科学出版社图书，如有质量问题请与本社营销中心联系调换
电话：010-84083683
版权所有 侵权必究

摘　　要

　　新丝绸之路经济带概念提出之后国际、国内反响强烈。国际方面作为国际化的公共产品，以合作共赢模式促进世界经济全球化抵制贸易保护赢得联合国的鼎力支持，越来越多的国家参与其中。国内方面各经济区域积极响应，中国与丝绸之路经济带沿线国家经济合作日益密切，投资合作发展迅速。中国企业在丝绸之路经济带沿线国家直接投资失败比例较高，面临的风险较大，学界对该领域直接投资风险防范研究起步不久，因此探析中国企业在丝绸之路经济带沿线国家直接投资风险防范意义重大。

　　本书在系统回顾国际、国内评估机构及学者就直接投资风险防范研究动态的基础上，对中国对外直接投资实际发生的状况进行归纳，总结出四种主要对外直接投资企业类型，采用闵氏关键因素评估法，结合丝绸之路经济带国家特殊政治经济背景对丝绸之路经济带国家直接投资环境风险进行量化评估，对丝绸之路经济带国家做出更贴近企业对外直接投资实用性的风险评判。进一步定性分析中国企业对丝绸之路经济带直接投资面临的十大类外部风险，针对单向风险提出相应的防范策略。通过对中国海外投资典型失败及成功案例的调研，剖析中国企业对外直接投资面临的内部风险，在借鉴经验和教训的基础上，提出对丝绸之路经济带直接投资内控风险防范二十条建议。选取自身风险特色鲜明的典型国家巴基斯坦、菲律宾、土耳其、沙特、俄罗斯，分析中国在这些国家直接投资的现状、面临的风险并提出切实可行的风险防范策略以供企业在丝绸之路经济带直接投资借鉴。

　　第一章导论，本章从新丝绸之路经济带概念提出之后中国对丝绸之路经济带沿线国家直接投资发展迅速入手，介绍本书研究的背景。回顾中国企业在丝绸之路经济带沿线国家直接投资发展状况及学界研究发展动态阐明本书研究的目的和意义。通过对狭义和广义"丝绸之路"范围界定、对外直接投资概念的界定，明确本书研究对象和范围。根据研究目的，选择研究方法，确定研究思路，构建本书研究内容路线图，并对本书研究的创新之处进行阐述。

第二章国内外研究发展态势，本章系统地回顾了国际直接投资风险理论研究及方法应用的发展历程，指出国际投资风险研究成果主要集中在投资环境评估方法理论构建、投资环境评估公告发布及不同学者对投资风险的具体防范策略研究三个方面。经典的海外直接投资环境风险评估方法包括投资障碍分析法、投资环境加权等级评分法、投资热国冷国评价法、抽样评估法等。流行的投资环境评估公告发布是量化风险分析迅猛发展的结果，风险评级研究成为风险预警的主要手段，国际著名的风险评级机构主要有标准普尔、穆迪和惠誉、经济学人信息实体、环球透视等；国内流行的风险评估体系主流是由中国社会科学院世界经济与政治研究所2016年发布的中国海外投资国家风险评级报告《"一带一路"国家风险评级子报告》，对丝绸之路经济带沿线国家风险进行中肯的评价，其他的包括"一带一路"沿线国家安全风险评估编委会发布的《"一带一路"沿线国家安全风险评估》、2017年出版发行的《"一带一路"沿线国家安全风险地图》等，这些评估结果对国家宏观领域的风险评估全面准确、直观明了。国内外学者在对外直接投资风险防范研究方面，发达国家学者对投资风险研究繁荣于20世纪五六十年代，主要从经济政治文化等领域进行研究；国内学者的对外直接投资风险研究起始于20世纪90年代，在研究方法上从初期的定性分析向量化分析转变，在研究领域方面从总体风险研究拓展到单向风险研究、行业风险研究、国家风险整体评估等不同领域，研究的广度和深度不断增加。随着"一带一路"倡议的推进，对"一带一路"沿线的风险研究不断增加，研究成果主要集中在2014年以后。学者从中巴经济走廊的发展、投资区位的选择、政治经济文化风险领域、能源合作领域等不同角度进行分析，提出相应的风险防范策略，为企业在"一带一路"直接投资的风险防范起到一定的积极作用。

第三章对丝绸之路经济带直接投资环境风险评估，对外直接投资过程中，面对相同的国家风险，由于企业自身千差万别，对风险因素关注差异巨大，对同样国家的风险感触和承载能力不同，本章对"丝绸之路"沿线国家直接投资环境风险评估方面，以闵氏关键因素评估法为基础，采用全新的视角，考虑企业自身风险的关注目标，结合中国2015年对外直接投资流量以及2015年年末存量前100位的对外投资企业进行归纳，指出中国对外直接投资行业及动机主要包括四种类型，相应的环境风险评估也分为四种类型：具有绝对优势资源互惠型企业对外直接投资环境风险评估、具有核心技术优势市场拓展型企业对外直接投资环境风险评估、具有资金技术优势市场拓展型企业对外直接投资环境风险评估、具有相对优势市场拓展型企业对外直接投资环境风险评估。根据不同投资动机行业风险关注特点结合东道国实际环境分别进行关键因素指标选择与权重赋值及结果评估、环境风险评估结果分值解析、环境风险评估指标分值评判定性解析三部分分析，评判出四类对外直接投资企业在丝绸之路经济带沿线国家面临的环境风险状况。

　　第四章中国企业对丝绸之路经济带直接投资外部风险防控研究，在"一带一路"倡议下，中国资本国际化大潮将不断高涨，丝绸之路经济带建设中中国企业对外直接投资不断发展，面临的外部风险纷繁复杂，本章在研究方法上采用发放问卷、电话咨询、邮件咨询、经理人预约访谈、新闻调查、网络调查等形式进行实际调研，结合定性及定量分析的研究方法，分析中国企业在丝绸之路经济带进行直接投资面临的经济风险、各国势力纷争风险、竞争性风险、区域风险、自然风险、罹患疾病风险、商业欺诈风险、劳务许可签证难风险，剖析这类外部风险存在的现状及原因，并提出切实可行的对丝绸之路经济带直接投资风险防范策略。在丝绸之路经济带直接投资对经济风险防范从政府角度应该加强地缘优势和共赢目的宣传，签订双边投资合作协议过程中注重双边对等的开放市场；从企业角度做好贸易与投资相互替代，履行企业社会责任创造共享价值缓解东道国民众的反感情绪降低经济风险。各国势力纷争的风险防范基于政府层面应该稳妥处理好各种势力之间的关系，增强国家经济科技军事实力是根本策略；基于企业层面应该积极利用各种风险管理业务规避风险，选择得力的合作伙伴或顾问解决经营中遇到的问题。竞争性风险防范应该关注大国博弈产生的各种风险，借鉴国际经验用好

"丝路基金"和亚投行，借鉴国际经验做好国际发展援助，加强国际经济协调。区域风险防范，应该时刻关注这些矛盾的变化，避免在矛盾区域投资设厂；无法避开风险区域，要积极预测其可能诱发的风险，权衡利弊，将风险降到最低。自然灾害风险防范，投资建新厂时应根据以往灾害发生的规律，避开自然灾害和地质灾害频发区、避开生态保护区；若是贸易等短期合作，要注重研究当地气象预报，选择技术过硬的司机、配备性能良好的汽车、选择有经验有能力的跟车人员、避开极端天气进行运输；深刻认识干旱区域对投资的影响。对疾病风险防范，政府部门要避免这些疾病随着经济合作交流传入中国，职能部门运用科学的管理方法，有针对性、有目的地采用高科技手段迅速检测防范来自不同国家和区域的疾病，真正做到限制流行疾病蔓延到我国；对外直接投资企业要预先对员工进行培训，使员工明白所处地域的流行疾病及其危害程度，提高员工个人的防备能力。尽可能地统一给员工接种相关疫苗，对于没有疫苗类的疾病防范，要给员工购买保险期限长于国外工作期限的疾病保险。商业欺诈风险防范不轻信来源不确定的消息，严格按国际惯例规范经营，慎重签订商业合同避免利益受损。劳务许可签证难风险防范要妥善解决高级管理人员和技术人员劳务签证问题，中级管理人员以及普通员工尽量实施雇员本土化，妥善处理与工会的关系，学会和执法人员打交道。

  第五章中国企业对丝绸之路经济带直接投资内控风险防范研究，本章采用实际调研和网络调研相结合，分析归纳与总结相结合的研究方法，通过对2001—2016年中国对外直接投资成功典型案例和失败典型案例（其中一部为日本海外投资失败的典型案例）进行跟踪调研，分析其成功及失败的原因，剖析风险产生的共性，借鉴历史经验提出对丝绸之路经济带直接投资内控风险防范措施共计二十条：甄别国外豪华包装类"鸡肋"资产避免上当受骗、甄别被收购公司的技术发展前景避免投资失误、设立国家专项研究机构对外国持续深刻研究、海外投资用工遵纪守法谨慎裁员、注重区域差别选择合理的解决方法降低金融风险、注重环保善于运用媒体提高中国企业的环保认可度、内部整合过程以真诚打动对方消除投资障碍、入乡问禁撇清麻烦、注重细节消灭隐患降低直接投资风险、加强对丝绸之路经济带沿线国家直接投资企业的地理区位与时间规划及投资领域的设计、甄别外国专家言论真伪、密切关注西方国家的媒体舆论导向、注重企业发展规模与丝路沿线国家经济规模的适应性、央企在丝绸之路经济带直接投资时应该强调其商业性、在丝绸之路经济带沿线投资能源领域时要认清能源市场波动趋势、运用明确的合同条款和购买国际保险应对丝绸之路经济带沿线国家的摇摆不定、事前预防为主事后措施为辅加强对外直接投资核准管理、借鉴发达国家经验强化相关机构职能、正确认识风险存在的长期性、理性评价企业对外直接投资。

第六章丝绸之路经济带典型国家直接投资风险防范研究，"一带一路"沿线国家虽多，但是，典型国家有其自身鲜明的风险特点，对中国对外直接投资影响深远。单独关注的典型国家选取的依据是在中亚板块（在外部风险研究部分阐述较多）、西亚板块、中蒙俄经济走廊、中巴经济走廊四个板块中均匀分布性以及国家在四大板块中的重要性，主要包括巴基斯坦、菲律宾、土耳其、沙特、俄罗斯五个国家，分析中国在这些国家直接投资的现状、面临的风险并提出切实可行的风险防范策略以供企业在丝绸之路经济带直接投资借鉴。中国企业在巴基斯坦直接投资应该寻求当地政府保护与企业自身防范相结合，依托援助模式向商业模式过渡，参考多边税收条款完善两国税收协定，尊重当地习俗促进文化融合，科学严谨的投资选址缓解自然风险。中国对菲律宾直接投资风险防范应该积极执行宏观战略、主动规避政治风险，建立对菲律宾的安全风险评估及预警机制，慎重选择投资区域、精确定位投资领域。对沙特直接投资要密切关注形势动态及时通告妥善处理，加强经济联系充分了解沙特投资环境。对土耳其直接投资要注重利益牵制避免征用和没收风险，权衡经济形势注重投资细节，关注无政府组织，学会与媒体打交道，注重自身品牌建设提升企业形象。在俄罗斯直接投资应加强对投资企业的指导，充分了解俄罗斯投资环境并加强可行性分析。

第七章"一带一路"发展及展望，"一带一路"倡议提出后措施得力造福沿线民众，至 2017 年 4 月，上海、辽宁、浙江、河南、湖北、重庆、四川、陕西 8 个新设自贸试验区成立，中欧班列开通，亚洲基础设施投资银行、金砖国家新开发银行、"丝路基金"的设立及成功运作，跨境自由贸易和投资合作区的建设，贸易合作大数据报告发布，双边国家跨境交易平台建立,通信海缆的贯通等为丝绸之路经济带发展打下了坚实的基础。"一带一路"倡议基于全球共同繁荣的理念,是迄今最受欢迎的国际公共产品,也是目前前景最好的国际合作平台,"一带一路"倡议将极大地促进参与国的基础设施开发、投资及贸易流动以及经济良好发展,其带动的投资和经济增长将创造成千上万个工作机会,使更多的人受益。

目 录

第一章 导论 ……………………………………………………… (1)
 第一节 本书研究的背景 ……………………………………… (1)
 第二节 本书研究的意义 ……………………………………… (6)
 第三节 核心概念界定 ………………………………………… (11)
 第四节 研究思路及方法 ……………………………………… (14)
 第五节 研究创新之处 ………………………………………… (16)

第二章 国内外研究发展态势 …………………………………… (18)
 第一节 经典的海外直接投资环境风险评估办法 …………… (18)
 第二节 国际流行的风险评估机构及评估方法 ……………… (21)
 第三节 国内流行的风险评估体系及评估结果 ……………… (26)
 第四节 国内外学者就对外直接投资风险防范研究动态 …… (27)
 第五节 小结 …………………………………………………… (38)

第三章 对丝绸之路经济带直接投资环境风险评估 …………… (40)
 第一节 对丝绸之路经济带直接投资环境风险评估设计 …… (40)
 第二节 绝对优势资源互惠型企业对丝绸之路经济带
    直接投资环境风险评估 ……………………………… (44)
 第三节 核心技术优势市场拓展型企业对丝绸之路经济带
    直接投资环境风险评估 ……………………………… (61)
 第四节 资金技术优势市场拓展型企业对丝绸之路经济带
    直接投资环境风险评估 ……………………………… (73)
 第五节 相对优势市场拓展型企业对丝绸之路经济带
    直接投资环境风险评估 ……………………………… (81)
 第六节 小结 …………………………………………………… (85)

第四章 中国企业对丝绸之路经济带直接投资外部风险防控研究 …… (87)

 第一节 中国企业对丝绸之路经济带直接投资面临的经济风险及防范 …… (87)

 第二节 中国企业对丝绸之路经济带直接投资面临的各国势力纷争风险及防范 …… (95)

 第三节 中国企业对丝绸之路经济带直接投资面临的竞争性风险及防范 …… (100)

 第四节 中国企业对丝绸之路经济带直接投资面临的区域风险及防范 …… (115)

 第五节 中国企业对丝绸之路经济带直接投资面临的自然风险及防范 …… (120)

 第六节 中国企业对丝绸之路经济带直接投资面临的疾病风险及防范 …… (125)

 第七节 中国企业对丝绸之路经济带直接投资面临的商业欺诈风险及防范 …… (129)

 第八节 中国企业对丝绸之路经济带直接投资面临的劳务许可签证风险及防范 …… (133)

 第九节 小结 …… (137)

第五章 中国企业对丝绸之路经济带直接投资内控风险防范研究 …… (138)

 第一节 中国企业对外直接投资成功案例剖析 …… (139)

 第二节 中国企业对外直接投资困境案例剖析 …… (157)

 第三节 对外直接投资主观因素产生的风险剖析 …… (166)

 第四节 对外直接投资客观因素产生的风险剖析 …… (172)

 第五节 经验借鉴对丝绸之路经济带直接投资内控风险防范启示 …… (178)

 第六节 小结 …… (194)

第六章 丝绸之路经济带典型国家直接投资风险防范研究 …… (195)

 第一节 中国企业对巴基斯坦直接投资风险防范研究 …… (195)

 第二节 中国企业对菲律宾直接投资风险防范研究 …… (203)

第三节　中国企业对沙特直接投资风险防范研究 ………… (207)
　　第四节　中国企业对土耳其直接投资风险防范研究 ………… (210)
　　第五节　中国企业对俄罗斯直接投资风险防范研究 ………… (218)
　　第六节　小结 ……………………………………………… (224)
第七章　"一带一路"发展及展望 ………………………… (225)
参考文献 ……………………………………………………… (228)
后记 …………………………………………………………… (247)

第一章

导　论

第一节　本书研究的背景

　　自习近平主席 2013 年提出"一带一路"倡议以来，不但国内各经济区域积极响应，同时越来越多的国家也积极参与。作为国际化的公共产品，以合作共赢模式促进经济全球化抵制贸易保护赢得世界各方的支持和称赞。2016 年，联合国亚洲及太平洋经济社会委员会、联合国开发计划署分别与中国签署意向书和谅解备忘录，旨在推进"一带一路"沿线各国的发展与合作；同年联合国将"一带一路"倡议的构建人类命运共同体理念载入安理会决议，得到成员国的大力支持[①]。2017 年 5 月，在北京举行的"一带一路"国际合作高峰论坛，各国政府、企业等达成一系列合作共识、重要举措，涉及政策、贸易、资金等领域的 270 多项具体成果[②]。

一　新丝绸之路经济带概念提出之后国际、国内反响强烈

　　国际社会对"一带一路"倡议反响强烈。中东国家将该倡议视为一次重大机遇，其加紧实施经济多元化战略与中国提出"一带一路"倡议中重点开展与发展中国家的产能合作相吻合，在其经济亟须复苏和发展之时，积极响应与"一带一路"倡议对接。2017 年 3 月以色列总理内塔尼亚胡带领超过 100 名的商业代表团队访问中国，认为中国和以色

[①] 王建刚：《联合国鼎力支持"一带一路"倡议》，《经济参考报》2017 年 4 月 17 日第 A04 版。

[②] 沈漠：《国际财税合作助力"一带一路"建设》，《财会信报》2017 年 5 月 22 日第 A01 版。

列是完美的合作伙伴，中国的能力、远见与以色列的技术、创新可以很好地结合在一起。2015年5月，中俄签署《关于丝绸之路经济带建设和欧亚经济联盟建设对接合作的联合声明》①，俄方将与中方加强合作，支持推动丝绸之路经济带建设倡议的落实。哈萨克斯坦2014年提出"光明之路"新经济计划，其核心内容与"一带一路"理念高度契合，2016年9月中哈政府正式签署《丝绸之路经济带建设与"光明之路"新经济政策对接合作规划》。中国与波兰以《中华人民共和国政府与波兰共和国政府关于共同推进"一带一路"建设的谅解备忘录》为基础，加强与其可持续发展计划对接，开展和深化互利合作。2017年，波兰中国工业产能合作园项目的签署，中东欧16国（中部）国际商贸总部中心项目的推进，都在积极促进倡议落实②。"沙特愿景2030"与中国倡议不谋而合，两国将在多个领域签署一系列合作协议。阿富汗驻华大使贾楠·莫萨扎伊接受媒体采访时表示，阿富汗相信中国"一带一路"倡议意义重大，希望能利用好"一带一路"倡议的经济承载力以及它所带来的资源。2017年，尼泊尔驻华参赞哈利士·曾达尔·其米里接受采访时表示中国政府提出的"一带一路"倡议将给包括尼泊尔在内的周边国家的发展带来新机遇，尼泊尔一定能从"一带一路"建设中获益。马达加斯加总统埃里表示"一带一路"倡议符合马达加斯加的发展需求，双方合作将会极大地促进马达加斯加的经济发展及社会进步③。法国南部马赛市积极参与"一带一路"建设，由旅法华商投资、法国马赛市政府重点扶持的马赛国际商贸城连通法国南部、意大利、西班牙，以及东欧、北非国家，为这些国家中微企业提供与中国贸易的平台。匈牙利"一带一路"经济考察团2016年4月来兰州考察，并就匈牙利企业在兰州市及兰州新区进行项目投资、经济贸易合作、城市综合管理与污水处理等多个领域的项目合作进行座谈交流，推动双方共赢发展。斯洛伐克财长接受采访时表示本国将积极利用"一带一路"倡议所带来的机会大力开展经济合作。阿联酋将积极打造成为中东地区实施

---

① 杜尚泽：《在和平发展的旗帜下 中国国家主席习近平访问亚欧三国综述》，《中亚信息》2015年第5期。
② 周武英：《"一带一路"进入全面务实新阶段》，《今日中国》2017年第5期。
③ 《倡议"一带一路"就是要实现共赢发展》，《"一带一路"报道》2017年第2期。

"一带一路"倡议的"桥头堡"。拉脱维亚交通部国务秘书奥佐林斯表示，拉脱维亚能够为中国货物运至北欧地区提供最高效的解决方案，拉脱维亚积极投入全欧交通网络建设，并根据"一带一路"倡议设定自身交通政策。泰国商务部副部长表示，泰国非常欢迎和支持中方提出的"一带一路"建设，"一带一路"倡议提出是正逢其时，使中国和东盟同时受益。

自 2013 年习近平主席提出"一带一路"理念以来，我们的认识不断深化，官方发布了《共建"一带一路"：理念、实践与中国的贡献》[①]《关于推进绿色"一带一路"建设的指导意见》《共同推进"一带一路"建设农业合作的愿景与行动》《"一带一路"建设海上合作设想》等重要指导文件。国内各经济区域积极响应，沿线 18 个省区关注和实施的领域主要包括对外经贸合作、科技、文化体育、金融、教育、基础设施、物流、能源、铁路、国内贸易等方面，同时各个省份依据自身实际关注领域的侧重点不同，以陕西为例，侧重在文化、广播电影电视、煤炭、医药卫生等方面，从具体措施来看，陕西构建国际产能合作中心促进"一带一路"落实、开通迪拜等国际航线、加快哈萨克斯坦"陕西医院"建设、建设陕西国际采购中心等；其他省份如甘肃打造"中国药都"建设"一带一路"等不再赘述。

目前，已有 100 多个国家及国际组织积极参与"一带一路"建设，截至 2017 年 5 月，中国政府与巴基斯坦、越南、柬埔寨、老挝、菲律宾、印度尼西亚、乌兹别克斯坦、白俄罗斯、蒙古国、肯尼亚、埃塞俄比亚、斐济、孟加拉国、斯里兰卡、缅甸、马尔代夫、阿塞拜疆、格鲁吉亚、亚美尼亚、阿富汗、阿尔巴尼亚、伊拉克、巴勒斯坦、黎巴嫩、波黑、黑山、叙利亚、塔吉克斯坦、尼泊尔、塞尔维亚 30 个国家政府签署经贸合作协议。中国政府与联合国开发计划署、联合国工业发展组织、联合国人类住区规划署、联合国儿童基金会、联合国人口基金会、联合国贸易与发展会议、国际刑警组织、世界卫生组织、世界知识产权组织签署合作文件。中国政府部门与国际电信联盟、国际道路运输联盟、国际民航组织、国际发展法律组织、国际贸易中心、联合国欧洲经

[①] 本刊编辑部：《"一带一路"国际合作高峰论坛有何成果？清单在此！》，《中国机电工业》2017 年第 6 期。

济委员会、联合国文明联盟、世界经济论坛等组织签署"一带一路"合作文件①。贸易往来日益密切，投资领域合作进展顺利，重大项目投资建设加快推进。

二 中国对丝绸之路经济带沿线国家直接投资发展迅速

中国对外直接投资相比发达国家起步较晚，真正意义上的对外直接投资始于20世纪90年代后期，2002—2015年中国对外直接投资年均增幅高达35.9%，这一时期对外直接投资范围广阔，并没有针对丝绸之路经济带沿线国家。改革开放初期，中国企业在丝绸之路沿线国家投资主要以中国新疆企业到中亚投资办厂为主，合作方式有工程承包、资源开发合作、科技合作、提供贷款等方式，领域主要集中在轻工产品、食品、石油、化工、电子、农业、建筑、通信、交通等方面，此时的投资合作处于初级阶段，规模非常小，在中国经济中所占比重也非常小，直到1997年中石油收购哈萨克斯坦阿克纠宾石油天然气公司60.3%的股权后，标志着大公司对丝绸之路沿线国家的投资合作正式开始。真正大规模展开投资是在2013年习主席提出建设丝绸之路经济带之后，商务部在落实丝绸之路战略构想中明确提出的四大措施之一就是扩大双向投资，提升双边经济技术合作水平，促进能源化工、设备制造、农产品种植等领域的经贸投资合作。随着丝路基金的设立，亚洲基础投资银行的运行，大规模地对丝绸之路沿线国家直接投资开始运作，无论从投资总规模还是从投资增长速度来看，中国企业对丝绸之路经济带直接投资发展迅速。从投资流量和存量来看增长迅速，2015年，中国对"一带一路"相关国家投资流量金额189.3亿美元，同比增长38.6%，是中国对全球投资增幅18.3%的2倍②。投资流量金额较大的国家如图1-1所示。

2015年年末，中国在"一带一路"相关国家投资存量金额1156.8亿美元，占中国对外直接投资存量的10.5%。至2015年年末中国在"一带一路"国家直接投资存量较大的国家如图1-2所示。

---

① 本刊编辑部：《"一带一路"国际合作高峰论坛有何成果？清单在此！》，《中国机电工业》2017年第6期。

② 闻璋：《民资占国家对外投资的65%》，《中国招标》2016年第39期。

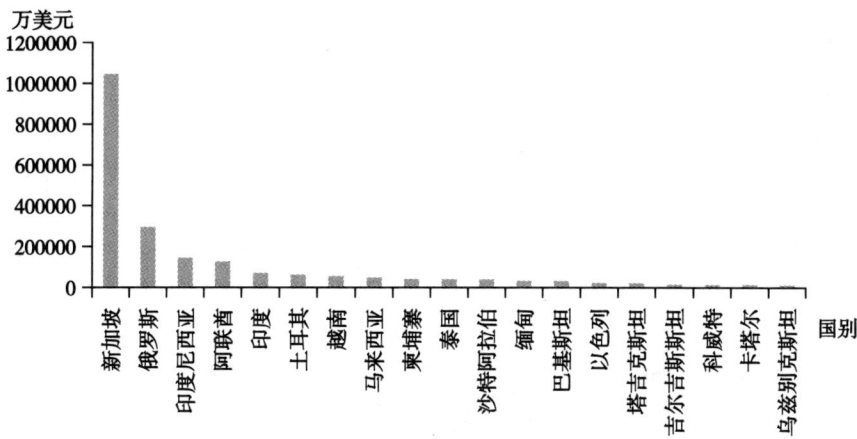

图 1-1　2015 年中国对"一带一路"直接投资流量前 19 位国家

资料来源:《2016 年度中国对外直接投资统计公报》。

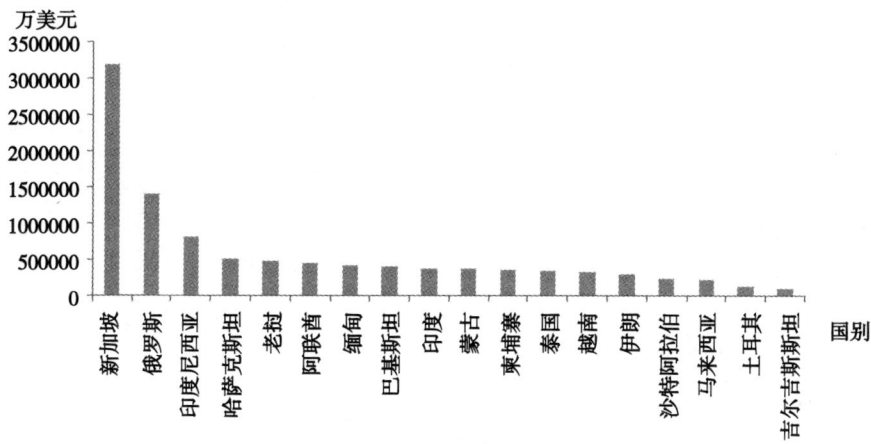

图 1-2　至 2015 年年末中国对"一带一路"直接投资存量前 18 位国家

资料来源:《2016 年度中国对外直接投资统计公报》。

2015 年,我国企业在"一带一路"相关的 60 个国家新签对外承包工程项目合同 3987 份,新签合同额 926.4 亿美元,占同期我国对外承包工程新签合同额的 44.1%,同比增长 7.4%;完成营业额 692.6 亿美元,占同期总额的 45%,同比增长 7.6%[①]。主要涉及以色列、哈萨克

---

① 周文波:《国际长输管道项目 EPC 总承包风险评估及应用研究》,硕士学位论文,兰州交通大学,2016 年。

斯坦、新加坡、俄罗斯、老挝等国家。2016年，我国企业共对"一带一路"沿线的53个国家进行了非金融类直接投资共计145.3亿美元，占同期总额的8.5%，主要流向新加坡、印度尼西亚、印度、泰国、马来西亚等国家、地区；对外承包工程方面，2016年我国企业在"一带一路"沿线61个国家新签对外承包工程项目合同8158份，新签合同额1260.3亿美元，占同期我国对外承包工程新签合同额的51.6%，同比增长36%；完成营业额759.7亿美元，占同期总额的47.7%，同比增长9.7%[1]。截至2016年年底，我国企业在"一带一路"沿线国家建立初具规模的合作区56家，入区企业1082家，总产值506.9亿美元，上缴东道国税费10.7亿美元，为当地创造就业岗位17.7万个[2]。2017年我国企业共对"一带一路"沿线的59个国家进行了非金融类直接投资共计143.6亿美元，占同期总额的12%，主要流向新加坡、马来西亚、老挝、印度尼西亚、巴基斯坦、越南、俄罗斯、阿联酋和柬埔寨等国家、地区。对外承包工程方面，我国企业在"一带一路"沿线61个国家新签对外承包工程项目合同7217份，新签合同额1443.2亿美元，占同期我国对外承包工程新签合同额的54.4%，同比增长14.5%；完成营业额855.3亿美元，占同期总额的50.7%，同比增长12.6%。

第二节　本书研究的意义

一　中国企业在丝绸之路经济带直接投资失败比例较高风险规避研究需求强烈

丝绸之路经济带沿线国家众多，投资环境复杂多变，中国企业在对丝绸之路经济带沿线国家直接投资过程中，受到各种因素的制约和影响，面临的风险急剧增加，反映在投资数据上就是不同年份投资数据变化较大，常常会出现在一些投资存量及历年投资流量较大的国家突然之间投资流量为零或者为负数，这些突然出现的年度投资金额流量为负的国家，或者因为东道国战乱频发风险增加被迫撤资，或者因为东道国参

---

[1] 何茂春、郑维伟：《"一带一路"战略构想从模糊走向清晰——绿色、健康、智力、和平丝绸之路理论内涵及实现路径》，《新疆师范大学学报》（哲学社会科学版）2017年第2期。
[2] 张家栋：《"一带一路"倡议及发展趋势》，《印度洋经济体研究》2017年第2期。

与某个国际组织对中国投资限制严格而撤资，或者因为东道国政府在国际势力的干预下单方面撤销合同等原因，中国企业直接投资风险剧增，不同风险原因表现在结果上就是资金的撤出。2015年投资存量较大但流量为负数的国家如图1-3所示。

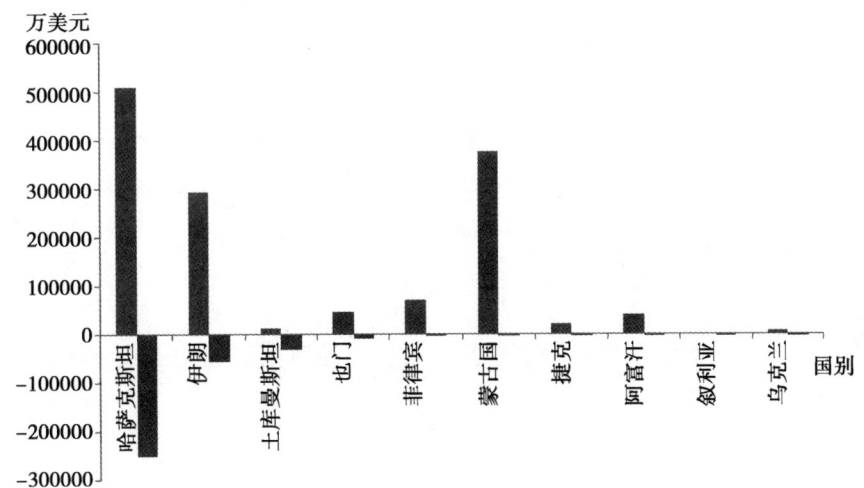

图1-3 至2015年年末中国在丝路沿线直接投资存量较大但流量为负的国家

资料来源：《2016年度中国对外直接投资统计公报》。

在对丝绸之路经济带沿线国家直接投资过程中，除了这些鲜明的风险之外，丝路沿线国家制度差异明显、文化迥然相异、经济参差不齐、社会发展不同，给对外直接投资造成很大的风险，随着对丝绸之路沿线国家投资不断发展，中国企业投资失败案例不断增加。从中国企业投资失败的地理区域分布来看，西亚地区因为石油、边界、宗教等问题内部冲突不断，恐怖主义频发，各国势力纷争，战乱频繁等是中国企业投资面临风险最高区域；其次是南亚及东南亚区域，因为经济落后大国势力插手是中国企业在该领域面临较大的风险；中亚、中东欧等地风险与前两者相比较小。从具体的数据来看，中国2005年到2014年上半年在西亚东盟投资失败总额占"一带一路"沿线投资失败总额的52.7%和28.5%[①]。从具体的国家

---

① 王永中等：《中国对"一带一路"沿线国家投资风险评估》，《开放导报》2015年第4期。

来看，中国企业在菲律宾、缅甸、越南、新加坡、柬埔寨、泰国、印度尼西亚、伊朗、阿富汗、印度、巴基斯坦、哈萨克斯坦、乌兹别克斯坦、俄罗斯、波兰和保加利亚等国都有直接投资失败的案例。例如，缅甸境内的密松大坝以及柬埔寨境内的中柬合作大坝项目的叫停、中泰高铁合作项目的取消等难以备细[1]。从中国企业在丝绸之路经济带直接投资失败的行业来看，能源、矿业、农业及交通业四个领域失败比率较高，2005—2014年上半年这四个行业投资失败占中国在"一带一路"投资失败总额分别为72.4%、14.6%、7.4%、5.1%[2]。中国在丝绸之路经济带沿线国家直接投资虽然发展迅速，但是随着投资的深入发展，面临的风险也在不断增加，对丝绸之路经济带风险防范的研究对促进中国企业降低投资风险和良好发展意义重大。

二 中国对丝绸之路经济带直接投资风险防范研究处于起步阶段深入探析意义重大

丝绸之路经济带的建设是一个长期的系统工程，风险研究无论对企业还是对国家都意义重大，但学术界对其风险的研究处于起步阶段。2014年以前国内学者就企业对外直接投资风险产生的原因、评估、控制、策略长期进行研究，积累了大量的前期成果。例如，赵昌明（2013）[3]就对外投资风险的分类、存在的原因及根源、风险防范对策做了完整的阐述。河海大学田泽、李艳霞[4]剖析了中国企业境外投资面临的各种主要风险，构建投资风险评价模型与指标，对海外投资风险进行评价，并提出相关对策。学者刘向东研究发现，中国企业海外投资面临的风险主要源自缺乏战略规划，提出为防范海外投资风险应分三步，首先让有条件的企业率先走出去，其次形成多条腿相联合"走出去"，最后形成稳健的全方位、多领域的海外投资体系，此风险防范规划研究有一定的理论指导意义。虽然对外直接投资风险管理有大量的研究积

---

[1] 王永中等：《中国对"一带一路"沿线国家投资风险评估》，《开放导报》2015年第4期。
[2] 同上。
[3] 赵昌明：《对外直接投资风险分析》，《中外企业家》2013年第28期。
[4] 田泽、李艳霞：《中国企业境外投资的风险评价研究》，《经济研究导刊》2013年第5期。

累,但是丝绸之路经济带建设研究在我国才刚刚开始,2014年以前对该区域的投资风险研究较少,主要研究领域集中在对丝绸之路经济带战略规划和政策构建上以及与丝绸之路沿线产业对接方面,例如,以中国科学院地理研究所为主体的"丝绸之路"经济带战略构建研究,提出丝绸之路经济带初步形成以欧亚大陆桥为主的北线、以石油天然气管道为主的中线、以跨国公路为主的南线三条线。以商务部为主体的丝绸之路经济带政策落实研究,提出推动双边贸易、扩大双向投资、提升双边经济技术合作水平、配合向西开放,支持西部省区与中亚开展经贸合作。以各级政府为主体的研究集中在积极参与"丝绸之路"经济带建设方面,例如宁夏回族自治区提出,将把宁夏建成丝绸之路经济带的战略支点。以西部学者为主体的西北大学课题组提出的丝绸之路经济带的核心发展理念在于"协同转型"。在对丝绸之路经济带风险研究领域,2014年前只有少数学者关注,风险研究领域主要集中在与中亚国家的经济合作中,例如陈杰军[1]对该领域投资风险做了简要研究。因此,结合丝绸之路经济带国家特殊政治经济背景研究对外直接投资风险防范还有待于深化,从对丝绸之路经济带直接投资风险防范入手,结合这些国家实际,提出有针对性的措施建议,是在深度上对丝绸之路经济带建设研究的有力补充。本书2014年作为国家社科基金西部项目立项研究,现实意义重大。

在本书研究过程中,2015—2016年国内各界对丝绸之路风险关注增多,主要包括科研院所、学者、驻外大使经商处对丝路沿线国家宏观的风险进行分析,成果显著,例如,中国社会科学院世界经济与政治研究所研究团队成员(姚枝仲、张明、王永中、张金杰、李国学、潘圆圆、韩冰、王碧珺、高蓓、陈博、黄瑞云和赵奇锋等研究人员),从经济基础、政治风险、社会弹性、偿债能力、对华关系五个指标以及30多个分指标,客观、独立、公正地制定国家风险评级标准,《2016年度中国海外投资国家风险评级报告》包含丝绸之路经济带沿线国家。不同学者采用不同的分析方法分别对政治风险、经济风险、文化风险、法律风险等领域进行分析;商务部官方网站每年发布的

---

[1] 陈杰军:《浅析中亚市场的投资风险》,《中国高新区》2008年第6期。

《中国企业对外直接投资国别地区指南》分别对每个国家整体经济及风险进行如实、客观、公正地阐述，这些研究全面宏观地对丝路沿线国家风险进行分析，取得显著的成果。风险研究是一个长期的系统工程，对外直接投资风险领域，我们不仅仅要知道一国目前面临的风险，更要通过长期的观察，细致入微的研究，深刻持续的关注，在风险领域积累一手资料，预测可能发生的风险，为企业提供及时的风险预警，使企业避免遭受意外损失。本书团队一方面借鉴已有的研究成果，另一方面积极展开自主研究，从中国自身承受风险的能力出发，对不同企业（绝对优势的产业和相对优势的产业）关注风险的侧重点不同进行分类，结合东道国的具体实际风险状况，对企业在丝路沿线国家直接投资面临的风险进行评判，评判结果以供国内企业进行对外直接投资风险防范的依据。同时进行实际调研，分析企业面临的内部和外部风险，提出相应的策略，是丝绸之路经济带建设中我国企业对外直接投资风险防范的有力补充。

三　降低中国企业在丝绸之路经济带直接投资风险促进东道国经济发展意义重大

中国企业在丝绸之路经济带沿线国家直接投资的良好运营对促进被投资国经济发展意义重大。丝绸之路两端联系的是目前世界经济发展迅速的中国经济体和发达的欧洲经济体，但丝绸之路沿线大部分国家处于发展阶段，根据商务部公布的丝绸之路沿线国家来看，发展中国家占比远高于发达国家。这些不发达国家或者人均收入较低、国民生产总值较小、商品零售市场额度较小、个人可支配收入少、基础设施供给严重匮乏，以丝绸之路沿线核心国家中亚五国为例，在人均国民生产总值方面，中亚五国人均收入低，远远低于发达国家，根据国际银行的发展中国家的标准，属于典型的发展中国家；中亚五国零售市场规模非常小，人们可支配消费收入很低，商品经济发展程度较低，在这些国家中，除哈萨克斯坦基本达到中等发达国家水平以外，土库曼斯坦居民储蓄率很低，居民大部分收入用来进行食品购买；在乌兹别克斯坦居民的消费中，食品支出占消费总量的50%以上；中亚五国国家交通基础设施普遍比较落后，这些国家普遍存在交通设施严重滞后，交通设施老化，交通设施发展缓慢，甚至没有高速公路，物流运输困难。或者经济结构单一、对石油等原材料依赖严重。或者国内不稳定、动乱频发、恐怖主义严重甚至战乱不断等，例如，西亚国家虽然收入较高，但经济对石油依赖性高，经济基础脆弱；也门战乱危机、叙利亚战火不断。因此发展经济与追求美好生活是丝绸之路沿线国家与民众的普遍愿望，历史上的丝绸之路曾经带给他们的财富和机遇，今天新丝绸之路依然是他们的向往和需要，甚至有着更迫切的愿望，任何一个国家经济要高速增长关起门来是不行的，尤其是小国家，国内市场狭小，"亚洲四小龙"的历史经验告诉我们，市场狭小和经济欠发达的国家最好的策略是与世界接轨，融入世界经济中，经济欠发达的小国家积极参与世界经济联系才是最好的出路。根据历史的经验，在理论上也完全证明了这一点，美国学者罗伯特·凯恩在他的专著《国际经济学》中明确地提出了一个重要的理论，该理论指出，经济规模较小的国家由于市场和经济总量较小，关起门来发展是不可取的，只有积极开放才会达到发展的效果，而且进一步证明落后的小国与大国在合作中获得收益远远大于大国获得收益，中国台湾、新加坡、中国香港、韩国无一不是从进口替代的保护政策转向出口导向的开放政策而走上快速发展的道路的。丝绸之路沿线的国家地处内陆，远离海洋，发展对外联系必须依靠大陆交通，需要沿途国家的协作。今天和平崛起的中国，一贯与中亚国家和平友好的中国，为谋求自身发展过程中促进丝绸之路经济带建设是中亚国家千载难逢的机会，搭上这辆列车，发展自己的经济，将一个内陆国发展成为世界经济贸易大国，是促使自己国家发展，民族复兴，社会进步的最好时机。研究投资风险使中国企业在丝绸之路沿线国家直接投资良好运作，带动当地经济飞速发展，对促进当地经济发展意义重大，对丝绸之路经济带良好发展意义重大。

第三节　核心概念界定

一　新丝绸之路经济带概念的提出

2013年，习近平主席在访问哈萨克斯坦时提出的丝绸之路经济带建设是一个全新的概念，尤其是党的十八届三中全会明确提出推进"一带一路"建设的战略方针，使丝绸之路经济带建设从一个倡议、一个观点进而转化为实质性地促进中国开放发展的新举措、新战略①。古老的丝绸之路重新焕发活力。新丝绸之路概念提出之后不断发展完善，不同学者从地理和经济的角度对其范围进行界定，研究较早比较中肯的是卫玲、戴江伟，他们研究指出，丝绸之路分为广义和狭义，狭义的丝绸之路经济带空间范围仅限于中国与中亚五国以及周边联系紧密的国家，由东到西经过的国家和地区包括中国、哈萨克、吉尔吉斯斯坦、塔吉克、乌兹别克、土库曼斯坦等②。中亚作为古丝绸之路和新丝绸之路的核心，其独特的地理位置及经济状况使其至关重要，美国外交关系委员会在线作者编辑詹姆斯·麦克布莱德（James McBride）认为中亚国家地处内陆，在经济上相对封闭，其区内贸易在世界贸易总额中仅占6.2%③，丝绸之路的建设对中亚国家意义重大，因此狭义上将丝绸之路范围界定在中亚五国及周边紧密联系的国家是科学的，作为学者研究的范围设定，从经济学的角度看狭义的概念是比较合理和中肯的，实用性较强。广义陆上丝绸之路经济带范围广阔，普遍认可的观点是从中国直通欧洲大陆波及非洲部分国家的经济大区域④，由东向西起始于中国，途经中亚五国，涉及西亚20国，在向西联通欧洲大陆国家，沿欧洲大陆继续向纵深拓展，甚至波及北非及东非10多个国家的一条大经济区域带，该区域经济带所辖的国家发展程度不一，既有发达国家也有发展中国家，既有高收入国家也有低收入国家，既有资源丰富的国家也有资源匮乏的国家等，国家之间差异巨大，发展共同合作基础雄厚，经济共同发展的互补性尤为明显，整个经济带沿线30多个国家，人口高达30亿

---

① 仲其庄：《充分发挥连云港港口与口岸在丝绸之路经济带建设中的枢纽地位和引领示范作用——访连云港市委常委、市政府党组成员、港口管理局局长吴以桥》，《大陆桥视野》2014年第2期。

② 卫玲、戴江伟：《丝绸之路经济带：超越地理空间的内涵识别及其当代解读》，《兰州大学学报》（社会科学版）2014年第1期。

③ 詹姆斯·麦克布莱德、李笑然：《建设新丝绸之路》，《国际经济评论》2015年第4期。

④ 吴绒：《丝绸之路经济带陕西段文化资源深度开发研究》，《丝绸之路》2014年第9期。

人①。与丝绸之路经济带相对应的海上丝绸之路，起于中国东南沿海，过印度洋经阿拉伯海进入联通欧洲大陆及非洲北部、东部大陆②，沿途经过20余国超过15亿人口的海上贸易大通道，最终与陆上丝绸之路形成一个闭合的经济圈。丝绸之路经济带依托沿线的国家和城市，依托原有或新建的交通运输设施，形成中蒙俄、中国—中亚—西亚等数段经济走廊。

广义的丝绸之路经济带和海上丝绸之路经济带范围，不同学者给出的地理位置差异较大。之所以会出现这种情况，因为丝绸之路经济带来源于历史地理名词，人们对其地理范围认识比较模糊，但是，发展到今天，重提丝绸之路经济带时，应该从经济贸易投资合作的角度赋予新的概念，丝绸之路经济带的提出是一种思想、一种理念、一种包容。思想是促进沿线国家经济发展，人民生活水平不断提高的思想，理念是指共同发展的理念，是沿途国家共享发展成果的双赢理念，包容是指没有地域限制、没有时间限制、没有意识形态限制的发展原则。例如，为丝路建设发展提供资金的亚投行创始成员国来自世界各地，甚至包括英、德、澳等国家，而且亚投行的设立会为该地区以及其他国家带来大量的资本，促进该领域经济的发展，这在世界经济发展史上都具有卓越贡献。因此，笔者认为对丝绸之路广义范围的理解不要拘泥于丝路沿线是20个国家、30个国家还是60个国家，具体的数字意义不大，只要真正参与其中，共同发展，获得收益，就是丝路沿线国家。因此，在广义的基础上，应该提出一个丝路沿线核心国家的概念，核心国家的范围是不断发展变化的，凡是积极参与的国家就是丝路沿线核心国家，今天，中国的经济联系发展到丝路沿线哪里，我们的铁路延伸到丝路沿线哪里，我们的贸易货轮开到丝路沿线哪里，我们的贸易与投资发展到丝路沿线哪里，那里就属于丝路沿线核心国家范畴。为研究方便，根据2015年《推动共建丝绸之路经济带和21世纪海上丝绸之路的愿景与行动》的规定，丝绸之路经济带重点畅通中国经中亚、俄罗斯至欧洲（波罗的

---

① 徐义国：《丝绸之路经济带战略构想中的金融元素》，《新商务周刊》2015年第5期。
② 吴绒：《丝绸之路经济带陕西段文化资源深度开发研究》，《丝绸之路》2014年第9期。

海);中国经中亚、西亚至波斯湾、地中海;中国至东南亚、南亚、印度洋[1]。因此,在研究区域上也分三条路四个板块进行研究,主要包括中亚板块、西亚板块、中蒙俄经济走廊、中巴经济走廊。

二 对外直接投资企业概念的界定

对外直接投资企业的界定根据商务部对外直接投资统计公告的例行模式,指境内投资者直接拥有或控股10%或以上投票权或其他等价利益的境外企业。对外直接投资的国家(地区)按境内投资者投资的首个目的地国家(地区)进行界定[2]。

第四节 研究思路及方法

一 研究思路

本书在研究过程中,首先,从分析中国企业对丝绸之路经济带沿线国家直接投资面临的风险入手,对丝绸之路经济带沿线国家直接投资环境风险进行评估,在评估投资环境风险的基础上,定性地分析丝绸之路经济带建设中我国企业直接投资面临的外部风险及其防范策略;其次,研究过程结合中国对外投资成功及失败的案例归纳总结分析丝绸之路经济带建设中我国企业直接投资面临的内部风险及其防范策略;再次,根据国家的典型性选择丝绸之路沿线五个国家进行风险研究,并提出相应的风险防范策略;最后,进行研究总结及展望。主要研究思路及内容如图1-4所示。

二 研究方法

本书采取文献综述研究法、问卷调研研究法、企业经理人访谈研究

---

[1] 本刊编辑部:《推动共建丝绸之路经济带和21世纪海上丝绸之路的愿景与行动》,《智富时代》2015年第3期。
[2] 从2002年开始对外直接投资统计制度建立以来,我国一直是按首个投资目的国或者地区原则进行统计的,主要是有两点考虑:一是官方数据的可比性能不能做到。二是要考虑对外直接投资统计数据的准确性和时效性。世界上绝大多数国家对外直接投资都是执行首个投资目的地的统计原则。只有美国几个国家是按最终投资目的地进行统计的。

第一章 导论

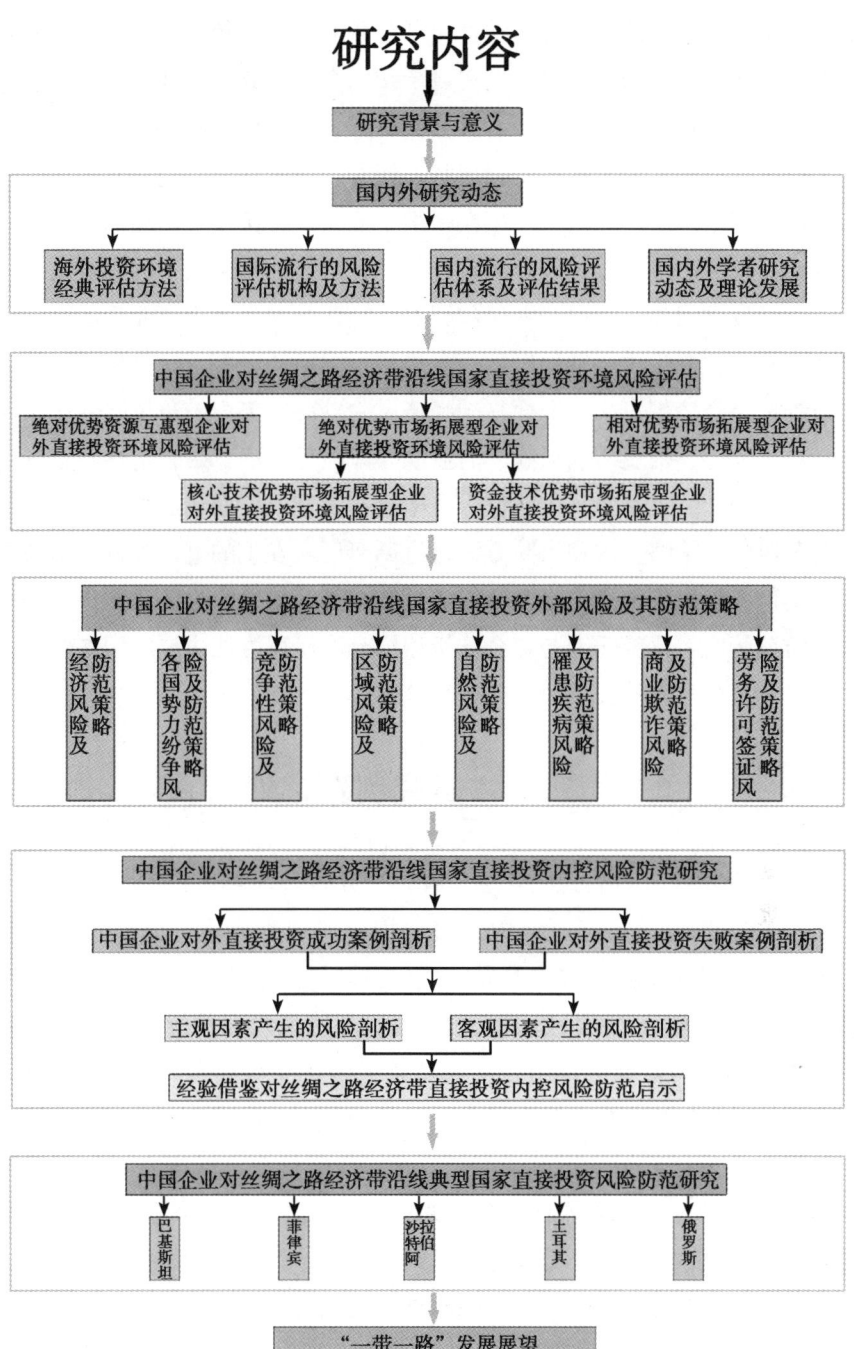

图 1-4 研究内容及思路

法、网络调研研究法、定性与定量相结合研究法、比较研究与综合分析相结合研究法、借鉴历史经验与挖掘启示相结合等研究法。其中文献综述研究法更多地用在国内外研究动态部分，对学者、机构及政府不同部门研究的文献进行归纳总结，探析研究现状。问卷调研研究法、企业经理人访谈研究法、网络调研研究法主要用在中国企业对外直接投资面临的外部风险及内控风险的防范部分。外部风险方面是针对对外直接投资的企业及涉外务工人员发放问卷，调研企业对丝绸之路沿线国家直接投资面临的风险问题，以问卷调查为主、辅助以经理人访谈、网络调研等方法分析中国企业对丝绸之路经济带直接投资面临的经济风险、各国势力纷争风险、区域风险、自然风险、罹患疾病风险、商业欺诈风险等方面，结合定性与定量研究方法分析丝绸之路经济带建设中我国企业直接投资面临的外部风险，提出防范风险的策略；内控风险方面通过调研已经发生的直接投资成功与失败的案例，辅以借鉴历史经验与归纳总结相结合的研究方法，提出内控风险的防范策略。比较研究与综合分析相结合的研究方法主要应用在丝绸之路沿线典型国家直接投资风险分析部分。

第五节　研究创新之处

本书研究可能的创新之处主要有以下几点：

（1）对外直接投资过程中，面对相同的国家风险，由于企业自身千差万别，对风险因素关注差异巨大，对同样国家的风险感触和承载能力不同，在对丝绸之路沿线国家直接投资环境风险评估方面，以闵氏关键因素评估法为基础，采用全新的视角，考虑企业自身风险关注目标，结合中国2015年对外直接投资流量以及2015年年末存量前100位的对外投资企业进行归纳，指出中国对外直接投资行业及动机主要包括四种类型，相应的环境风险评估也分为四种类型：具有绝对优势资源互惠型企业对外直接投资环境风险评估、具有核心技术优势市场拓展型企业对外直接投资环境风险评估、具有资金技术优势市场拓展型企业对外直接投资环境风险评估、具有相对优势市场拓展型企业对外直接投资环境风险评估。根据不同投资动机行业风险关注特点结合东道国实际环境分别进行关键因素指标选择与权重赋值及结果评估、环境风险评估结果分值解析、环境风险评估指标分值评判定性解析三部分分析，评判出四类对外直接投资企业在丝绸之路经济带沿线国家面临的环境风险状况。

（2）在"一带一路"倡议下，中国资本国际化大潮不断高涨，丝绸之路经济带建设中中国企业对外直接投资不断发展，面临的外部风险纷繁复杂。定性分析丝绸之路经济带沿线直接投资面临的外部风险，包括经济风险、各国势力纷争风险、竞争性风险、区域风险、自然风险、外派人员罹患疾病风险、商业欺诈风险、劳务许可签证风险，通过大量的实际调研与网络调研，分析风险存在的现状及原因，并提出切实可行的对丝绸之路经济带直接投资风险防范策略，具有一定的创新性。

（3）中国对外直接投资发展近四十年的历史，积累了较多的经验和教训。丝绸之路经济带建设中中国企业对外直接投资不仅面临来自外部的风险，同样面临来自内部的风险，从自身角度出发深入分析中国企业在丝绸之路沿线国家直接投资过程内部风险的来源，做好内控风险防范意义同样重大。相同环境下西方发达国家对外直接投资失败的少，我们失败的多原因何在，我们自身防范风险的能力与直接投资成败息息相关，前人成功的原因值得我们学习，前人失败的原因值得我们警惕，以史为鉴，做好对外直接投资内控风险防范。采用实际调研和网络调研相结合，分析归纳与总结相结合的研究方法，对2001—2016年中国企业对外直接投资成功典型案例进行剖析、中国企业对外直接投资失败典型案例进行剖析，在此基础上探究对外直接投资主观因素和客观因素产生风险的共性原因，借鉴历史经验提出对丝绸之路经济带直接投资内控风险防范措施有一定的创新性。

（4）"一带一路"国家虽多，但是典型国家有其自身鲜明的风险特点，宏观的风险研究会涉及这些国家，但是这些国家鲜明的风险特点对中国对外直接投资影响深远，宏观研究无法准确地衡量这些国家风险状况。单独关注的典型国家选取的依据是在中亚板块（外部风险部分阐述较多）、西亚板块、中蒙俄经济走廊、中巴经济走廊四个板块中均匀分布性以及国家在四大板块中的重要性，主要包括巴基斯坦、菲律宾、土耳其、沙特、俄罗斯五个国家，分析中国在这些国家直接投资的现状、面临的风险并提出切实可行的有一定创新性的风险防范策略以供企业在丝绸之路经济带直接投资借鉴。

第二章

国内外研究发展态势

国际直接投资风险研究起步较早，20世纪五六十年代是世界主要经济体国家对外直接投资发展的迅猛时期，关于海外直接投资风险问题的研究及防范从理论研究到方法应用上积累了大量的文献资料，研究成果主要集中在投资环境评估方法理论构建、投资环境评估公告发布及不同学者对投资风险的具体防范策略研究三个方面。中国学者在借鉴国外研究的基础上，加入中国关注的因素对投资国风险环境进行评估、对中国对外直接投资风险防范策略进行研究，随着丝绸之路经济带建设的推进，风险研究备受关注，优秀文献资料迅速增加，理论发展不断创新。

第一节 经典的海外直接投资环境风险评估办法

对于海外直接投资面临的环境进行评估以科学分析存在的风险，不同的学者对此作出了深刻的研究，积累了丰富的文献，具体如下。

一 投资障碍分析法

投资障碍分析法是以定性分析为主对国际投资环境进行评估，选取可能存在的影响直接投资的因素，并对因素定性分析来评判投资环境的好坏。目前，投资障碍分析法选取的障碍因素有十项，分别是政治障碍主要指东道国政治制度与母国不同及政治动荡及国内骚乱等；经济障碍主要指经济停滞或增长缓慢、通胀严重以及国际收支失衡等；外汇管制；限制利润汇回；法律行政体制不完善[①]；资金融通障碍指没有完善

---

① 谢岷：《国际投资机会抉择（一）——跨国公司经营与管理讲座第六讲》，《国际贸易》1989年第6期。

的资本市场且融资的限制较多；劳动力障碍；国有化和没收政策；对外国歧视性政策；政府对企业干预过多。在实际操作中，准备对外直接投资时，选取所有有意向投资的国家，根据这十大要素对这些国家进行评判比较，以投资环境中障碍因素的多少来断定其坏与好。此方法虽然快捷简便但是容易出现评定不准确的情况。

二 投资环境加权等级评分法

投资环境加权等级评分法是美国学者威廉·戴姆赞于1972年在投资环境等级评分法[①]基础上提出的。实际中该方法在运用过程中，首先对选取的影响投资的因素根据重要性由大到小进行排列，赋予排序因素不同的重要性权数，越重要赋值越大；在此基础上，根据各个因素对投资产生影响程度进行评分，影响越大赋值越高；重要性权数赋值与因素产生影响的赋值范围都在一个固定区域内。将各种环境因素的实际得分乘上相应的权数，进行加总。分数越高，进行评估东道国的投资环境越好，风险越小；分数越低，进行评估东道国的投资环境越差，风险越大。具体如表2-1所示。此方法优点是考虑不同因素对投资影响的差异性，但是在重要性排序上掺入过多的主观性，因而使评估结果科学性降低。

表2-1　　　　　　　　加权等级评分法的具体示范

按重要性排列的环境因素	甲国 重要性权数	甲国 等级评分	甲国 加权加总	乙国 重要性权数	乙国 等级评分	乙国 加权加总
财产被没收的可能性	10	90	900	10	50	500
动乱和战争	9	…	…	9	…	…
收益的返回	9	…	…	9	…	…
政府的歧视性限制	8	…	…	8	…	…
当地融资的可能性	8	…	…	8	…	…

---

① 投资环境等级评分法是美国经济学家罗伯特·斯托夫于1969年提出的，具体方法：首先，将直接影响投资环境的重要因素分为八项，这八项分别为：资本抽回程度、外部股权限制程度、对外商的启示和管制程度、货币稳定性、政治稳定、交税保护程度、当地资金的可供性、近五年的通胀率。然后，根据八项关键项目所起的作用和影响程度的不同而确定其不同的等级分数，再按每一个因素中的有利或不利的程度给予不同的评分。最后，把各因素的等级得分进行加总作为对其投资环境的总体评价。总分越高表示投资环境越好，越低则其投资环境越差，风险越大。

续表

按重要性排列的环境因素	甲国			乙国		
	重要性权数	等级评分	加权加总	重要性权数	等级评分	加权加总
政治的稳定性	7	…	…	7	…	…
资本的返回	6	…	…	6	…	…
货币稳定性	5	…	…	5	…	…
价格稳定性	5	…	…	5	…	…
税收水平	2	…	…	2	…	…
劳资关系	2	…	…	2	…	…
当地政府优惠	1	…	…	1	…	…
权重综合			&&&			&&&

三 国别冷热比较法

国别冷热比较法是美国学者伊西·利特瓦克和彼得·拜延于20世纪60年代提出的，根据美国250家企业对外直接投资的调查资料，将各种环境因素综合起来分析，提出7大因素：政治的稳定性、市场机会、经济发展与成就、文化一元化、法令障碍、实质障碍、地理文化差距[1]，并对100多个国家的投资环境进行评估，提出投资热国和冷国，热国是投资环境良好的国家，冷国是投资环境较差的国家。由热变冷，企业由直接投资变为直接出口。具体方法如表2-2所示。这种方法优点是给企业家选择贸易还是直接投资提供了理论依据，缺点是对投资环境的评估过于简单。

表2-2　　　　　　　　投资热国、冷国对比

因素	投资热国	投资冷国
政治的稳定性	越大	越小
市场机会	越大	越小
经济发展与成就	越大	越小
文化一元化	越大	越小

---

[1] 舒新年：《企业投资环境分析》，《中国乡镇企业会计》2009年第9期。

续表

因素	投资热国	投资冷国
法令障碍	越大	越大
实质障碍	越小	越大
地理文化差距	越大	越大

四 抽样评估法

抽样评估法选定不同类型外商投资企业，列出投资环境评估要素，由外商投资企业高级管理人员进行口头或问卷形式回答。优点是直接，缺点是不够全面。

第二节 国际流行的风险评估机构及评估方法

在对海外直接投资风险研究过程中，研究方法从早期的定性研究到后来的定量分析，以及标准化分析方法，使人们对风险分析有了更直接、更科学的研究，为防范风险打下坚实的基础。在风险量化分析方面，国外发展较早，但是在近50年的时间里面，量化风险分析迅猛发展，积累了丰富的文献资料，也出现了许多的专业风险评估机构[1]。风险评级研究成为风险预警的主要手段，国际上的海外投资风险评级机构主要集中在发达国家，三家信用评级机构基本占世界该领域评估业务90%以上的份额，这三家公司分别是标准普尔、穆迪和惠誉[2]。通过差异化竞争蓬勃发展的评级机构有经济学人智库（Economist Intelligence Unit，EIU）、国际国家风险指南（The International Country Risk Guide，ICRG）以及环球透视（IHS Global Insight，GI）、大公国际资信评估有限公司。

一 标准普尔评价体系

标准普尔是一家集信用评级、独立分析、投资咨询于一体的评估机

---

[1] 潘素昆、代丽：《中国企业技术获取型对外直接投资风险量化与评估》，《工业技术经济》2014年第12期。

[2] 张明、王永中：《中国海外投资国家风险评级报告（2015）》，《光明日报》2015年6月3日第16版。

构，在全球23个国家和地区设有办事处，对126个国家和地区的主权信用进行评级，并于每周更新各个国家和地区的主权信用评级；为世界各地超过220000家证券及基金进行信用评级。标准普尔业务分为长期债务评级和短期信用评级。长期债务评级由偿还债务能力极强的AAA级到债务人无力偿付债务的D级共分为十级，分别为AAA、AA、A、BBB、BB、B、CCC、CC、C、D级[①]，其中前四级为投资型债券，从第五级开始为投机型债券。短期信用评级由偿还债务能力极强的A-1级到债务人无力偿付债务的D级共六级，分别为A-1、A-2、A-3、B、C、D级[②]。

二 穆迪评价体系

穆迪评价体系是穆迪投资服务有限公司对参与国际资本市场的一百多个国家和地区进行评级，分为长期债务评级和短期信用评级。长期债务评级由信用质量最高、风险最低且本金安全利息支付有充足保证的投资级别Aaa级到等级评级不能用来做真正的投资的最低的C级共21个级别，分别为投资级别Aaa级、投资级别Aa级（Aa1，Aa2，Aa3）、投资级别A级（A1，A2，A3）、投资级别Baa级（Baa1，Baa2，Baa3）、投机级别Ba级（Ba1，Ba2，Ba2）、投机级别B级（B1，B2，B3）、投机级别Caa级（Caa1，Caa2，Caa3）、投机级别Ca级、投机级别C级[③]。短期债务评级分为四级，分别为偿债能力最强、较强、尚可以及

[①] AAA级表示偿还债务能力极强、AA级表示偿还债务能力很强、A级表示偿还债务能力较强，但其偿债能力较易受外在环境及经济状况变动的不利因素影响。BBB级表示目前有足够偿债能力，但若在恶劣的环境下其偿债能力可能较脆弱。BB级表示相对于其他投机级评级，违约的可能性最低。但持续的重大不稳定情况或恶劣的商业环境可能令发债人没有足够能力偿还债务。B级表示在同样的商业环境下违约可能性较BB级高，CCC级表示发债人目前仍有能力偿还债务，但恶劣的外在环境可能削弱发债人偿还债务的能力。CC级表示目前有可能违约，发债人需依赖良好的商业条件才有能力偿还债务，如果环境恶化可能会违约。C级表示目前违约的可能性较高。SD/D级表示发债人未能按期偿还债务。NP表示发债人未获得评级。

[②] A-1级表示偿还债务能力较强，A-2级表示偿还债务的能力令人满意，但易受外在环境不利变动的影响。A-3级表示目前有足够能力偿还债务，但若外在因素改变，其偿债能力可能较脆弱。B级表示偿还债务能力脆弱且投机成分相当高。C级表示目前有可能违约，发债人需依赖良好的商业、金融或经济条件才有能力偿还债务。SD/D级表示当债务到期而发债人未能按期偿还债务。

[③] 投资级别Aa级（Aa1，Aa2，Aa3）高级信用质量很高，有较低的信用风险，本金利息安全，但利润保证不如Aaa级债券充足，为还本付息提供保证的因素波动比Aaa级债券大。

三 惠誉国际评价体系

惠誉国际是欧洲控股的国际评级机构,为国际信用市场提供独立和前瞻性的评级观点、研究成果及数据报告,是全球三大国际评级机构之一。惠誉评级的业务范围包括企业评级和金融机构评级,涉及银行、金融公司、租赁公司、证券公司和基金管理公司、企业及地方政府、主权国家的评级机构。评级分为国际长期评级和短期评级,长期评级包括长期外币评级和长期本币评级,本币评级仅衡量用该国货币偿付债务的可能性。长期评级由信贷质量最高、风险最低且偿付能力不会受到负面影响的 AAA 级到该实体或国家主权已经对其所有的金融债务违约的 D 级共十个等级,分别是 AAA、AA、A、BBB、BB、B、CCC、CC、C、D[②];短期评级机构由最高的信贷质量到该实体或国家主权已经对其所

不在评级类别四个类别[①]。

投资级别 A 级(A1,A2,A3)中上级投资品质优良,本金利息安全,但有可能在未来某个时期还本付息的能力会下降。投资级别 Baa 级(Baa1,Baa2,Baa3)中级保证程度一般,利息支付和本金安全现在有保证,但在相当长远的一段时间内具有不可靠性。缺乏优良的投资品质。投机级别 Ba 级(Ba1,Ba2,Ba2)具有投机性质的因素,不能保证将来的良好状况,还本付息的保证有限,一旦经济情况发生变化,还本付息能力将削弱,具有不稳定的特征。投机级别 B 级(B1,B2,B3)缺少理想投资的品质,还本付息,或长期内履行合同中其他条款的保证级。投机级别 Caa 级(Caa1,Caa2,Caa3)劣质债券有可能违约,或现在就存在危及本息安全的因素。投机级别 Ca 级高度投机性经常违约,或有其他明显的缺点。投机级别 C 级最低等级评级前途无望,不能用来做真正的投资。

① 短期评定分为四级:Prime-1(P-1)表示发行人(或相关机构)短期债务偿付能力最强。Prime-2(P-2)表示发行人(或相关机构)短期债务偿付能力较强。Prime-3(P-3)表示发行人(或相关机构)短期债务偿付能力尚可。Not Prime 表示发行人(或相关机构)不在任何 Prime 评级类别之列。

② 投资级 AAA 是最高的信贷质量,表示最低的信贷风险。偿付能力不会受到即将发生事件的负面影响。投资级 AA 是很高的信贷质量,有很强的能力定期偿付债务,这一偿付能力不会受到即将发生事件的很大影响。投资级 A 是较高的信贷质量,表示有很强的能力定期偿付债务,与更高的评级级别相比,这一级别会受到环境或经济条件变化的一定影响。投资级 BBB 是较好的信贷质量,表示定期偿付债务的能力是足够的,但是环境和经济条件的负面变化会影响这种能力。这是投资级的最低级别。投机级 BB 是有出现信贷风险的可能,尤其会以经济负面变化的结果形式出现,但是可能会有商业或财务措施使债务能够得到偿还。投机级 B 是较高的投机性,存在很大的信贷风险,但是还存在一定的安全性。现在债务能够得到偿还,但是继续偿付依赖于一个持续向好的商业和经济环境。投机级 CCC 是表明违约的可能性确实存在,债务的偿付能力完全取决于持续向好的商业和经济发展。投机级 C 表明会很快出现违约现象。投机级 D 表明一个实体或国家主权已经对其所有的金融债务违约。

有的金融债务违约共计六级①。

四 经济学人智库（EIU）

EIU是经济学人集团旗下的经济分析机构，最初服务于经济学人集团出版发行的报纸，为境外公司提供商业信息。至2013年，EIU已是经济学人集团旗下独立运营的企业。其总部位于伦敦，主要为企业及政府提供经济预测和咨询服务。具体包括针对超过200个国家和地区的市场进行国家经济分析、预测、风险评估、经济市场数据、日常事件分析、行业发展趋势和管理战略等电子报告和服务；国家经济分析和比对、运营风险评估、经济模型和客户数据分析、市场进入规模、行业战略等定制研究；在全球新兴市场，为企业高管服务相互建立联系分享经验提供平台；组织各行业高管的论坛、圆桌讨论等高级会议。EIU风险服务的目标客户是由于从事借款、贸易信贷以及其他商业活动而面临跨境信用风险或金融风险的机构。

五 国际国家风险指南（ICRG）

ICRG评估方法是由美国国际报告集团1980年创立的。1992年，ICRG评估方法的创立者转投PRS集团。ICRG评估法对3类风险指标政治风险、金融风险、经济风险进行综合评估②。ICRG自1984年以来每月发行140个国家超过100页的政治、金融和经济风险评级，并以季度为基础进行数据更新并逐月发布，提供20—25个国家的重要事件对经济和金融的影响及风险分析。所有ICRG用户每月可获得全球政治风险

---

① 短期债务：F1是最高的信贷质量，表示能够定期偿付债务的最高能力。可以在后面添加"+"表示更高的信贷质量。F2是较好的信贷质量。表示定期偿付债务的能力令人满意，但是其安全性不如更高级别的债务。F3是一般的信贷质量，表示定期偿付债务的能力足够，但是近期负面的变化可能会使其降至非投资级。B是投机性，表示定期偿付债务的能力有限，而且容易受近期经济金融条件的负面影响。C是较高的违约风险，违约的可能性确实存在，偿付债务的能力完全依赖于一个持续有利的商业经济环境。D是违约，表示该实体或国家主权已经对其所有的金融债务违约。

② ICRG评估公式如下：CPFER＝0.5×（PR+FR+ER）。CPFER：政治、金融、经济综合风险评估；PR：政治风险；FR：金融风险；ER：经济风险。CPFER理论上最高分为100，理论上最低分为0，其中政治风险评估占综合风险评估的50%。

的地图，并指出自上次发行风险后的关键变化。官网获取数据①是要付费的。

六　环球透视（GI）

环球透视是 IHS② 旗下的一家公司，2001 年成立，主要针对在海外开展营商活动的投资者。风险分析涵盖国家环境、主权信用、国内地区运营风险。GI 评级覆盖范围超过 200 个国家和地区，当日内完成市场状况和世界各地重要事件精辟分析和风险评估服务，即时性是其主要特点，是一家付费咨询机构。

七　大公国际资信评估有限公司

大公国际资信评估公司（以下简称大公）于 2010 年 7 月成立，并基于三大评级机构的评级方法和新兴经济体的立场提出了自己的主权信用评级标准和方法，定期发布主权信用评级报告。大公已经发布了全球 90 个国家和地区的信用等级，以亚洲、大洋洲和欧洲居多。

这些评估机构主要从国家的角度对风险进行评级，针对主权国家政府信用风险、国际债务的国家信用风险、国际金融的国家信用风险等方面进行宏观分析、精准预测、及时发布；同时，风险评估差异性明显，例如 ICRG 的评级除了金融市场因素以外，还涉及直接投资地域运营因素，EIU 的评级对象除主权风险之外还关注货币风险和银行部门风险。这些评估机构的研究结果对企业对外直接投资面临风险规避宏观意义重大。但这些评估机构共同不足之处是向客户收取评级费用和年费是其主要的收入来源，而被评级对象为了获得高级别评级也会甘愿支付高额评级费用，双方利益的纽带会对评级的独立性、客观性造成影响，而且最终结果由评定委员会主管调整后给出，也使评定的公正性降低。这些评估机构虽然没有直接针对丝绸之路经济带沿线国家进行评估，但评估结果涉及丝绸之路沿线国家。

---

① ICRG 数据包括发表每月 ICRG 问题和历史数据（自 1984）到当前数据的风险评级和经济统计。

② IHS 公司自 1959 年开业，总部位于美国科罗拉多州的恩格尔伍德，公司在世界 30 多个国家拥有 4400 多名雇员。

第三节 国内流行的风险评估体系及评估结果

一 CROIC 对丝绸之路沿线国家的风险评估体系及结果

中国海外投资国家风险评估体系（CROIC）是由中国社会科学院世界经济与政治研究所推出的海外企业投资风险评级，该评估体系从中国企业海外直接投资面临的风险出发，构建五大指标体系 41 个子指标体系对中国企业海外直接投资面临的风险进行评估，其中五大指标体系分别是经济基础、偿债能力、社会弹性、政治风险以及对华关系，其中对华关系指标是该评价体系从中国企业的角度新设的指标，是该评价体系不同于外国评价体系的主要亮点。41 个子指标体系涉及政策、商业管制、劳动力管制、贸易依存度、投资依存度、免签情况以及直接投资受阻程度等领域。通过构建子指标体系，评估结果反映了中国企业海外投资所面临的战争问题、国有化、政党更迭、缺乏政府间协议保障、金融环境以及东道国安全审查等主要风险[1]。评估范围涉及面广阔，对东道国国家投资环境评估比较全面，为中国企业对外直接投资规避国家风险提供有力的依据。

2016 年，中国海外投资国家风险评级报告《"一带一路"国家风险评级子报告》是中国社会科学院世界经济政治研究所国家风险评级课题组首次发布该领域风险评级，基于投资规模[2]、国家重要性和数据可得性三个标准，报告共考察 35 个国家，主要评级级别共 9 级，其中低风险级别为 AAA 和 AA，中等风险级别为 A 和 BBB，BB 及以下为高风险级别[3]。从总的评级结果来看，低风险级别仅一个国家；中等风险级别28 个国家，占 35 个国家的绝大多数；高风险级别包括 6 个国家。从具体国家来看，"一带一路"沿线国家在经济基础和政治风险领域 57 个国家排名中处于中等偏低；在社会弹性和偿债能力领域，"一带一路"沿

---

[1] 国家风险评级课题组：《2013 年中国海外投资国家风险评级报告（CROIC-IWEP）》，《国际经济评论》2014 年第 1 期。

[2] 截至 2014 年年底，35 个国家的海外投资规模占到所有"一带一路"国家的 97.41%。

[3] 国家风险评级课题组：《2013 年中国海外投资国家风险评级报告（CROIC-IWEP）》，《国际经济评论》2014 年第 1 期。

线国家在整体57个国家排名中较为分散；在对华关系方面，"一带一路"沿线国家在整体57个国家排名中较为靠前[①]。"一带一路"35个国家评级结果按名次排列具体如下：AA级有新加坡；A级有以色列、阿联酋、捷克、匈牙利、沙特、波兰、哈萨克斯坦；BBB级有罗马尼亚、保加利亚、马来西亚、印度尼西亚、俄罗斯、希腊、菲律宾、斯里兰卡、土耳其、柬埔寨、泰国、伊朗、乌兹别克斯坦、巴基斯坦、印度、老挝、蒙古、缅甸、越南、土库曼斯坦、塔吉克斯坦；BB级有孟加拉国、白俄罗斯、埃及、吉尔吉斯斯坦、乌克兰；B级有伊拉克。

二 "一带一路"沿线国家安全风险评估编委会评估结果

2015年12月1日《"一带一路"沿线国家安全风险评估》发布，对丝路沿线中亚五国、南亚八国、东南亚十一国、西亚北非十六国、独联体七国、中东欧十六国公共安全风险进行评估，给出风险评估结果。与之相对应的是2017年《"一带一路"沿线国家安全风险地图》出版发行，该著作将风险级别分级和风险趋势与电子地图相结合，形成非常直观的风险图示效应。这些评估结果对国家宏观领域的风险评估全面准确，直观明了，为企业在"一带一路"直接投资风险防范起到一定的积极作用。在风险国家评估体系之外，国内外学者也在不断地进行研究，从经济、政治、文化等各个方面对海外直接投资风险进行分析，量化研究，提出相应的策略。

第四节 国内外学者就对外直接投资风险防范研究动态

一 国外研究动态

发达国家的对外直接投资主要集中在20世纪五六十年代，因此，早期对外直接投资研究主要以发达国家学者为主，对外直接投资相关研

[①] 张国旺：《中国对"一带一路"沿线国家投资现状、风险与对策》，《中国市场》2017年第9期。

究在这一时期积累了丰富的研究成果,关于直接投资风险研究成果较多。Nigh[1]运用美国 1948—1978 年数据分析政治因素对美国 OFDI 流向的影响,指出国家之间政治外交冲突对美国制造业的海外投资流量负面影响较大。Kaufmann[2]、Keefer[3]通过研究指出,东道国政府在面临国际收支失衡或者国内本土产业发展薄弱之时,为缓解国际收支的不均衡和发展本土产业而进行政府政策限制形成对外直接投资面临的政治风险。Woodward 和 Rolfe[4] 采用 1984—1987 年的数据进行分析研究,结果发现政治稳定性和投资企业的盈利能力呈正相关,即东道国政治越稳定,企业在该国投资盈利越大。Loree 和 Guisinger[5]通过对 1977—1982 年 36 个国家吸收海外投资流量的数据与政治稳定性之间的关系进行分析,指出国家政治越稳定,吸收海外投资流量越大,两者之间存在显著的正相关性。Haims[6]分析指出理性的投资者会选择政治制度质量较高的国家或地区进行投资。Dunning[7]建立多元回归模型分析政治因素与对外直接投资两者之间的关系,发现并没有显著的相关关系,在一些政治风险高的东道国,外来直接投资发展迅速。Kolstad 和 Wiig[8]通过对中国对外直接投资流向与东道国政治风险分析指出,中国企业对外直接投资资源

---

[1] Nigh D., "The Effect of Political Event on US Direct Foreign Direct Investment: A Pooled Time-Series Cross-Sectional Analy", *Journal of International Business Studies*, 1985, 16 (1): 1-17.

[2] Kaufmann Daniel, Aart Kraay, "Pablo Zoido-Lobaton. Governance Matters", *World Bank Policy Research Working Papers*, 1999.

[3] Keefer P., "A Review of the Political Economy of Governance: From Property Rights to Voice", *Policy Research WorkingPaper*, 2004.

[4] Woodward D., Rolfe R., "The Location of Export-Oriented FDI in the Caribbean Basin", *Journal of International Business Studies*, 1993 (24): 121-144.

[5] Loree D. W., Guisinger S E., "Policy and Non-Policy Determinants of US Equity Foreign Direct Investment", *Journal of Inter-national Business Studies*, 1995, 26 (2): 281-299.

[6] Haims, "Participatory Ergonomics and Macroergonomic Organizational Questionnaire Surveys", *Proceedings of the Human Factors and Ergonomics Society Annual Meeting*, Vol. 46 (15), 2002, pp. 1351-1354.

[7] Dunning J. H., "Explaining the International Direct Investment Position of Countries: Towards a Dynamic or Developed Ap-proach", *Review of World Economic*, 1981, 3 (117): 30-64.

[8] Kolstad I., Wiig A., "What Determines Chinese Outward FDI?", *Journal of World Business*, 2012, 47 (1): 26-34.

偏向性明显，反而与政治风险相关性不强。Buckley 等[1]研究指出中国更偏好在政治风险较高的国家进行对外直接投资。Chui 等[2]从国家文化的角度分析 5591 家企业数据，结果指出来自文化比较保守的国家企业不会过度融资从而降低企业负债。Habib 和 Zurawicki[3]通过分析 1996—1998 年 7 个发达国家对外直接投资主要去向，指出两国之间的制度差异越小，对外直接投资发生的可能性越高。Cosset 和 Roy [4]通过分析指出对外直接投资面临的政治风险存在的根本原因是受经济增长速度的影响，经济增速较高的国家政治风险较低，经济增速较低的国家政治风险较高，因为较高的经济增长可以缓解社会之间的冲突。Licht 等[5]通过研究指出，自然存在的文化思想通过渗入国家制度并因此对企业管理者产生潜移默化的影响，这种制度和影响与对外直接投资风险有较强的相关性，尤其是个人主义盛行的文化思想渗入国家制度对企业决策的影响极大地提升了对外直接投资的风险。Rodriguez 和 Uhlenbruck[6]通过研究指出企业在发展中国家直接投资面临更大的风险，因为发展中国家政治法律突变因素以及引发社会不安定的恐怖因素对投资影响较大，加大企业生产成本，增加企业投资风险。

二　国内学者研究动态

中国对外直接投资风险研究起步较晚，1990 年以前，在对外直接投资领域，学者关注度较少，1990 年以后对外直接投资风险研究不断增加，2000 年以后开始的大规模对外直接投资使这一时期研究成果积

---

[1] Buckley P. J., et al., "The Determinants of Chinese Outward Foreign Direct Investment", *Journal of International Business Studies*, 2007, 38 (4): 499-518.

[2] Chui, Andy, Alison E. Lloyd, Chunk C. Y. Kwok, "The Determination of Capital Structure: Is National Culture a Missing Piece to the Puz-zle?", *Journal of International Business Studies*, 2002, 33: 99-127.

[3] Habib M. and Zurawicki L., "Corruption and Foreign Direct Investmen", *Journal of International Business Studies*, Vol. 33, No. 2, 2002, pp. 291-307.

[4] Cosset & Roy, "Political Uncertainty and Stock Market Returns: Evidence from the 1995 Quebec Referendum", *Canadian Journal of Economics*, Vol. 39 (2), 2006, pp. 621-642.

[5] A. N. Licht, Sirgal, J. L., S. H. Schwartz, "Egalitarianism, Cultural Distance, and FDI: A New Way Approach", *Organization Science*, 2012: 1-21.

[6] Rodriguez & Uhlenbruck, "Social Media's Influence on Business-to-Business Sales Performance", *Journal of PersonalSelling & Sales Management*, Vol. 32 (3), 2012, pp. 365-378.

累较多。随着对外直接投资的不断发展,国内学者对对外直接投资风险在研究方法上也从初期的定性分析向量化分析转变,研究领域拓深、拓宽,从总体风险研究拓展到单向风险研究、行业风险研究、国家风险整体评估等不同领域,研究的广度和深度不断增加。

(一) 从国家的角度就对外直接投资总体风险研究

初期的对外直接投资风险研究以中国对外直接投资风险防范的总体研究为主,领域比较宽泛,内容主要集中在对风险的识别、分析、对策研究方面,随着对外直接投资的不断变化,总体研究持续的时间较长。具体来看,杜强[1]、李鸿洋[2]、谢康等[3]、沈芳等[4]、余国杰等[5]、陈蔚[6]、褚红[7]、聂名华[8]、谢春芳[9]、何帆[10]、姜萧潇[11]、郭建宏[12]等在分析中国对外直接投资面临的风险的基础上,提出风险防范策略,分析方法上以定性分析为主。学者通过研究指出,中国对外直接投资面临的风险主要有投资国政治动荡、国家政权非正常更迭、经济增长缓慢、汇率及金融系统稳定性差[13],获取信息渠道不畅、企业被蚕食征用、突发的战争内乱以及恐怖主义和民族主义的盛行、文化领域的差异引发的冲突等方面。在风险防范策略方面主要观点包括两个方面,从企业角度分析

---

[1] 杜强:《论国际投资风险与我国对外直接投资战略》,《国际贸易问题》1988年第9期。
[2] 李鸿洋:《国际直接投资的风险识别与管理》,《国际经贸探索》1992年第1期。
[3] 谢康、邓勤民:《对外直接投资的风险估计与对策》,《世界经济研究》1993年第1期。
[4] 沈芳、石中心:《企业对外直接投资的风险分析和管理》,《财经研究》1993年第11期。
[5] 余国杰、刘伟:《我国企业对外直接投资的风险及其防范》,《江汉论坛》2000年第5期。
[6] 陈蔚:《企业跨国直接投资的风险管理》,《理论导刊》2004年第12期。
[7] 褚红:《中国企业跨国投资风险的防范》,《沈阳农业大学学报》(社会科学版)2006年第2期。
[8] 聂名华:《论中国企业对外直接投资的风险防范》,《国际贸易》2008年第10期。
[9] 谢春芳:《后危机时代我国对外直接投资的风险与防范》,《贵州社会科学》2011年第5期。
[10] 何帆:《中国对外投资的特征与风险》,《国际经济评论》2013年第1期。
[11] 姜萧潇:《中国国企对外直接投资风险防控》,《国际经济合作》2014年第6期。
[12] 郭建宏:《中国的对外直接投资风险及对策建议》,《国际商务研究》2017年第1期。
[13] 刘莎、杨海余、洪联英:《我国能源资源行业对外直接投资风险及评估》,《长沙理工大学学报》(社会科学版)2016年第2期。

风险规避的措施主要包括以下几点：通过科学决策规避投资风险，注重投资前期风险的预防措施，做好对外直接投资的项目可行性研究、企业经营中的风险规避措施，加强投资风险管理的组织体系，建立符合国际惯例的跨国生产和经营的管理体制、风险发生后的缓解策略等；跨国投资的企业可以通过多元化策略实现风险转移，运用转移价格规避经营风险；积极实施"本土化"的经营战略、在投资区位上实现多元化、履行企业社会责任，化解社会文化风险；国有企业海外投资过程中，要依据自身的优势，充分利用各方面的力量，做好事前风险评估，在经营过程中承担一定的社会责任，为其他直接投资的企业降低风险提供预警，确保境外国有资产的安全。从政府角度分析风险规避的措施包括加强宏观政策管理，解决好风险结构问题和管理问题；积极参与国际投资规则制定，争取国际制度保障，应对保护主义阻挠，保护境外投资的人员和资产安全，发挥双边和多边投资保护机制的功能；完善对外投资的法律监管、完善对外投资保险制度；构建对外投资风险预警系统，建立国别投资合作风险预警系统，完善信息收集、取舍以及发布机制，为风险防范提供可靠的信息支持；中国驻外使馆经商参处等政府机构发布的当地突发事件，这些信息应及时向公众广播，及时发现和消除境外投资风险隐患等。这些措施为企业对外直接投资规避风险良好发展提供了极大的帮助。

随着风险研究的不断深入，从定性分析向量化模式转变。郑学敏等[1]、孙丽[2]分别运用模糊综合评判法建立模型量化分析中国企业对外直接投资过程中面临的风险。李杰群等[3]通过分析中国企业境外投资面临的风险，设立指标构建战略风险防控体制，缓解对外直接投资战略风险。蒋冠宏等[4]根据2003—2009年中国在95个国家投资数据进行分析，

---

[1] 郑学敏、高秀德：《中国企业跨国并购风险的模糊综合评判》，《上海工程技术大学学报》2007年第4期。

[2] 孙丽：《我国企业对外投资风险模糊综合评价方法研究》，《国际商务》（对外经济贸易大学学报）2008年第1期。

[3] 李杰群、赵庆、李京：《中国企业对外直接投资战略风险投资控制系统研究》，《统计与决策》2010年第18期。

[4] 蒋冠宏、蒋殿春：《中国对外投资的区位选择：基于投资引力模型的面板数据检验》，《世界经济》2012年第9期。

结果指出中国境外投资更多地倾向于自然资源丰富的国家，受其他因素影响较弱。姚遥等[1]利用模糊一致矩阵分析我国对外直接投资宏观风险。潘素昆等[2]在参考前人研究指标选取方法的基础上，结合技术获取型境外投资的特点，加入技术风险指标，量化分析综合评估技术获取型境外投资面临的各类风险。

（二）对投资东道国环境风险进行整体评估

随着风险研究的不断深入，从早期的策略研究向整体风险评估转变。目前，管理机构发布的较权威的是商务部自2009年起每年发布的《对外直接投资国别（地区）指南》，该报告对投资目的国进行全面、客观的描述，包括人文社会、经济发展、风险问题等方面，该报告是风险领域对世界主要国家比较实用的风险评判。刘宏等[3]根据《对外直接投资国别（地区）指南》的客观描述，将风险分为政治、主权、安全等七个方面，并对每一种风险根据指南的文本语言的描述状况进行量化赋值，最后通过对七类风险的简单平均计算，形成总体风险指数直观评判投资东道国的风险状况。张碧琼等[4]采用综合评分法对中国对外直接投资环境进行评估。国家风险评级课题组[5]发布2013年中国海外投资国家风险评级报告（CROIC-IWEP）。李一文等[6]通过构建中国企业海外投资经营风险评价指标体系进行分析研究。吴彤等[7]对拉美国家政治风险和社会经济风险进行量化分析，建立模型进行评估，最后评估出拉美国家投资的国家风险顺序，提出相应的策略。中国社会科学院世界经济

---

[1] 姚遥、程惠芳：《基于模糊一致矩阵的我国对外直接投资宏观风险分析》，《经济理论与经济管理》2014年第12期。

[2] 潘素昆、代丽：《中国企业技术获取型对外直接投资风险量化与评估》，《工业技术经济》2014年第12期。

[3] 刘宏、汪段泳：《"走出去"战略实施及对外直接投资的国家风险评估：2008—2009》，《国际贸易》2010年第10期。

[4] 张碧琼、田晓明：《中国对外直接投资环境评估：综合评分法及应用》，《财贸经济》2012年第2期。

[5] 国家风险评级课题组：《2013年中国海外投资国家风险评级报告（CROIC-IWEP）》，《国际经济评论》2014年第1期。

[6] 李一文、钟齐：《中国企业海外投资经营风险评价指标体系研究》，《当代经济》2014年第12期。

[7] 吴彤、陈瑛：《中国对拉美主要国家直接投资的风险分析》，《国际经济合作》2015年第10期。

与政治研究所课题组①于2014年开始发布《国别风险启示录》，这是这一时期风险评估的重要成果。该成果基本以量化分析为主，对投资东道国环境风险进行整体评估，使对外直接投资企业更容易获取信息预先规避风险。

(三) 从对外直接投资面临的风险类型进行单向风险分析

随着风险研究的不断深入，对外直接投资风险研究视角不断拓展，研究领域不断深入细化。在总体风险研究的基础上，更多的是向单向风险领域进军，从政治、经济等宽泛单向领域向财务、税务等具体单向风险领域延伸。政治风险研究领域洪庆福②、李东阳③、谭庆美④、史建军⑤、聂名华⑥、梅新育⑦、王海军⑧、赵青等⑨就对外直接投资面临的政治风险进行分析指出：当今世界并不太平，传统战争和内乱风险也始终存在；无论发展中国家还是发达国家，民族、部族、宗教、阶级矛盾错综复杂，矛盾一旦爆发后果将极为严重；中国海外直接投资过多地趋向于自然资源领域的基本状况极大地提升了企业面临政治风险的可能性；在政治风险防范策略上要运用科学风险评估体系选择合理区位进行投资，经营过程实时监测预警及时规避可能发生的风险等。孟凡臣等⑩、潘镇

---

① 中国社会科学院世界经济与政治研究所课题组：《国别风险启示录》，《中国外汇》2014年第22期。
② 洪庆福：《海外直接投资的政治风险》，《国际经济合作》1991年第8期。
③ 李东阳：《对外直接投资中的政治风险防范》，《东北财经大学学报》1999年第6期。
④ 谭庆美：《企业跨国经营面临的政治风险及其防范》，《西北农林科技大学学报》（社会科学版）2004年第2期。
⑤ 史建军：《我国企业海外投资的政治风险及规避》，《产业与科技论坛》2008年第5期。
⑥ 聂名华：《中国企业对外直接投资的政治风险及规避策略》，《国际贸易》2011年第7期。
⑦ 梅新育：《中国对外直接投资政治性风险为何高涨？》，《现代国际关系》2011年第8期。
⑧ 王海军：《政治风险与中国企业对外直接投资——基于东道国与母国两个维度的实证分析》，《财贸研究》2012年第1期。
⑨ 赵青、张华容：《政治风险对中国企业对外直接投资的影响研究》，《山西财经大学学报》2016年第7期。
⑩ 孟凡臣、蒋帆：《中国对外直接投资政治风险量化评价研究》，《国际商务研究》2014年第5期。

等①、孟醒等②、张艳辉等③等就对外直接投资面临的政治风险进行量化分析指出对外直接投资需要充分考虑投资东道国与中国的政治关系：在社会风险较高，影响投资因素过多的国家，两国政府之间发展良好的政治关系对缓解投资风险意义重大，这种良好的政治关系能有效地克服东道国制度不完善的影响，提高对外直接投资成功率，尤其是资源丰富市场广大但是存在高风险区域的国家；同时，这种良好的政府之间的关系对企业在社会风险小的国家投资同样意义重大，甚至可以弥补企业在国外自身竞争力不足的缺点，促进对外直接投资的发展④。财务风险防范领域，耿树艳⑤、陆正飞⑥、马云飞⑦、王自锋⑧、章丽群等⑨就中国企业对外直接投资中汇率风险进行研究，指出境外经营过程中以走势相对平稳的美元作为结算货币风险较小、港币汇率风险与美元相当（执行的是与美元挂钩的汇率制度）、欧元的汇率风险较为明显、澳元的汇率波动较大汇率风险显著等。刘新超⑩对中国对东盟直接投资面临的外汇风险进行分析。经济风险领域，王海军等⑪基于结构效应对国家经济风险

---

① 潘镇、金中坤：《双边政治关系、东道国制度风险与中国对外直接投资》，《财贸经济》2015年第6期。

② 孟醒、董有德：《社会政治风险与我国企业对外直接投资的区位选择》，《国际贸易问题》2015年第4期。

③ 张艳辉、杜念茹、李宗伟：《国家政治风险对我国对外直接投资的影响研究——来自112个国家的经验证据》，《石泉投资研究》2016年第2期。

④ 潘镇、金中坤：《双边政治关系、东道国制度风险与中国对外直接投资》，《财贸经济》2015年第6期。

⑤ 耿树艳：《关于我国对外直接投资中外汇风险管理的思考》，《辽宁经济》1995年第8期。

⑥ 陆正飞：《跨国经营中的外汇风险与公司对策》，《经济理论与经济管理》1996年第1期。

⑦ 马云飞：《我国企业对外直接投资的汇率风险及防范》，《黑龙江对外经贸》2009年第7期。

⑧ 王自锋：《汇率水平与波动程度对外国直接投资的影响研究》，《经济学（季刊）》2009年第4期。

⑨ 章丽群、陆文安、李肇扬：《中国企业对外投资汇率风险研究》，《国际商务研究》2016年第4期。

⑩ 刘新超：《中国对东盟直接投资面临的外汇风险及完善途径》，《对外经贸实务》2017年第4期。

⑪ 王海军、高明：《国家经济风险与中国企业对外直接投资：基于结构效应的实证分析》，《经济体制改革》2012年第2期。

与中国企业对外直接投资进行实证分析。税务风险领域,吴铮[①]对企业"走出去"过程中面临的税收风险进行研究。金融风险方面,沈军、包小玲[②]基于金融发展与国家风险因素对中国对非洲直接投资的影响因素进行实证研究,刘锡良等[③]对中国企业对外直接投资中我国企业金融风险分担机制进行研究。通过研究对外直接投资不同类型的风险,提出合理的风险防范措施,为企业对外直接投资规避风险提供参考。

(四) 从对外直接投资不同行业面临的风险进行研究

随着风险研究的不断深入,对外直接投资风险研究延伸至不同行业对外直接投资面临的风险。从行业角度研究对外直接投资的风险,曾庆斌等[④]就银行业对外直接投资的政治风险及规避进行研究,马玲[⑤]对中国石油企业对外直接投资面临的风险进行研究,杨海恩[⑥]从 AHP 角度对中国石油企业海外投资环境评价,刘莎等[⑦]就我国能源资源行业对外直接投资风险进行评估,梅新育[⑧]提出要警惕在印度进行基础设施投资的风险,张芯瑜等[⑨]就中国农业企业对外直接投资项目风险进行评价,姜艳文等[⑩]就我国水电企业海外投资趋势与社会风险进行研究。这些从不同行业提出的有针对性的策略对该行业进行对外直接投资风险规避意义重大。

随着风险研究的不断深入,学者选择多角度对对外直接投资风险进

[①] 吴铮:《"走出去"企业面临的税收风险及防范》,《中国财政》2013 年第 4 期。

[②] 沈军、包小玲:《中国对非洲直接投资的影响因素——基于金融发展与国家风险因素的实证研究》,《国际金融研究》2013 年第 9 期。

[③] 刘锡良、董青马:《"走出去"战略中我国企业金融风险分担机制研究》,《国际贸易》2013 年第 1 期。

[④] 曾庆斌、唐任伍:《银行业对外直接投资的政治风险及规避》,《河南社会科学》2005 年第 6 期。

[⑤] 马玲:《中国石油企业对外直接投资面临的风险》,《消费导刊》2008 年第 11 期。

[⑥] 杨海恩:《基于 AHP 的中国石油企业海外投资环境评价》,《经济问题》2013 年第 3 期。

[⑦] 刘莎、杨海余、洪联英:《我国能源资源行业对外直接投资风险及评估》,《长沙理工大学学报》(社会科学版) 2016 年第 2 期。

[⑧] 梅新育:《警惕对印进行基础设施投资的风险》,《中国国情国力》2014 年第 7 期。

[⑨] 张芯瑜、孟庆军、崔悦:《中国农业企业对外直接投资项目风险评价》,《湖北农业科学》2017 年第 11 期。

[⑩] 姜艳文、程兵:《我国水电企业海外投资趋势与社会风险》,《水力发电》2017 年第 9 期。

行研究，王方方等①从贸易引致型 VS 水平型分析中国对外直接投资区位分布，张纪凤②从制度因素、资源寻求方面分析中国对外直接投资的区位选择，黄永稳③就中国企业在非洲进行直接投资面临的风险进行研究，结果指出合理的区位选择对规避风险意义重大。成诗跃等④从对外直接投资内部风险防范进行研究，指出我国内部制度的不健全、不完善成为制约企业境外发展的障碍，甚至严重地影响到企业境外良好运作。中国政府应在国内投资审批程序、外汇管制、政府财政、金融激励措施、对外投资法律保护方面改革现有审批程序、改变管理部门交叉问题、改变政府支持政策的偏向性等措施，完善内部可控风险的防范，促进企业对外直接投资规避风险良好发展。

三 对丝绸之路经济带沿线国家直接投资风险防范研究动态

随着"一带一路"倡议的推进，对"一带一路"沿线的风险研究不断增加，研究成果主要集中在 2014 年以后。何时有等⑤在分析中巴经济走廊框架下电力投资在政治局势、延迟支付、外汇兑换、安全保障、保函没收五大方面的共性风险基础上，提出希望中国政府通过扩大海外投资承保范围、加快融资银行国际化进程、健全政府间对话机制等方式加大对中巴经济走廊能源项目政策支持力度的建议。周五七⑥研究指出，中国在"一带一路"直接投资过程中为规避风险应该注重投资区位的分散性、抓住双方共同利益目标实现共赢，通过在中东欧的资本深入提升中国经济辐射范围等。陈曦⑦在分析中国直接投资遇到的各种风

---

① 王方方、赵永亮：《中国对外直接投资区位分布——贸易引致型 VS 水平型》，《世界经济研究》2013 年第 7 期。
② 张纪凤：《制度因素、资源寻求与中国对外直接投资的区位选择》，《工业技术经济》2013 年第 9 期。
③ 黄永稳：《中国对非洲对外直接投资的风险防范》，《中国管理信息化》2013 年第 23 期。
④ 成诗跃、许敏：《中国对外直接投资的国内制度评析》，《经济问题探索》2011 年第 10 期。
⑤ 何时有、肖欣：《"中巴经济走廊"能源电力项目的投资风险》，《国际经济合作》2015 年第 2 期。
⑥ 周五七：《"一带一路"沿线直接投资分布与挑战应对》，《改革》2015 年第 8 期。
⑦ 陈曦：《中国企业海外投资的"拦路虎"——透过失败案例看风险》，《国际工程与劳务》2015 年第 12 期。

险的基础上，提出因地制宜落实"一带一路"倡议和开展优势产能合作。刘莎等[①]以中亚、西亚和俄罗斯为例，对中国能源企业对外投资的风险进行研究，通过对风险进行评估基础上指出能源行业在西亚面临的风险最高，主要是政治和文化风险对企业运作影响比较突出，其次是中亚主要是经济和资源风险对投资影响相对严重，风险相对最低的是俄罗斯主要是政治和经济风险对投资影响较为明显；在该领域直接投资过程，应该优化评估方法，科学建立风险预警机制、构建能源资源海外投资风险保障制度、与当地社会和谐相处是有效预防和化解能源资源行业对外投资风险困境的有效路径。周保根等[②]通过对投资合作风险深入评估，提出从政府角度要做好信息收集和形势研判工作，要为中国企业走出去提供安全支持与保障，要充分发挥政府引导、指导但不主导的作用。从企业层面要在前期做足准备功课，条件不成熟时不要盲目出海、跟紧国家最新出台的一系列利好政策和法规，要吃透政策、把握风向、善于行动、要重视咨询服务和中介作用。李冰[③]从"一带一路"国家风险数据入手，对中国对外直接投资国家风险进行实证研究。聂娜[④]就中国参与共建"一带一路"的对外投资风险来源及防范机制进行研究。胡伟等[⑤]在阐述我国企业对外直接投资机遇和特点的基础上，结合"一带一路"沿线各国的投资环境，从政治、文化、法律和经济四个维度对我国企业对外直接投资所面临的风险进行深入分析，并指出应对风险的对策包括当事国政府间签订不同层次的合作协议、加强互惠互利基础上的深入沟通与交流、重视尽职调查、制定法律纠纷解决预案、投资结构多元化，并科学运用金融工具等。郭建鸾等[⑥]就"一带

---

① 刘莎、杨海余、洪联英：《我国能源资源行业对外直接投资风险及评估》，《长沙理工大学学报》（社会科学版）2016年第2期。
② 周保根、田斌：《"一带一路"投资合作风险的深入评估及应对》，《国际贸易》2016年第11期。
③ 李冰：《中国对外直接投资国家风险实证研究——基于"一带一路"国家风险数据》，《现代商业》2016年第11期。
④ 聂娜：《中国参与共建"一带一路"的对外投资风险来源及防范机制》，《当代经济管理》2016年第9期。
⑤ 胡伟、孙浩凯：《"一带一路"视角下我国企业对外直接投资的风险及防范对策分析》，《湖北经贸学院学报》（人文社会科学版）2016年第3期。
⑥ 郭建鸾、闫冬：《"一带一路"倡议下国际产能合作风险与对策研究》，《国际贸易》2017年第4期。

一路"倡议下国际产能合作风险进行研究并提出相应的对策。李捷[①]就"一带一路"沿线国群体性反华事件进行研究。刘来会等[②]从丝绸之路经济带沿线国家不同发展经济体差异入手研究指出，我国在该地区直接投资具有明显的市场和资源寻求动机，高收入水平国家的市场规模和对中国产品偏好以及政权的稳定性是影响中国 OFDI 进入和规模选择的主要因素，中低收入国家的中国 OFDI 的资源寻求动机更加明显。不同学者的研究结果为促进中国企业对丝绸之路经济带沿线国家直接投资风险规避意义重大。

第五节　小结

本章系统地回顾了国际直接投资风险理论研究及方法应用的发展历程，指出国际投资风险研究成果主要集中在投资环境评估方法理论构建、投资环境评估公告发布及不同学者对投资风险的具体防范策略研究三个方面。

经典的海外直接投资环境评估方法包括以定性分析为主，选取可能存在的影响直接投资的因素来评判投资环境好坏的投资障碍分析法；选取影响投资的重要因素进行权重赋值，并就因素对投资产生影响进行评分，最后采用加权加总的投资环境加权等级评分法；采取实证分析指出投资环境存在热国与冷国，热国是投资环境良好的国家，冷国是投资环境较差的国家，由热变冷，企业由直接投资变为直接出口；采取口头或问卷形式调研的方法对国家投资环境进行评估的抽样评估法。

流行的投资环境评估公告发布是量化风险分析迅猛发展的结果，风险评级研究成为风险预警的主要手段。发达国家发展较早，积累了丰富的文献资料，出现了许多的专业风险评估机构，其中标准普尔、穆迪和惠誉三家信用评级机构基本占世界该领域评估业务 90%以上的份额；通过差异化竞争蓬勃发展的评级机构有经济学人智库、国际国家风险评级指南以及环球透视、大公国际资信评估有限公司。

---

① 李捷：《"一带一路"沿线国家群体性反华事件探析》，《当代亚太》2017 年第 1 期。
② 刘来会、邓文慧：《中国对丝绸之路经济带沿线国家直接投资：现状、动机与政策建议——基于不同发展经济体的比较研究》，《经济问题探索》2017 年第 5 期。

国内流行的风险评估体系首先由中国社会科学院世界经济与政治研究所推出的海外企业投资风险评级为主流，2016年中国海外投资国家风险评级报告《"一带一路"国家风险评级子报告》借鉴国际经验，结合中国实际，对丝绸之路经济带沿线国家风险进行中肯的评价，对东道国国家投资环境评估比较全面，为中国企业对外直接投资规避国家风险提供有力的依据。由"一带一路"沿线国家安全风险评估编委会2015年12月1日发布《"一带一路"沿线国家安全风险评估》，对丝路沿线中亚五国、南亚八国、东南亚十一国、西亚北非十六国、独联体七国、中东欧十六国公共安全风险进行评估，给出环境风险评估结果。与之相对应的是2017年《"一带一路"沿线国家安全风险地图》出版发行，该著作将风险级别分级和风险趋势与电子地图相结合起来，形成非常直观的风险图示效应。这些评估结果对国家宏观领域的风险评估全面准确，直观明了，为企业在"一带一路"直接投资风险防范起到一定的积极作用。

国内外学者对对外直接投资风险防范研究动态，发达国家学者研究繁荣于20世纪五六十年代，这一时期是发达国家对外直接投资迅猛发展期，主要从经济政治文化等领域进行研究，方法也从早期的定性分析转化为定量分析为主。随着中国对外直接投资的不断发展，国内学者对对外直接投资风险研究不断发展，在研究方法上从初期的定性分析向量化分析转变，在研究领域方面不断拓深拓宽，从总体风险研究拓展到单向风险研究、行业风险研究、国家风险整体评估等不同领域，研究的广度和深度不断增加。随着"一带一路"倡议的推进，对"一带一路"沿线的风险研究不断增加，研究成果主要集中在2014年以后。学者从中巴经济走廊的发展、投资区位的选择、政治经济文化风险领域、能源合作领域等不同角度进行分析，提出相应的风险防范策略。

第三章

对丝绸之路经济带直接投资环境风险评估

第一节 对丝绸之路经济带直接投资环境风险评估设计

对于丝绸之路经济带国家直接投资环境风险评估，根据目前已有的研究成果，从国家角度对被投资国自身风险客观评价研究积累较多，国际上不同的评估机构定期发布风险评估结果，资料及时翔实，评估方法先进，评估过程科学。同时，很多学者也对不同国家宏观的政治风险、经济风险等方面进行研究。对被投资的国家风险研究成果累累，是企业对外直接投资风险规避的重要参考；从行业的角度，不同学者选择不同的行业进行探讨，主要涉及对外直接投资的行业面临的具体风险，以定性分析居多，为不同行业对外直接投资提供风险规避参考。对某一行业进行对外直接投资风险规避意义重大，但成果积累比较细碎，完整性欠缺。实际对外直接投资过程中，国家风险相同的情况下，企业自身情况千差万别，对风险因素关注差异巨大，对同样国家的风险感触和承载能力不同，研究风险规避过程中考虑企业自身风险关注目标，从企业自身风险承载能力出发，根据对外直接投资动机，结合东道国的具体风险状况，参考前人的研究结果，两者共同权衡，对丝绸之路经济带沿线国家做出更适合企业投资借鉴参考的实用性风险评判，帮助企业海外运作过程中规避风险。

一 研究方法的选择

对于丝绸之路经济带国家直接投资环境风险评估采用闵氏关键因素评估法，在纷繁复杂的影响境外直接投资环境因素中，找出关键影响投资项目运作的因素,按照多因素评分法进行评分。具体影响投资的关键因素不拘泥于闵氏关键因素评估法中限定的降低成本、发展当地市场、材料与原件供应、追随竞争者、获得当地生产和管理技术等,而是根据中国国内学者提出的企业对外直接投资动机,例如卢进勇、孙睦优、陈倩等国内学者提出对直接投资的动机分为市场导向性、降低成本导向性、技术与管理导向性、分散投资风险导向性及其他动机,结合中国2015年对外直接投资流量以及2015年年末存量前100位的对外投资企业类型进行投资动机归纳①,得出中国对外直接投资行业及动机主要包括:具有绝对优势的资源互惠型对外直接投资、具有绝对优势市场拓展型对外直接投资、具有相对优势市场拓展型对外直接投资三种类型,其中具有绝对优势市场拓展型对外直接投资又分为具有核心技术优势市场拓展型和具有资金技术优势市场拓展型对外直接投资两种。根据不同投资动机的行业特点、海外运作模式、确定关键因素的选取及关键因素权重的不同赋值,对关键因素赋值并对赋值进行定性分析。具体2015年年末存量前四位②与流量增幅前三位③的行业,包括租赁和商务服务业、金融业、采矿业、批发和零售业,制造业、信息传输/软件和信息技术服务业、制造业等。从2015年年末对外直接投资存量前100位的企业来看,具有绝对优势的资源互惠型对外直接投资企业21家,主要涵盖能源资源领域;具有核心技术优势市场拓展型对外直接投资企业15家,主要涵盖高科技领域;具有资金技术优势市场拓展型对外直接投资19家,主要涵盖资金技术类企业。这三类企业典型的特点是或者资金后盾强大,或者拥有自己核心技术,不仅在国内领先,而且在国际上也优势明显,或者规模庞大资金雄厚且管理经验丰富、人才储备完善;具有相对优势市场拓展型对外直接投资共计45家,主要以制造业和服

---

① 中国对外直接投资实践经常走在理论的前面,极具中国特色不能完全照搬西方理论,因此选择根据实际发生的投资企业进行投资动机归纳更具有现实意义。

② 2015年年末,中国对外直接投资存量规模居于前四位的分别是租赁和商务服务业、金融业、采矿业、批发和零售业,存量规模分别为:4095.7亿美元、1596.6亿美元、1423.8亿美元、1219.4亿美元。

③ 2015年,对外直接投资流量中制造业、金融业、信息传输/软件和信息服务业等领域的投资增长幅度很大,制造业占当年流量总额的13.7%,金额199.9亿美元,同比增长108.5%;金融业占当年流量总额的16.6%,金额242.5亿美元,同比增长52.3%。

务业为主，这类企业在国际上技术不太领先，处于普通行业，但是在东道国却能更好地发挥自身优势，具有相对优势是其对外直接投资的根本原因。

因此，环境风险评估分析根据中国企业对外直接投资的实际状况，环境风险评估分为四类，分别是具有绝对优势的资源[①]互惠型企业对外直接投资环境风险评估、具有核心技术优势市场拓展型企业对外直接投资环境风险评估、具有资金技术优势市场拓展型企业对外直接投资环境风险评估、具有相对优势市场拓展型企业对外直接投资环境风险评估。

通过对已经发生的对外直接投资业务的研究，结合中国2015年年末总对外直接投资存量额度和流量变化来分析，研究视角更贴合中国企业对外直接投资的实际，关键因素的选择从实际出发进行归纳，总结出中国对外直接投资企业自身的特点及投资动机，能够更好地反映对外直接投资不同行业对风险因素关注的差异性。

二 样本国的选定原则

在样本国家的选取上，以商务部2016年11月发布的对外直接投资统计公告中选定的"一带一路"国家为基准，剔除以下国家。

首先是2015年年末投资存量小且投资流量为零或负的国家。2015年年末中国对这些国家直接投资存量小于1200万美元，同时投资流量较小，甚至为零或者为负数。这些国家或者整体经济实力过小，或者战乱频发，或者与中国关系疏远，在对外直接投资中目前研究意义不大，随着进一步发展，作为后期研究目标，这里不再赘述。这些国家主要包括阿尔巴尼亚（—、695万美元）、爱沙尼亚（—、350万美元）、巴勒斯坦（—、4万美元）、巴林（—、387万美元）、波黑（162万美元、775万美元）、黑山（—、32万美元）、克罗地亚（—、1182万美元）、拉脱维亚（45万美元、94万美元）、黎巴嫩（—、378万美元）、立陶宛（—、1248万美元）、马尔代夫（—、237万美元）、马其顿（-1万美元、211万美元）、摩尔多瓦（—、211万美元）、斯洛文尼亚（—、

[①] 为研究方便，本部分资源能源主要涉及石油、煤炭及重要金属矿产，对非金属及其他类矿产涉及较少。

500万美元)、叙利亚(-356万美元、1100万美元)、亚美尼亚(一、751万美元)。

其次是2015年年末投资存量大,投资流量为零或负的国家。这些国家包括阿富汗(-326万美元、41993万美元)、菲律宾(-2759万美元、71105万美元)、哈萨克斯坦(-251027万美元、509546万美元)、捷克(-1741万美元、22431万美元)、蒙古国(-2319万美元、376006万美元)、斯洛伐克(一、12779万美元)、土库曼斯坦(-31457万美元、13304万美元)、乌克兰(-76万美元、6890万美元)、也门(-10216万美元、45330万美元)、伊朗(-54966万美元、294919万美元)等国,投资存量较大表明这些国家与我国联系密切,但是2015年投资流量突然为负,既不进行投资还有撤出资金的趋势,某些特定因素已经彻底影响或限制了中国在该领域的投资,研究报告的后面会定性分析原因,这里不再赘述。

根据这两个原则选取的国家共计37个。分别是阿联酋、阿曼、阿塞拜疆、埃及、巴基斯坦、白俄罗斯、保加利亚、波兰、东帝汶、俄罗斯联邦、格鲁吉亚、吉尔吉斯斯坦、柬埔寨、卡塔尔、科威特、老挝、罗马尼亚、马来西亚、孟加拉国、缅甸、尼泊尔、塞尔维亚、沙特、斯里兰卡、塔吉克斯坦、泰国、土耳其、文莱、乌兹别克斯坦、新加坡、匈牙利、伊拉克、以色列、印度、印度尼西亚、约旦、越南。

三 风险评估指标及数据的来源

风险评估指标的选择,在选定国家的基础上,一部分评估指标参考中国社会科学院对"一带一路"国家风险的评级指标;另一部分评估指标根据中国企业对外直接投资实际发生的业务进行分析提取重点关注因素作为指标,并依此进行权重赋值。数据来源于中国企业对外直接投资国家地区指南的经验分析;一些特殊的数据资料来源于国际经济新闻报道的整理、对外直接投资国别指南(2016),以及对外直接投资管理人员的直接问卷调查。

第二节 绝对优势资源互惠型企业对丝绸之路经济带直接投资环境风险评估

一 指标选择与权重赋值及评估结果

根据2015年年末对外直接投资存量前100位的排名，其中具有绝对优势资源互惠型对外直接投资企业主要包括中国石油天然气集团公司、中国海洋石油总公司、中国石油化工集团公司、中国化工集团公司、中国五矿集团公司、中国中化集团公司、中国铝业公司、兖州煤业股份有限公司、中国有色矿业集团有限公司、中国中钢集团公司、宝钢集团有限公司、武汉钢铁（集团）公司、鞍钢集团公司、神华集团有限责任公司、中国黄金集团公司、吉林吉恩镍业股份有限公司、紫金矿业集团股份有限公司、天津钢管集团股份有限公司、湖南华菱钢铁集团有限责任公司、中铁建铜冠投资有限公司、山东钢铁集团有限公司等。这类企业的特点是规模庞大，资金雄厚，管理经验丰富，人才储备完善使其对外直接投资具有所有权特定优势，同时这些公司具有强大的内部化能力使其境外投资中具有内部化优势，根据邓宁的生产折中理论，这类企业具有境外投资的自身绝对优势。这类企业的海外运作方式一般为：贸易模式、绿地投资、兼并收购、契约模式。贸易模式易受产品国际价格波动的影响；绿地投资需要大量的资金支持，成本过高，风险较高；兼并收购[①]主要缺点是并购信息不对称；契约模式分为矿费税收制、产品分成制、服务合同制、联合经营制，矿费税收制的缺点是税收会变化、产品分成合同执行时在计算税收和利润的评判标准困难、服务合同基本是劳务输出等。目前，中国具有绝对优势资源互惠型对外直接投资企业海外运作主要模式是兼并收购、契约模式，具体包括现金收购、合作开发、产品分成、与目标国公司联合经营、装备出口、参股与并购模式、与有经验的大型跨国公司联合经营、以贷款换资源等模式。2005—2014年上半年，中国在"一带一路"国家能源、金属矿石行业投资失

---

① 兼并收购主要类型：收购勘探块区、收购储量、收购产量、收购全部项目、资产交换以及公司并购等。

败金额占中国在"一带一路"投资失败总额的87.0%。这类企业海外投资风险严峻，是主要研究对象。具有绝对优势的资源互惠型企业对外直接投资主要关注的因素包括政治环境、间接征用、环境保护、地理区位因素、社会弹性因素五个方面，评估涉及的指标有五类，权重赋值如下。

(一) 政治环境风险指标

政治环境风险指标，包括被投资国政治的稳定性、被投资国与中国的关系以及被投资国受第三方影响的可能性。东道国政治如果不稳定，就会给资源互惠型企业海外经营带来巨大的风险。2011年，利比亚内战，中国75家企业、50个大型项目，金额188亿美元的投资都付诸东流。2011年叙利亚内战，中国资源互惠性企业因战事影响全部暂停，全体中方工作人员撤出，损失难以估计。投资目标国与中国政府之间政治领域的友好合作程度与企业进行投资的可能性呈现较强的正相关性。而且中国对外投资起步较晚，国际能源资源已被国际巨头抢占，中国企业以投资方式进入时，一旦发现好的能源资源，更多地面临国际巨头的竞争，因此，被投资国政治的稳定性、被投资国与中国的关系以及被投资国受第三方影响的可能性是资源互惠型企业首要考虑的因素，因此权重赋值较高为0.3。政治风险指标主要包括政府稳定性、军事干预政治、腐败、民主问责、法制、来自国外的对在位政府干预程度等方面。

(二) 间接征用风险指标

间接征用又称蚕食性征用，东道国政府表面上不明确征用企业财产或者限制企业运行，但实际中采取各种措施限制企业正常运行，削减股东权益，使投资股东无法实际控制企业，行使股东权益，构成事实上的征用。间接征用在对外直接投资的企业中主要存在于资源互惠型企业海外运作中，其他类型企业比较少见。现在直接粗暴地把跨国资源互惠型企业收归国有比较少见，但更多的是间接征用。例如，委内瑞拉政府颁布新的《石油法》规定石油矿区使用费率由原来的16.6%提高到30%，所有的外国投资公司必须与委内瑞拉国家石油公司组建合资公司，而且新公司必须由委内瑞拉国家石油公司控股，所持股份不低于60%。非洲也出台要求已存在的资源互惠型跨国企业必须出让一定股份给当地居民。这些与20世纪六七十年代直接征用不同，更具有隐蔽性，但是结果对资源互惠型企业的危害却是殊途同归。因此，这些因素对资源互惠型企业海外运作的影响非常显著，是其关注的重要因素，因此权重赋值较高为 0.3。

（三）环境保护风险指标

环境保护风险指标主要指东道国环保政策因素，中国此类企业环保水平无论从环保治理技术、环保所配设备、环保管理理念方面与国外公司相比差异巨大。国际上不同类型国家对环保的要求日益严格，尤其是丝路沿线部分国家本身自然环境严峻，破坏之后自然恢复困难，因此更加重视环保方面的要求，过高的环保要求一定会增加企业成本，使企业获利艰难，如果企业为降低成本在环保领域弄虚作假，就会受到更加严厉的惩罚。资源互惠型企业运作过程中对环境影响较大。因此，在环保方面承受更加严厉的监督，这也就意味着环保因素是资源互惠型企业正常运作必须重点关注的因素，因此权重赋值为 0.2。

（四）地理区位风险指标

资源类产品储量地理区位分布随意，产品特点是量大、价廉、笨重，中国企业海外运作资源互惠型企业时，受地理区位影响严重，有的地区地形复杂、气候极端、开采过程作业困难、风险很高；有的地区山高路远、交通困难、产品运出费用过高；有的地区虽然储藏总量巨大，但因为种种地质原因开采难度很大，对开采技术要求很高，我国目前技术力量很难达到，使开采成本急剧上升。这些对资源互惠型企业海外运作影响较大，权重赋值为 0.1。

（五）社会弹性风险指标

企业在国外运作，当地社会的综合因素也是企业考虑的因素，社会弹性风险指标包括社会、种族、宗教冲突严重性、资本和人员流动的限制、劳动力市场管制、商业管制、行政和官僚成本、开业难易、营业执照限制、产品出口税收变化等方面。例如，在资源互惠型产品出口的时候，国际价格走高，出口国实行从价税、国际价格走低，出口国实行从量税，从中剥夺企业的利益严重影响企业收益。因此，社会弹性风险也是资源互惠型企业海外运作需要考虑的因素，权重赋值为 0.1。

在选定研究对象和关注的风险指标并对具体指标权重赋值之后，根据资源互惠型行业的特定风险要求给予不同国家合理的赋值。具体分值的评定：第一，采用《对外投资合作国别（地区）指南》（2016版）对上述因素文字表述的不同逐一进行评定；第二，采用德尔菲法对不同因素进行评判；第三，根据各新闻、报纸对上述国家报道进行评判；第四，结合中国社会科学院《2016年中国海外投资国家风险评级报告》评定结果进行修正；第五，通过闵氏关键因素评估法算出最后的总风险规避评估值。具体赋值过程中，政治因素影响越小赋值越高、间接征用风险越小赋值越高、环保要求越低赋值越高、地理区位因素越好赋值越高、社会弹性越好赋值越高，分值1—10，最后加权加总，分值越高越好，意味着分值越高，资源互惠型行业在这里投资风险越小。[①]具体分析如表3-1所示。

表3-1　　绝对优势资源互惠型企业对外直接投资环境风险评估

国家	政治环境（0.3）	间接征用（0.3）	环境保护（0.2）	地理区位（0.1）	社会弹性（0.1）	特别因素	总评得分
阿联酋	10	9	3	9	10	—	8.2
阿曼	10	9	3	6	10	—	7.9
阿塞拜疆	—	—	—	—	—	—	—
埃及	4	6	3	3	6	—	4.5
巴基斯坦	7	6	3	3	4	—	5.2
白俄罗斯	—	—	—	—	6	资源匮乏	
保加利亚	—	—	—	—	—	资源匮乏	
波兰	10	6	3	3	9	—	6.6
东帝汶	6	6	6	—	—	—	5.8
俄罗斯	5	3	3	3	8	—	4.1
格鲁吉亚	—	—	—	—	—	资源匮乏	
吉尔吉斯斯坦							
柬埔寨	6	9	3	6	—	—	6.3
卡塔尔	10	9	3	6	9	—	7.5
科威特	—	—	—	—	—	—	—

---

① 地理区位中，没有进行赋值的国家一般是指资源能源匮乏，或者即使有些储量，但与我国的丰富资源存量相似，这类国家在这里不进行分析；限制较大难以合作的国家也不进行分析。

续表

国家	政治环境（0.3）	间接征用（0.3）	环境保护（0.2）	地理区位（0.1）	社会弹性（0.1）	特别因素	总评得分
老挝	5	6	3	3	5	—	4.7
罗马尼亚	9	9	3	6	9	—	7.5
马来西亚	9	6	3	9	9	—	6.9
孟加拉国	—	—	—	—	—	资源匮乏	—
缅甸	4	9	9	8	4	—	6.9
尼泊尔	—	—	—	—	—	资源匮乏	—
塞尔维亚	7	8	7	6	8	—	7.3
沙特	8	3	3	6	10	—	5.5
斯里兰卡	—	—	—	—	—	资源匮乏	—
塔吉克斯坦	6	3	6	3	4	—	4.6
泰国	7	3	3	9	7	—	5.2
土耳其	6	3	6	9	8	—	5.6
文莱	8	7	4	9	9	—	7.1
乌兹别克斯坦	5	6	6	6	4	—	5.5
新加坡	—	—	—	—	—	资源匮乏	—
匈牙利	—	—	—	—	—	资源匮乏	—
伊拉克	—	—	—	—	—		—
以色列	—	—	—	—	—	资源匮乏	—
印度	8	6	3	3	7	—	5.8
印度尼西亚	6	3	9	3	7	—	5.5
约旦	—	—	—	—	—	资源匮乏	—
越南	7	3	9	6	5	—	5.9

二 环境风险评估结果分值解析

资源能源稀缺的国家，这类国家目前不适合具有绝对优势的资源互惠型企业对外直接投资，包括：新加坡、斯里兰卡、匈牙利、格鲁吉亚、保加利亚、以色列、白俄罗斯、孟加拉国、尼泊尔、约旦等国家。评估不予赋值。

资源丰富但战乱频繁的国家或者第三方势力介入过多，这些国家目前对资源互惠性企业进行对外直接投资是有高风险的,这类国家主要有:吉尔吉斯斯坦、伊拉克、科威特、阿塞拜疆等国家。评估不予赋值。

在资源丰富、国家稳定且限制性因素不高,具有绝对优势的资源互惠型国家进行直接投资面临的风险较小,这类国家主要有:阿联酋、阿曼、罗马尼亚、卡塔尔、马来西亚、波兰、文莱、塞尔维亚、缅甸。评估分值在6.5分以上。

在资源丰富、国家稳定但是限制性因素过高,具有绝对优势的资源互惠型国家直接投资时,要弄清关键限制因素,自己若能承受就可以投资,若企业无法承受,就要谨慎投资。这类国家主要有:俄罗斯、印度尼西亚、老挝、巴基斯坦、印度、埃及、乌兹别克斯坦、柬埔寨、泰国、越南、沙特、土耳其、塔吉克斯坦、东帝汶。环境评估分值在6.5分以下。

三 环境风险评估指标分值评判定性解析

重点涉及国家资源状况、环境保护力度、吸引外资优惠及限制政策、基础设施发展状况、社会综合因素等方面。

(一) 资源能源稀缺的国家

这些国家包括新加坡、斯里兰卡、匈牙利、格鲁吉亚、保加利亚、以色列、白俄罗斯、孟加拉国、尼泊尔、约旦等国家。具体来看,新加坡资源比较匮乏,主要工业原料、生活必需品需进口。斯里兰卡矿产资源匮乏,主要矿产是宝石和石墨,斯里兰卡政府重视对矿产资源的保护,对矿产资源开发有严格的规定。匈牙利矿产资源比较贫乏,除铝矾土储量居欧洲第三外,另有少量褐煤、石油、天然气、铀、铁和锰等。格鲁吉亚矿产资源比较贫乏,主要矿产有煤、铜石。白俄罗斯矿产资源黑色金属和有色金属矿稀少,石油和天然气能源矿藏少,非金属矿丰富[①]。以色列自然资源比较贫乏,主要资源是死海中含有较丰富的钾盐、镁和嗅等矿产。近年来,以色列在地中海海域连续发现了多个大型天然气田,目前已进入开发阶段。水资源极度缺乏,主要来自约旦河、

---

① 白俄罗斯境内矿藏钾盐储量居世界第三位,可供开采100多年。白俄罗斯盐岩储量超过220亿吨,居独联体国家首位。其他主要矿产有花岗石、白云石、石灰石等。

加利利湖和一些小河。保加利亚自然资源贫乏，主要矿物有煤、铅、锌、铜、铁、钡、锰和铬，还有矿盐、石膏、陶土、重晶石、萤石矿等非金属矿产。斯洛伐克油气资源并不丰富，多为小型油田，零星分布在喀尔巴阡山脉及东部地区，其他矿物资源主要有陶瓷矿、膨润土、菱镁矿、黏土矿、白云岩砂等。捷克油气资源及铁矿匮乏基本依赖进口，比较丰富的是煤炭资源，主要以褐煤和硬煤为主，其中褐煤储量居世界第三位。约旦资源相对匮乏，除了铀矿探明储量14万吨，具有开采价值外。其他方面只有少量的石油和天然气，尚未发现具有商业开采价值的煤矿资源或其他有色金属矿藏。约旦油页岩资源储量丰富，但商业开采价值较低。

（二）资源丰富但战乱频繁的国家或者第三方势力介入过多的国家

这些国家包括吉尔吉斯斯坦、伊拉克、科威特、阿塞拜疆等国家。吉尔吉斯斯坦资源丰富、开采限制因素较多、环保执行力度较大、基础设施发展程度较低。

吉尔吉斯斯坦自称拥有化学元素周期表中的所有元素：黄金探明储量565.8吨，水银储量4万吨、锡矿总储量41.3万吨、钨矿总储量19万吨、稀土总储量54.9万吨、铝矿总储量3.5亿吨、钼矿探明储量2523吨、锑矿探明储量26.4万吨；吉尔吉斯斯坦油气资源丰富，从探明储量来看，石油和天然气分别为1.013亿吨和72.6亿立方米[①]。矿产开采领域国家垄断，能源及重点矿产品（如铀）开发领域外资所占股份必须小于50%。吉尔吉斯斯坦人口仅601万（2016年），但是登记注册的政党210余个，主要有社民党、共和国—故乡党、吉尔吉斯斯坦党、进步党、共同党、祖国党。2005年、2010年吉尔吉斯斯坦政权已两次非正常更迭，造成社会动荡，经济下滑，对外资企业经营影响极大。2016年8月，中国驻吉尔吉斯斯坦使馆遭汽车炸弹袭击，造成使馆3名人员轻伤。该国环保领域执行力度较大、基础设施发展程度较低。

伊拉克石油资源丰富、开采限制因素较多、环保执行力度较大、基础设施落后。伊拉克油气资源丰富，石油探明储量1431亿桶，天然气

---

① 资料来源：吉尔吉斯斯坦国家地质与矿产署2013年统计资料。

探明储量3.6万亿立方米，磷酸盐储量约100亿吨。开采领域，石油等优势产业是伊拉克向海外投资者提供鼓励政策的重点行业。世界银行发布的《2016年营商环境报告》显示，伊拉克经营环境比较恶劣，排名靠后，居倒数第27位。海湾战争中伊拉克主要交通方式——公路遭受严重破坏，战后多数得到修复，但一些路段路况较差。环保领域要求严格，外国公司在项目动工前需要进行环境评估，经营过程中必须做好环保措施防止对环境的破坏，一旦造成破坏应积极采取补救措施避免罚款损失①。伊拉克安全形势虽趋稳向好，但安全风险依旧存在。2015年伊拉克全国因暴力袭击死亡人数达到7515人。全国95%的恐怖袭击事件集中在巴格达、尼微、安巴尔、基尔库克、迪亚拉和萨拉赫丁中北部六省，其中巴格达为伊拉克暴力恐怖袭击致死人数最多的省份。

科威特石油资源丰富、开采限制因素较高、环保执行力度较大、基础设施非常完善。科威特石油和天然气储藏丰富，探明储量分别为1049亿桶和1.78万亿立方米。科威特2015年明确10类不允许外资进入的领域包括原油开采、天然气开采、焦炭生产、肥料和氮化合物生产、煤气制造、通过主管道分配气体燃料等方面。环保领域，科威特公共环境管理局制订并执行《科威特环境管理规划》，该环境管理规划贯穿项目执行的始终，并且每个阶段都有详细的实施办法。基础设施建设方面，在科威特巨额的石油收入支持下，设施完备、技术先进、现代化程度高，可以很好地满足投资者对经营环境硬件设施的要求。科威特投资环境虽好，但是第三方势力介入过深，1991年2月，以美国为主的多国部队赶走吞并科威特的伊拉克，科美之间成为承诺保护科威特国家安全的盟友，这种高级别的盟友关系使科威特受美国影响更深。

阿塞拜疆石油天然气资源极为丰富，主要分布在阿塞拜疆普歇伦半岛和里海大陆架，属于阿塞拜疆里海区域的石油地质储量约40亿吨，天然气远景储量6万亿立方米。此外，阿塞拜疆境内还有铁、钼、铜、黄金等金属矿藏，以及丰富的非金属矿产和矿泉水资源。阿塞拜疆独立后为摆脱对俄罗斯的依赖，开始实行在中小型工商企业方面依靠与土耳其合作，在石油领域依靠与英美合作的方针，大力引进外资开发里海水域油气资源，

---

① 钱明阳、宋近双：《伊拉克国际油气合作法律法规及应对策略》，《国际石油经济》2011年第10期。

并与英国、土耳其和格鲁吉亚联合修建了通往黑海、地中海的两条油气管道,把生产的石油和天然气直接销往国际市场以得到高额收益。

这类国家在战乱没有结束之前是高风险国家,但是随着时间推进,一旦战乱结束,具有绝对优势的资源互惠型对外直接投资风险就会降低。同时,第三方势力介入过多的国家也会随着时间的流逝慢慢改变,到时再进行投资风险就会降低。

(三)资源丰富国家稳定且限制性因素不高的国家

这些国家包括阿曼、罗马尼亚、阿联酋、马来西亚、卡塔尔、波兰、文莱、塞尔维亚、缅甸。

阿曼油气资源剩余探明储藏丰富,根据2016《BP世界能源统计年鉴》,石油和天然气分别为7.4亿吨和8495亿立方米。矿产资源储量丰富的有铜、金、银、铬、铁、锰、镁、煤矿等,其中铜矿约1500万吨、铬矿约250万吨(品位为35%—40%),铁矿储量为1.2亿吨(品位为39%),锰矿储量约为150万吨[1]。阿曼矿业局致力于为潜在国际投资者清除障碍,新矿业法也将取代阻碍投资者进入矿业领域的旧法,使投资者享受更长的矿区租期,以此吸引更多投资者进入该领域。阿曼矿业局鼓励更多高价值矿产投资,如极具商业投资价值的金属矿和非金属矿。阿曼没有鲜明的针对外国投资者的限制措施,内外投资者享有同等的权利、承担同等义务,在经营方式上也可以自由选择独资或者合资的方式[2]。阿曼环保法律完善,严重违反规定者罚款可达投资额的10%,最高可处以终身监禁。

罗马尼亚石油资源丰富、开采限制因素较少、环保执行力度较大、基础设施发展较缓慢。罗马尼亚截至2015年年底,探明石油储量1亿吨,天然气储量约1000亿立方米,近年来在康斯坦察港以东200千米的黑海也发现了较丰富的石油。在喀尔巴阡山和西部高原上,岩盐储量达30亿立方米。罗马尼亚对内外资实行无差别非歧视性待遇,矿产开采领域境外投资者在获得专属准许证书后便可进行开采,到期后还会有3年或5年的延长期。油田经营期限最长为30年,期满后可再续延15

---

[1] 王威:《阿曼矿业投资环境概况》,《国土资源情报》2011年第11期。
[2] 中国与阿曼投资合作涉及能源、电信等多个领域,达利石油公司、华为公司是具有代表性的公司。

年。基础设施方面有待完善，罗马尼亚货运列车平均时速为 28 千米，客运列车时速为 43 千米，高速公路总长 747 千米。环保方面，罗马尼亚《环保法》规定如触犯法律但尚未触犯刑法的，自然人将被处以 7500—15000 列伊的罚款，法人将被处以 5 万—10 万列伊的罚款，如触犯刑法构成犯罪，危害到人、动物和植物的生命安全的，将被处以 3 个月的有期徒刑和 3 万—6 万列伊的罚款。

阿联酋石油和天然气资源丰富，探明石油储量为 978 亿桶、天然气储藏量为 6.09 万亿立方米[①]。其他矿产资源有硫黄、镁、石灰岩等。阿联酋联邦政府不征收公司所得税、营业税、消费税等。各酋长国政府会根据自身的实际情况制定相关法律对企业经营实体征收所得税。实践中，仅有油气勘探生产及石化类公司以及外资银行分支机构需要纳税。例如阿布扎比、迪拜和沙迦规定外国银行在汇出利润时要按照利润的 20%交税、迪拜对石油企业应税所得征收 55%的税（其他酋长国征收 50%的税）。基础设施领域阿联酋公路网发达，公路交通十分便利。2003 年，阿联酋公共工程部将所有酋长国的高速公路连接成网，并与沙特、阿曼公路相连，路面质量优良。阿联酋为促进可持续发展非常注重环保。

马来西亚资源丰富、环保执行力度很大、基础设施完善。截至 2014 年，马来西亚已探明石油储量 5.48 亿吨，铁、金、钨、煤、铝土、锰等矿产储量也很丰富。马来西亚石油所得税税率为 38%，征收对象为在马来西亚从事石油领域上游行业的企业。马来西亚在基础设施领域投资力度较大，各项基础设施比较完善，能较好地适应各种投资经营的需求[②]。企业经营过程对空气、河流产生污染，最高可罚款 10 万马币并处 5 年监禁；随意排放油污以及有毒物质，最高可处 50 万马币罚款及 5 年监禁。

卡塔尔石油天然气资源丰富、开采限制因素较少、环保执行力度较大、基础设施发展良好。卡塔尔已探明石油（含凝析油）储量 28 亿吨、

[①] 阿联酋虽拥有巨量天然气，但由于国内天然气需求量大，大部分用于回灌采油，同时多为酸性气田，开采难度高，成本大，目前阿联酋仍采取天然气进口政策，通过海豚计划，从卡塔尔进口天然气。

[②] 周婧、刘静：《中国企业对马来西亚投资现状与前景分析》，《现代商贸工业》2013 年第 1 期。

天然气储量约25.8万亿立方米。卡塔尔鼓励外国投资者在农业、工业、自然资源、能源及采矿业的开发和利用等领域投资，允许外国投资者的股份超过项目资本的49%，直至100%，但要符合本国发展规划。卡塔尔重点扶持能有效利用本国现有原材料的项目和出口工业、提供新产品使用新技术的项目、把具有国际声誉的产业国产化的项目、重视人才本土化并使用本国人才的项目①。由于卡塔尔油气资源丰富，政府财力雄厚，2015年卡塔尔居民（含居住期1年以上的外国人）人均名义GDP近10万美元，许多项目均由政府出资，对外资需求并不十分强烈。国内充足的资金供给，使卡塔尔基础设施技术先进，有现代化的机场、港口以及通信设备，已经或即将投入使用的哈马德国际机场、哈马德港等设施使卡塔尔的航空、海运能力会进一步得到提升，卡塔尔航空公司已开通170多条国际航线。环保领域，在企业生产、施工过程中，卡塔尔环保部门会不定期地派人到施工现场暗访，对环保情况进行检查，这类检查从不事先通知，也不事后通报，一旦发现问题，环保部门有权勒令立即停工，要求企业整改（最长时间可达半年）。

波兰矿产资源丰富，其中产量和出口量位居世界前列的依次是煤、硫黄、铜、银。截至2012年年底，铜储量17.93亿吨、硬煤储量482.26亿吨、褐煤储量225.84亿吨；波兰油气资源不足，天然气60%左右需要进口，但页岩气资源丰富，储量在3460亿—7680亿立方米②。波兰因其优越的地理位置、较大的国内市场、较低的劳动力成本和高素质的人力资源、优惠的投资政策，成为进入欧盟市场的门户和投资目的地。2004年入盟后，波兰与欧盟其他成员国的贸易遵循欧盟内部统一大市场规则，波兰完全适用欧盟有关环保方面的法律。

文莱油气资源丰富，探明石油储量为11亿桶（2015年年底），占全球总量的0.1%，天然气储量为3000亿立方米，占全球总量的

---

① 卡塔尔禁止外国投资者投资银行业、保险公司及商业代理和房地产等领域。卡塔尔法律规定，如果外国公司与卡塔尔股份合资公司要将其在卡塔尔的年利润全部汇往国外，该合资公司必须将相当于其年利润的10%存入一个合法的储蓄账户，直至该账户金额至少达到其投资资金的50%。

② 刘安然：《进军欧盟第二增长国——波兰》，《中国联合商报》2010年4月12日第B01版。

0.1%①。除石油以外，其他矿产资源较少。文莱人均收入3万美元，基础设施完善。环保领域自2010年起，文莱新建工程项目必须通过环境评估（EIA），评估费用根据项目规模而定，文莱正在考虑针对能源行业实施更高的环保标准。

塞尔维亚主要矿产资源有煤（储量134.1亿吨），天然气（储量43.5亿吨），铜和铅锌（储量27.1亿吨），铿（储量7.3亿吨），辉铂矿（储量28.5亿吨），水力资源丰富。外资企业投资工程需根据塞尔维亚相关环保法规，由塞尔维亚专门机构进行环境评估，并在塞尔维亚能源、发展和环保部进行审批。所用时间因项目而定。

缅甸自然资源丰富，翡翠矿区位于沿乌龙江上游向中游呈北东一南西向延伸，长约250千米，宽为60—70千米，面积约3000平方千米。铜矿9.55亿吨，铅、锌、银储量分别为30万吨、50万吨、750万吨。镍矿主要有达贡山镍矿和莫苇塘镍矿，达贡山镍矿拥有4000万吨镍矿储量，80万吨镍金属储量；莫苇塘矿有6个镍矿区，其中第四、第六矿区预计产量为3000万吨、8000万吨。铁矿方面帕敢铁矿储量约2.23亿吨，综合品位50.65%。金矿品位平均为10—20克/吨。石油储量约有1.6亿桶、天然气20.11万亿立方英尺②。缅甸1994年公布《矿业法》，允许外资企业对宝石、金属、工业矿产原料、石料进行投资。目前，缅甸政府成立了环保部，颁布《环保法》对外资环保要求更加严格，但由于缺乏经验，因此对环评涉及的费用、时间、要求没有明确规定，总体上环评周期需要半年或更长时间③。

（四）资源丰富国家稳定但是限制性因素过高的国家

这些国家包括俄罗斯、印度尼西亚、老挝、巴基斯坦、印度、乌兹别克斯坦、埃及、柬埔寨、泰国、越南、沙特、土耳其、塔吉克斯坦、东帝汶。

俄罗斯资源丰富、开采限制因素严格、环保执行力度较大、基础设施陈旧。俄罗斯无论是油气资源还是矿产资源都十分丰富，从目前探明

---

① 资料来源：《BP世界能源统计年鉴（2016）》。
② 因缅甸缺乏地质通盘勘查的能力，因此对整个矿藏的储量及分布情况不完全清晰。
③ 冀亚峰、冯凯、李瑞贤：《缅甸油气勘探开发中的环境问题研究》，《中国安全生产科学技术》2014年第12期。

的储量来看，石油252亿吨、天然气48万亿立方米、煤1570亿吨、铁矿石650亿吨、铝4亿吨、铀占世界探明储量的14%、黄金1.42万吨、镍1740万吨、铜8350万吨。非金属矿藏资源种类繁多储量较大，典型的有石棉、石墨等。在开采领域法律明确规定，自2015年起3年内俄罗斯石油矿产资源开采税要提高70%。在环保方面，俄罗斯对于违反环保法的行为，个人罚金可达最高工资的10倍，官员罚金可达最高工资的20倍，对企业最高可罚50万卢布。俄罗斯自然资源和生态部有权废止其他权力机构发放的许可证，实施国家监督职能。在基础设施领域，俄罗斯无论是公路、铁路还是航空水运都存在技术落后、设施陈旧的现象。

印度尼西亚资源丰富、开采限制因素较多、环保执行力度弱、基础设施陈旧。印度尼西亚油气资源丰富，是东南亚重要的石油天然气生产和出口国；金属矿产锡、铝、镍、铁、铜、金、银储量丰富[1]。在资源开采领域，2009年印度尼西亚颁布新的《矿产和煤炭法》规定，在印度尼西亚获许经营矿产的企业最迟在新法实施后5年内建设矿产冶炼加工厂[2]。2016年9月，印度尼西亚能源与矿产资源部称，政府将免除所有开采的税收，包括进口商品的增值税和土地税。环保方面，1997年的《环境保护法》结构完善，但条文的细节解释有模糊之处，且缺少对详细事项的规定。在基础设施方面，印度尼西亚由于资金投入不足，设施相对落后。

老挝资源丰富、开采限制因素较多、环保执行力度较大、基础设施落后。主要有金、铜、锡、铅、钾、铁、石膏、煤、盐等矿藏，锡矿储量为6.5万—8万吨。水力资源丰富。全国森林覆盖率约50%，盛产酸枝、花梨木等名贵木材。在矿产开采领域，老挝政府专控的行业有石油、能源、原木及木材制品、矿藏及矿产、建材、贵重金属等。环保方面，老挝环保法规定明细，个人或组织在实施项目中必须负责预防和控制水、土地、空气、垃圾、有毒化学物品、辐射性物品、振动、声音、光线、颜色和气味等污染；禁止随意向沟渠、水源等倾倒、排放超标污水和废水；禁止排放超出空气质量指标的烟雾、气体、气味、有毒性化

---

[1] 黄凤、籍满田：《大湄公河》，《黄河》2016年第11期。
[2] 黄文：《我国企业介入印度尼西亚市场的初步探析》，《冶金管理》2015年第11期。

学品和尘土等，条款细致严明；复杂和显著影响环境与社会的大规模投资项目，要求进行环境影响评估（EIA）。基础设施方面，老挝是内陆国，基础设施比较落后，近年来中心城市基础设施有所改善。

巴基斯坦资源比较丰富、开采限制因素较多、环保执行力度较强、基础设施落后。根据巴基斯坦地质调查局（GSP）的估算，巴基斯坦煤炭铁矿资源丰富，目前探明储量分别为1850亿吨和4.3亿吨，石油及天然气储量比较丰富，分别为1.84亿桶和4920亿立方米，此外还有多种金属及非金属矿产。森林覆盖率4.8%。环保领域对污染事故处理或赔偿标准可处最高100万卢比罚款，事故危害期间可并处每天10万卢比罚款；有此类犯罪前科的，可并处2年以下有期徒刑；关停、收缴其工厂、设备等；强令其赔偿受害人损失，恢复环境等。巴基斯坦基础设施建设总体相对滞后。

印度资源比较丰富、开采限制因素较多、环保执行力度较大、基础设施比较落后。截至2010年年底，主要资源总储量为云母39.4万吨、煤2672亿吨、重晶石7420万吨、铁矿石146亿吨、铝土32.9亿吨、铜13.9亿吨、锰矿石3.78亿吨、铬铁矿2.1亿吨、锌970万吨、铅238.1万吨、石灰石756.79亿吨、磷酸盐3亿吨、黄金498万吨、银矿2.24亿吨、石油12亿吨、天然气14370亿立方米。此外，还有石膏、钻石及钛、钍、铀等矿藏，矿产开采领域限制严格。环保领域，执法力度较大，在对违法处理上条款分明、措施严厉。行为人违反环保法规最高可处10万卢比罚金和5年监禁，若被处罚之后仍然继续污染环境则每天额外增加罚款5卢比，如果继续并超过一年时限，则该违法者应被处以最长不超过七年的监禁；公司违反环保法律不但要处罚公司，还要处罚公司负责人，除非负责人能证明自己的清白[①]。基础设施领域，印度道路路况较差，国家投资力度较小，道路运输能力不足，国道中约75%的公路路段路面狭窄，质量较差，交通运行困难。

乌兹别克斯坦资源丰富、开采限制因素较少、环保执行力度较强、基础设施发展程度较低。乌兹别克斯坦矿产资源储量总价值约为3.5万亿美元。探明储量黄金居世界第4位，石油为5.84亿吨，凝析油为1.9

---

① 段帷帷：《印度环境法制发展研究》，《云南大学学报》（法学版）2016年第5期。

亿吨，天然气 2.055 万亿立方米，煤 18.3 亿吨，铀 18.58 万吨，铜、钨等矿藏也较为丰富。非金属矿产资源种类繁多，储量较大主要有钾盐、岩盐等十二种①。在矿产开采领域，乌兹别克斯坦对内外资实行同等待遇，没有直接针对外资限制的法律法规②。环保领域法律众多，通过了逾 35 部直接或间接涉及环保的法律以及 55 个法律框架下的法规，污染付费是其基本原则。基础设施领域，乌兹别克斯坦的基础设施比较落后，近年来国家已加大了基础设施建设力度。

埃及资源比较丰富、开采限制因素较少、环保执行力度较大、基础设施发展程度较落后。根据 BP 报告，截至 2015 年年末，埃及已探明石油储量 35 亿桶、天然气 1.846 万亿立方米、磷酸盐约 70 亿吨、铁矿 6000 万吨。此外还有锰、煤、金、锌、铬、银、钼、铜和滑石等。开采领域，埃及政府鼓励国际石油公司参与埃及油气资源开发，但必须与埃及国有的 4 家石油公司用分成协议（PSA）的形式合作。环保领域，埃及法律严明规定，绝不允许污染物排入海洋也不准许向捕鱼区、游泳区或自然保护区排放，如果违规，公共事业和水资源部有权采取行政手段或吊销执照来消除违规行为。基础设施方面，埃及公路网建设比较缓慢，交通秩序比较混乱，因道路管理不善，每年大约因车祸死亡 6000 人，受伤 3 万人，居阿拉伯国家之首。

柬埔寨资源比较丰富、开采限制因素较少、环保执行力度较强、基础设施不断完善。柬埔寨森林覆盖率 61.4%，盛产柚木、铁木、紫檀等名贵木材。矿藏主要有石油、天然气、磷酸盐、宝石、金、铁、铝土等。矿产开采领域，柬埔寨政府管理条例规定任何自然人和法人都有权在规定的条件内提出超过一个矿区的勘探申请，执照有效期为三年，到期之后可申请延期两次，每次为期两年；面积小于 200 平方千米的矿产勘探与开采执照由矿产能源部批准，大于 200 平方千米的由王国政府批准。环保领域，环境保护部与有关部门有权要求任何工厂、污染源、工业区或自然资源开发项目所在区域的所有人或负责人安装或使用监测设备，提供样品，编制档案，并提交记录及报告供审核。企业不得拒绝或

---

① 乌兹别克斯坦非金属矿产主要有：钾盐、岩盐、明矾石、硫酸盐、高岭土、矿物颜料、硫、萤石、磷钙土、滑石以及建筑用石料等。
② 期刊编辑部：《乌兹别克斯坦：民企投资活跃》，《中国对外贸易》2014 年第 5 期。

阻止检查人员进入有关场所进行检查，否则将处以罚款或监禁责任人。基础设施领域，柬埔寨受战乱影响基础很差，目前通过加大重建投资力度，公路和内河交通运输有较大的改善①。

泰国资源比较丰富、开采限制因素较多、环保执行力度较强、基础设施较完善。泰国的自然资源中间金属矿产种类较多，主要有锡、钨、锑、铁等十多种矿产，非金属矿产主要有钾盐、重晶石、宝石、石油、天然气等。其中钾盐 4367 万吨、锡矿 150 万吨、石油 2559 万吨、天然气约 3659.5 亿立方米。矿产开采领域，勘探与采矿业要求泰国籍投资者的持股比例和投票权不得低于 51%。目前，中资企业在泰国开展并购投资的案例并不多②。环保领域，泰国环保法律比较完善，对环保要求及违法处理规定明确，在环保领域实行重大项目事前预评估制度，对于可能产生重大污染的项目，必须事前提交评估（EIAs）报告③接受环保部门的审核。基础设施方面，泰国铁路发展较慢，交通运输主要依靠公路，全国公路网络发达，触及不同的经济体④。

越南资源比较丰富、开采限制因素较多、环保执行力度较强、基础设施比较完善。已探明储量天然气 3000 亿立方米、煤炭 38 亿吨、铁矿 13 亿吨、铝土矿 54 亿吨、铜矿 1000 万吨、稀土 2200 万吨、铬矿 2000 万吨、钛矿 2000 万吨、锆矿 450 万吨、镍矿 152 万吨、高岭土 2000 万吨。矿产开采领域，越南对内外资实行统一的税率及优惠措施，没有针对外资的限制性条款。环保领域，越南现行《环境保护法》条文明细、规定严格，例如禁止采用毁灭性的工具和方式开发生物资源、禁止将有毒物质、放射性物质和废弃物品掩埋在不符合规定的地方等。为有效地控制污染，任何生产性企业必须配套相关的污染防治设备，不达标者停工接受处罚；同时，在天然气和石油开采行业实施征收环保税的措施。基础设施领域，高速公路快速发展，铁路设施比较落后。

沙特资源丰富、开采限制因素深刻、环保执行力度很大、基础设施完善。沙特石油资源丰富，2015 年年底石油探明储量 366 亿吨、天然

---

① 赵静：《中国东盟国际产能合作战略研究》，《宏观经济管理》2017 年第 5 期。
② 典型案例有：2010 年工商银行并购泰国亚洲商业银行、2007 年海尔并购日本三洋泰国有限公司。
③ EIAs 报告必须由自然资源和环境政策规划办公室注册认可的咨询公司出具。
④ 赵静：《中国东盟国际产能合作战略研究》，《宏观经济管理》2017 年第 5 期。

气探明储量8.3万亿立方米,还有金、铜、铁、锡、铝、锌等矿藏。矿产开采领域,沙特投资总局官方网站发布的外商禁止投资目录中包括石油资源的勘探和生产,但不包括国际分类码883—5115项下的矿产领域服务①。基础设施领域,公路交通是其主要运输方式,公路总里程为5.5万千米,其中主要公路1.5万千米,支线公路30500千米,二级公路9500千米。沙特国际公路网与周边国家如科威特、阿联酋等国联通顺畅。环保方面,沙特因为自身的生态系统脆弱对环保要求超级严格,环保局等部门可以根据自己的判断对污染环境行为进行大力度的处罚,包括罚款、停业和判刑等严厉措施②。

土耳其资源比较丰富、开采限制因素较多、环保执行力度较大、基础设施比较完善。土耳其大理石储量品种数量均居世界第一位、三氧化二硼储量7000万吨、钍储量占全球总储量的22%、铬矿储量1亿吨、黄金450吨、白银1100吨、煤85亿吨。石油、天然气资源匮乏。投资领域,外国投资进入土耳其受到限制的行业包括广播、石油、航空、海运、金融、房地产等③。在金融和石油行业只有获得土耳其政府特批才可以进行投资,但是限制性最强的是土耳其规定如果外资具有国家资本性质,则严格限制股份占有④。基础设施方面,土耳其公路网络迅猛发展,95%的乘客和90%的货物都是通过公路来运输的,拥有欧洲最大的公路运输车队之一。环保领域,土耳其十分重视环境保护,1993年开始不论公共还是私人投资项目实施前都必须进行环境影响评估,只有取得《积极环境评估》意见等相关证书之后,才可开始进行项目实施,一旦违规处罚严格。

塔吉克斯坦资源丰富、开采限制因素较多、环保执行力度较强、基础设施发展程度较低。塔吉克斯坦自然资源中首先是丰富的水利资源,占亚洲一半以上而且待开发领域广阔;其次无论是金属还是非金属矿产

---

① 根据沙特外国投资法及其实施条例的有关规定,外国投资者也可以与沙特本国投资者成立合资公司,直接从事贸易活动,但门槛极高,规定每一名外国投资者的最低投资额为2000万里亚尔(533万美元),每年最少对15%的沙特员工进行培训。
② 孙有强:《沙特投资法律概要》,《中国石化》2006年第8期。
③ 限制方式有投资禁止、股比限制、进口许可证、购置数量等。
④ 中国驻土耳其使馆经商处:《土耳其外资制度》,《国际商报》2010年10月8日第T06版。

种类繁多，高达五十多种，尤其是金矿总储量600多吨、银矿探明位居前列，镍、铅、锡等储量位居亚洲前列；非金属矿产种类繁多，储量丰富，其中经济价值较高的是建材原料矿；塔吉克斯坦油气资源虽然储量丰富但因埋藏较深开采难度大而无法利用，国内95%以上的石油及天然气依赖进口。环保领域，对环境有影响的项目要得到国家批准并获得许可证，如果在施工中破坏了环境，项目将被停止，或停工整改。对环保部门确认破坏环境的加工企业，如要生产立项，必须经过议会的讨论通过。对破坏环境的行为要承担相应的法律责任。基础设施发展程度较低。

东帝汶资源丰富、开采限制因素较少、环保执行力度较强、基础设施发展较差。东帝汶面积虽小但资源丰富，主要矿藏有石油、天然气、金、锰、铬、锡、铜等，探明石油储量约1.87亿吨，天然气约7000亿立方米。在投资领域，外国投资者可投资于除邮政服务、公共通信、受保护的自然保护区、武器生产与销售等领域以及法律禁止的其他活动以外的任何领域。石油矿产投资开采不受限制，但是要遵循当地的相关法律法规。东帝汶基础设施不发达，全国仅8%的路况相对良好，部分路段只能在旱季通车，全国无高速公路。东帝汶虽然建国时间较短，法律不甚详尽，但是该国对环境保护非常重视，外国投资审批过程要求环保部门认可，国会也会关注大项目的环保问题。

第三节　核心技术优势市场拓展型企业对丝绸之路经济带直接投资环境风险评估

根据2015年对外直接投资存量前100位的企业来看，具有核心技术优势市场拓展型企业主要代表有中国电子通信类科学研究和技术开发公司，具体包括中国移动通信集团公司、华为技术有限公司、中国联合网络通信集团有限公司、中国航空集团公司、中国航空工业集团公司、中国兵器工业集团公司、中兴通讯股份有限公司、上海巨人网络科技有限公司、中国电信集团公司、北京紫光电信科技有限公司、上海医药集团股份有限公司、中国电子信息产业集团有限公司、中国节能环保集团公司、山东如意科技集团有限公司、中国航天科技集团公司等。这类企业[①]先进的技术不仅在国内领先,在国际上也优势明显,对外直接投资过程中符合邓宁的生产折中理论,具有所有权特定优势和内部化优势,对外直接投资发展迅速,企业投资数量和资金规模不断增加,是我国具有国际竞争力的对外直接投资的主流。这类企业的运作方式:一般以绿地投资或者兼并收购为主,绿地投资便于管理,但产品得到当地消费者认可需要成本较大;兼并收购可以避开贸易歧视和技术标准等软性壁垒,但员工整合比较困难。

一 指标选择与权重赋值及评估结果

核心技术优势市场拓展型企业对外直接投资关注因素主要有以下几点:

一是经济基础。这类企业产品的消费有一定的收入限制,企业在进入一个国家时首要关心该国经济基本状况,包括人均收入、基尼系数、消费意愿等因素,因为此类企业前期设备费用投入较大,只有潜在消费人数达到一定的份额才具有进入价值。当然,考虑经济基础及人均收入问题并不是越高越好,在收入高的国家,无论是发展中国家还是发达国家,我们的技术将面临发达国家的竞争,因为发达国家对外直接投资已经进行了上百年,因此,选择好合理的经济基础国家、选择好可以获得的细分市场,研究该细分市场居民收入及消费状况,研究并预期该细分市场居民收入增长趋势意义重大,也是我国此类企业海外关注的主要因素,因此权重赋值较高为 0.4。经济基础指标包括市场规模 GDP 总量、人均 GDP、GDP 增速、GDP 增速的波动性(5 年波动系数)、贸易开放度、投资开放度、资本账户开放度、居民消费价格指数(CPI)、失业率、收入分配基尼系数。

二是对华关系,具有绝对优势市场拓展型对外直接投资企业往往需要和政府建立支持协作的联系而不仅是管理与被管理的关系,因此,企

[①] 中国特色的企业,包括中药、丝绸、瓷器等企业,这些企业具有技术诀窍、配方秘密等独特优势,在对外直接投资过程中也具有特定所有权优势,这类企业具有技术诀窍,一般投资规模不大,目前所占份额有限,不会引起被投资国过度关注,对其风险关注分析放在服务业领域进行分析。

业在进入一个国家时，该国与中国的联系是企业非常关注的因素，如果某个国家与中国签订了协定，获得该国政府支持对企业来说意义重大。因此，对华关系是有绝对优势市场拓展型对外直接投资企业关注的主要因素，因此赋值权重较高为 0.3。对华关系指标包括是否签订 BIT、投资受阻程度、双边政治关系、贸易依存度、投资依存度、免签情况等方面。

三是社会弹性指标和政治风险，这两种因素对具有核心技术优势市场拓展型企业海外直接投资影响较小因此赋值较低。社会弹性指标包括社会、种族、宗教冲突严重性、环境政策、资本和人员流动的限制、劳动力市场管制、商业管制、行政和官僚成本、开业难易、营业执照限制等，权重赋值 0.2。政治风险指标主要包括政府稳定性、军事干预政治、腐败、民主问责、法制、来自国外的行为对在位政府带来的风险等方面，权重赋值 0.1。

在选定研究对象和关注因素之后、对具体因素权重赋值根据具有核心技术优势的市场拓展型企业对外直接投资特定风险要求给予合理的赋值；具体分值的评定，第一，采用《对外投资合作国别（地区）指南（2016 版）》对上述因素足以进行评定；第二，采用德尔菲法对不同因素进行评判；第三，根据各新闻、报纸对上述国家报道进行评判；第四，结合中国社会科学院《2016 年中国海外投资国家风险评级报告》评定结果进行修正；第五，通过闵氏关键因素评估法算出最后的总风险规避评估值。具体赋值过程中，政治因素影响越小赋值越高、经济基础越好风险越小赋值越高、对华关系越友好赋值越高、社会弹性指标越好赋值越高，分值 1—10，最后加权加总，分值越高越好，意味着分值越高，具有核心技术优势的市场拓展型企业在这些国家对外直接投资风险越小。评估结果如表 3-2 所示。

二 环境风险评估结果分值解析

首先是经济基础好、对华关系友好、第三方势力介入较少、社会稳定的国家，具有核心技术优势的企业在这类国家进行直接投资风险较小，只要遵守当地法律、做好经营即可。这些国家主要有阿联酋、阿曼、卡塔尔、罗马尼亚、沙特、文莱、新加坡、匈牙利、印度尼西亚、斯里兰卡等国家。在评分上分值在 8 分以上。

其次是经济基础较好，但或者政治军事经济上"一边倒"的亲美亲俄，或者政治领域摇摆不定变化无常，或者对中国心存戒备之意，或者加入欧盟执行欧盟严格规定，或者加入一体化程度较深的区域组织，或者社会动荡严重，具有核心技术优势的企业在这类国家进行直接投资要清楚其国家优惠投资政策是否惠及中国企业，这类国家国际评估机构对其评分较高，使其蕴含的投资风险具有一定的隐蔽性，这些国家典型的有科威特、约旦、阿塞拜疆、格鲁吉亚、白俄罗斯、保加利亚、波兰、东帝汶、俄罗斯、柬埔寨、老挝、塔吉克斯坦、泰国、土耳其、乌兹别克斯坦、越南、印度、以色列、塞尔维亚、缅甸、马来西亚、巴基斯坦等国家。环境评分上在 6—8 分。

最后是或者经济规模较小，或者战乱频繁，或者经济发展缓慢，或者人均收入过低，或者国内罢工频繁，具有核心技术优势的企业在这类国家进行直接投资面临的风险一目了然，企业根据自己应对风险的实力决定是否投资，若自身具有应对风险的能力，这些国家机会较多；若自身不具有这样的软实力或者驻该国大使馆已明确警告有风险的国家还是谨慎投资为宜。这些国家典型的有：埃及、吉尔吉斯斯坦、伊拉克、尼泊尔、孟加拉国。环境评分在 6 分以下。

表 3-2　核心技术优势市场拓展型企业对外直接投资环境风险评估

国家	经济基础 (0.4)	对华关系 (0.3)	社会弹性 (0.2)	政治环境 (0.1)	总评得分
阿联酋	10	6	10	10	8.8
阿曼	9	9	10	10	9.3
阿塞拜疆	5	5	9	8	6.1
埃及	6	6	6	4	5.8
巴基斯坦	6	10	4	7	6.9
白俄罗斯	6	6	9	5	6.9
保加利亚	8	5	9	9	7.4
波兰	7	5	9	10	7.1
东帝汶	5	7	7	6	6.1
俄罗斯	7	8	8	7	7.3
格鲁吉亚	5	8	9	5	6.7

续表

国家	经济基础（0.4）	对华关系（0.3）	社会弹性（0.2）	政治环境（0.1）	总评得分
吉尔吉斯斯坦	4	6	8	5	5.5
柬埔寨	5	9	6	6	6.5
卡塔尔	9	9	9	10	9.1
科威特	7	7	9	7	7.4
老挝	5	10	5	5	6.5
罗马尼亚	10	5	9	9	8.2
马来西亚	4	8	9	9	6.7
孟加拉国	6	4	5	7	5.3
缅甸	8	9	4	4	7.5
尼泊尔	5	6	6	7	5.7
塞尔维亚	5	9	8	7	7
沙特	10	5	10	8	8.3
斯里兰卡	9	7	8	7	8
塔吉克斯坦	5	10	4	6	6.4
泰国	6	7	7	7	6.6
土耳其	8	5	8	6	6.9
文莱	8	9	9	8	8.5
乌兹别克斯坦	7	8	4	5	6.5
新加坡	10	10	10	10	10
匈牙利	8	7	10	9	8.2
伊拉克	4	4	4	4	4
以色列	10	7	9	10	7.4
印度	9	4	7	8	7
印度尼西亚	9	8	7	6	8
约旦	5	7	7	6	6.1
越南	5	8	5	7	6.1

三 环境风险评估指标分值评判定性解析

解析重点包括东道国经济发展状况、与中国经济领域合作的密切程度、部分鲜明的政治风险及社会综合因素。

东帝汶民主共和国 2002 年成立，国土面积约 1.5 万平方千米，人口约 116 万，国内市场需求有限。自 2009 年以来，总体上政局较平稳，社会治安状况持续好转。经济发展落后，该国国民经济以农业为主，80% 的人口生活在农村地区，青年（15—24 周岁）失业率为 13.3%。2011—2015 年东帝汶实际 GDP 增长率分别为 7.3%、8.2%、8.1%、7.0%、7.0%[①]，但高增长未带来快发展，经济稳定的基础不牢，基础设施落后，粮食不能自给，没有工业体系和制造业基础。高失业率、高文盲率阻碍了东帝汶经济的持续发展。经济发展严重依赖油气资源业，油气收入占国家财政收入 80% 以上的比重。石油收入为国家发展提供了坚实基础，2016 年年底石油基金约 158 亿美元，东帝汶未来一段时间将有可能进入较快发展期[②]。2002 年 8 月，美国与东帝汶签署关于美军在东帝汶"军事地位"的协议。2012 年年底，联合国驻东帝汶特派团撤离。东帝汶没有正规的反政府武装组织，但存在影响社会安定的武术团体及老兵组织。中国与东帝汶自 2002 年建交以来，双边关系发展顺利，政府联合发布友好合作声明，中国和东帝汶签订双方互免签证协议，中国对原产东帝汶产品实行免关税待遇。2015 年，中东贸易额 1.1 亿美元，同比增长 76.5%。中国是东帝汶第三大贸易伙伴。东帝汶作为年轻国家处于百业待兴状态，但管理松散、人才缺乏、行政效率低下、执行力弱等问题仍较为突出。

多年来阿曼政治局势稳定、经济发达、国民生活水平高、社会秩序安定、社会治安良好，犯罪率很低，激进的暴力犯罪团伙、恶性犯罪极少、百姓安居乐业，在整个阿拉伯地区皆属前列。阿曼不存在反政府武装组织。2015 年阿曼国内生产总值约 702.34 亿美元，人均 GDP 为 16271 美元，外汇储备为 175 亿美元；国际油价下跌，财政赤字为 -120.42 亿美元，阿曼外债规模不大，整体保持低位水平。阿曼通胀率一直较低，2015 年为 1.0%[③]。在发展对外关系方面，阿曼奉行中立

[①] 资料来源：世界银行、东帝汶政府新闻报道。
[②] 刘振华：《中东经贸合作不断取得新成果》，《国际商报》2017 年 8 月 31 日第 C1 版。
[③] 数据信息来源：阿曼中央银行；中国驻阿曼苏丹国大使馆经济商务参赞处；中国海关信息网。

外交政策，不结盟、不干涉别国内政，与东西方各国均保持友好关系[①]。中阿经贸关系发展迅速，目前阿曼是中国在阿拉伯地区的第四大贸易伙伴、重要的投资目的国和承包工程市场。中石油参股并实际管理的达利石油公司是阿曼第三大外国石油公司，中国的油田装备和技术服务广泛服务于阿曼各石油产区。华为公司是阿曼电信业的主要设备供应商。在阿曼高等级公路修建、海水淡化厂建设、市政管线建设等领域都有中资企业参与[②]。

卡塔尔目前政治局势稳定，经济发展迅速，社会秩序安定、各项制度完善，是比较适合投资的国家。卡塔尔资源丰富、基础设施比较完备，外资在卡塔尔享有特殊优惠政策。卡塔尔社会治安状况良好，刑事案件发案率低，也不存在反政府武装组织。瑞士人居机构 GoldenVisa 在全球 70 个国家中评选出 2015 年最安全的国家中，卡塔尔名列第二位[③]。中卡两国自 1988 年建交以来，各领域友好合作关系迅速发展，2015 年双边贸易额为 68.88 亿美元；2015 年中国企业在卡非金融类直接投资同比增长 291.7%，呈现出良好的发展势头[④]。在卡塔尔的华人约有 6000 人。由于卡塔尔油气资源丰富，巨额的油气收入使卡塔尔政府资本充足，即使很多大项目的投资也主要由政府筹资，对外资依赖性程度很小[⑤]。卡塔尔经济近几年基本状况如图 3-1 所示。2011—2015 年，卡塔尔人均 GDP 89118 美元、94409 美元、96076 美元、96730 美元、74666 美元，是典型的高收入国家。

尼泊尔经济落后，是进口依赖型国家，生活消费品、生产原料等主要依靠进口。市场方面投资消化能力有限，投资配套能力较低，基础设施落后、能源电力短缺，外汇管制严格。尼泊尔经济增长率 2007—

[①] 李屏：《中东双阿基础建设项目齐头并进 赴阿曼和阿联酋承包工程两大法务问题需关注》，《中国工业报》2017 年 8 月 3 日第 8 版。
[②] 同上。
[③] 近年来随着重大项目的开发，外来人口迅速增长，据多哈新闻网消息，2016 年上半年，卡塔尔人口继续快速增长，5 月底达到 258.8 万人，创历史新高，同比增长 8%。卡塔尔人口中，卡塔尔籍公民约占 15%，外籍人约占 85%。且外来人口性别比例严重失衡，男性占 80%以上，导致社会治安隐患增多。
[④] 资料来源：《对外直接投资统计公告（2016 年）》。
[⑤] 姜英梅：《卡塔尔经济发展战略与"一带一路"建设》，《阿拉伯世界研究》2016 年第 6 期。

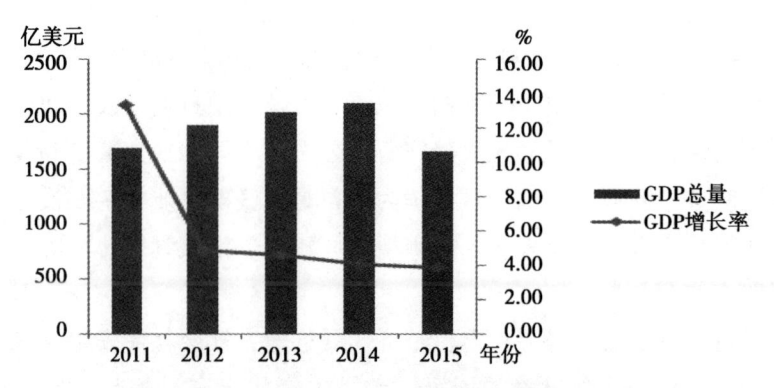

图 3-1　2011—2015 年卡塔尔 GDP 总量及增长率

资料来源：世界银行统计和《2016 年全球经济展望》测算。

2015 年基本保持在 3.3%—5.3%，人均 GDP 2014/2015 财年达到 762 美元，是联合国确定的 48 个最不发达国家之一。2014/2015 财年，外汇储备 75.6 亿美元，可满足 11.4 个月的进口商品用汇需要。2016 年 3 月，尼泊尔通货膨胀率为 10.2%[①]。尼泊尔政局不稳，自 20 世纪 90 年代以来，尼泊尔一直处于动荡状态，但尼泊尔与中国政治关系长期稳定，中尼两国已签署避免双重征税协定。2014 年两国政府谅解备忘录的签署有力地推进双方经贸合作与发展[②]。为了更好地保障中国投资者在尼泊尔的投资利益，中国正在积极与尼泊尔商签双边投资促进保护协定。中国企业和个人在尼泊尔投资项目数量已经超过印度，居外国对尼泊尔投资首位。

约旦系发展中国家，经济基础薄弱，资源比较贫乏，可耕地少，对进口依赖强烈，全国特别缺水。21 世纪初，约旦 GDP 曾呈现较好的增长速度，随后受到国际金融危机、"阿拉伯之春" 及叙利亚危机等因素影响，约旦经济增速大幅回落。2015 年，约旦 GDP 总量为 375.17 亿美元，同比增长 4.7%，人均 GDP 4940.05 美元。截至 2015 年年底，约旦外汇储备 138.86 亿美元。2015 年，约旦通货膨胀率为 –0.87%。

[①] 资料来源：世界货币基金组织：《尼泊尔 2014/2015 财年经济概览》。
[②] 期刊编辑部：《"一带一路" 沿线各国参与建设进展情况梳理》，《大陆桥视野》2017 年第 4 期。

2011—2015年失业率在11%—12%①。世界银行发布的《营商环境报告》2015年约旦全球排名为第113位。约旦内阁更迭较为频繁，近年来，国家政局保持稳定，长期奉行亲美②、睦邻并重视与大国关系的外交政策。约旦法律体系较健全，法律程序较严谨，法律服务设施相对完备。2015年9月，中国与约旦两国元首共同签署了《中华人民共和国和约旦哈希姆王国关于建立战略伙伴关系的联合声明》。

文莱国土面积5765平方千米，人口41万，华人占10.2%。文莱社会和谐，民风淳朴，政局长期保持稳定。治安状况良好，重大恶性案件鲜有发生，2014年犯罪率为1.7%，其中超过56%系涉及财物的案件。文莱无恐怖组织，迄今未发生过恐怖袭击。文莱经济结构单一，油气产业约占国内生产总值的2/3、财政收入来源的九成和外贸出口的95%以上。非油气产业主要有建筑业以及旅游、贸易、交通和金融等服务业，制造业几乎空白。因此，文莱经济受世界油气价格波动影响严重，在世界石油价格下跌时期，国家收入急剧减少，经济增长速度明显减缓。2014年以来，国际油价暴跌，使得文莱2014—2015年实际经济增速由2013年的3.4%的增长速度下降到-1.8%、-2.3%③。根据世界银行统计数据，2015年文莱总储备（包括黄金）为33.66亿美元。文莱作为东盟经济共同体（AEC）、跨太平洋伙伴关系协定、区域全面经济伙伴关系协定（RCEP）成员国，克服自身市场容量、资源、人力等方面的不足，经济发展空间有望得到极大扩展。2011年，中文两国政府签署了《能源领域合作谅解备忘录》。2013年，两国发表联合声明，建立战略合作关系，推动共同开发。

科威特奉行和平中立的外交政策，主张在和平共处原则的基础上发

---

① 资料来源：世界银行。

② 海湾战争后，约旦为摆脱困境积极参与美国发起的中东和平进程，1994年美国免除约旦7亿美元的债务，并同意每年向约旦提供约3亿美元的军事和经济援助。2000年10月，约美签署《自由贸易协定》。据约美援助协议2010—2013年每年向约旦提供3.6亿美元经援和3亿美元军援。2012年，美国对约旦援助总额达4.77亿美元。2013年3月，美国总统奥巴马访问约旦，表示将向约旦额外提供2亿美元财政援助以应对叙利亚危机，并提供10亿—20亿美元优惠贷款。美国并向约旦派遣200名军事人员协助应对叙利亚危机。2015年，约旦国王阿卜杜拉二世访美。美国宣布，将每年对约旦的援助从6.6亿美元提至10亿美元，主要用于帮助约方安置来自伊拉克和叙利亚难民以及打击"伊斯兰国"。

③ 资料来源：文莱首相府经济规划发展局。

展同其他国家的关系。科威特和美国关系十分密切,并有美军驻扎[①]。科威特社会治安良好,犯罪率较低,目前还未发生重大恐怖事件和直接针对中国企业或公民的恐怖袭击及绑架案件。中国与科威特合作良好,中国已经成为科威特第一大贸易伙伴,科威特在中国的贸易伙伴中排名第49位。科威特是第一个与中国签署共建"一带一路"合作文件的国家,是亚洲基础设施投资银行的创始成员国之一。经济领域科威特人均收入高,通货膨胀率低,经济增长波动较大。近几年,经济基本状况如图3-2所示。

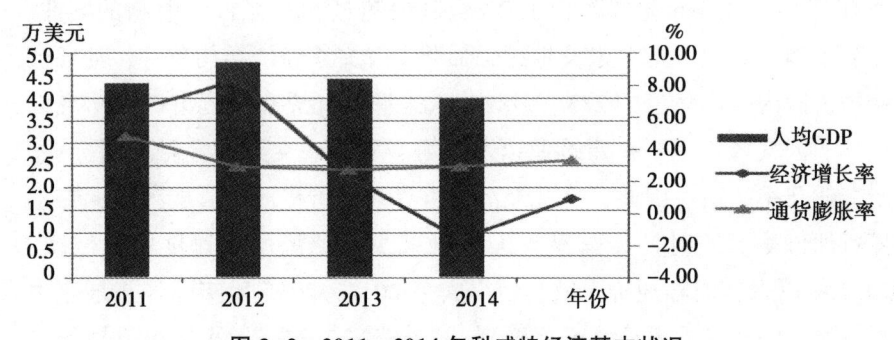

图 3-2 2011—2014 年科威特经济基本状况

资料来源:科威特中央统计局、科威特中央银行和 IMF。

截至 2015 年年底,科威特外汇储备总额为 519.4 亿美元,主权财富基金 592 亿美元,抗财政风险能力较强。对外开放程度高,金融领域发达,货币兑换自由、不附加任何条件,无论是利润还是存款或者其他金融产品可以不受任何限制地汇入或者汇出[②]。《2016 年经济自由度指数》显示科威特经济自由度在 186 个经济体中排名第 74 位,在西亚和北非地区排名第 7 位。科威特全球化指数在阿拉伯国家中排名第 4 位,全球排名第 45 位;科威特是几乎所有国家与区域以及次区域经济组织

---

① 1990 年 8 月科威特被伊拉克吞并后,美国领导多国部队于 1991 年 2 月解放了科威特。1991 年 9 月 19 日科美签订了一项为期十年的《安全合作协定》,美国成为科威特战略盟友,承诺保护科威特的国家安全。1994 年 10 月,伊拉克在科伊边境集结部队,美国迅速向海湾派兵,缓解了科伊边境紧张局势。

② 姜英梅、王晓莉:《科威特金融体制及中科金融合作前景》,《西亚非洲》2011 年第 5 期。

成员，与100多个国家和地区签订了双边贸易协议①。

阿塞拜疆社会治安情况总体良好，没有反政府武装组织，也无恐怖袭击发生，属于犯罪率较低的国家。2016年4月初阿亚两国在"纳卡"地区暴发军事冲突，在多国调停下于2016年4月5日宣布停火。阿塞拜疆与俄罗斯两国友好与战略伙伴关系稳定发展，双方在能源、军技、经贸、人文等领域保持良好合作②。2015年12月与中国共同签署了《中阿关于进一步发展和深化友好合作关系的联合声明》《中阿关于共同推进丝绸之路经济带建设的谅解备忘录》以及经贸、司法、交通等多个双边合作文件。阿塞拜疆受国际油价低位运行、欧美对俄罗斯经济制裁、地区地缘政治危机等因素影响经济运行遭遇严峻挑战。阿塞拜疆近几年GDP及经济增长率变化较大，如图3-3所示。

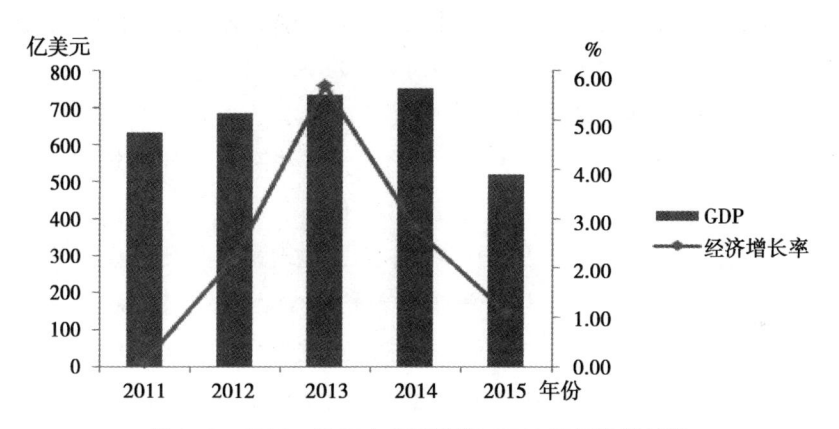

图3-3 2011—2015年阿塞拜疆GDP及经济增长率

资料来源：阿塞拜疆国家统计委员会。

2015年，阿塞拜疆通胀率为4%，居民收入增长5.6%，社会商品零售总额增长10.9%。失业率为4.9%，贫困率为5%，战略外汇储备达359亿美元③。虽然世界银行发布《2016年营商环境报告》阿塞拜疆排名第63位，比较靠前，阿塞拜疆对外资原则上也实行国民待遇，但是中国公民无法享受那些针对独联体和欧盟公民的优惠待遇，中国企业

---

① 资料来源：科威特中央银行、科威特中央统计局和国际货币基金组织。
② 1993年以来，阿塞拜疆逐步脱离了以俄罗斯为中心的苏联经济体系，加强与土耳其及英美在经济和石油领域的合作。
③ 资料来源：阿塞拜疆国家统计委员会。

或公民在阿塞拜疆临时或长期居留比较困难，加上阿塞拜疆在资金转移和企业经营方面的限制，中资企业和个人在当地开展投资合作活动难度较大。中国企业和公民与阿塞拜疆进行合作的最好途径是开展贸易，且应充分预估及规避风险。

格鲁吉亚自1991年独立之后动荡战争①、社会经济衰退。经过多年政治和社会改革，目前政局保持基本稳定。格鲁吉亚治安情况总体良好，犯罪率较低，国内没有恐怖袭击事件发生。2015年，格鲁吉亚申请成为亚洲基础设施投资银行创始成员国，两国发布《关于加强共建丝绸之路经济带合作的备忘录》，中国已成为格鲁吉亚第四大贸易伙伴和主要投资来源国。格鲁吉亚经济规模较小，2010—2015年国内生产总值分别为116.4亿美元、144.4亿美元、158.5亿美元、161.4亿美元、165.1亿美元、139.6亿美元，人均国内生产总值较低；经济实际增长率分别为6.2%、7.2%、6.4%、3.4%、4.6%、2.8%；2010—2015年年均通胀率为7.1%、8.5%、-0.9%、-0.5%、3.1%、4%；近年官方统计失业率在12%以上②。经过多年改革，法律和营商环境较好，世界银行《2016年营商环境报告》排名第24位。

塞尔维亚地处东南欧巴尔干半岛中部，地理枢纽位置重要。由于文化和历史渊源，塞尔维亚与俄罗斯有着长期友好的外交关系和传统友谊，双方互为战略合作伙伴关系。塞尔维亚重视发展与美国的关系，在获得世界银行、国际货币基金组织等机构资金援助方面有求于美国。塞尔维亚是中东欧地区第一个同中国建立战略伙伴关系的国家。经济领域，塞尔维亚对外贸易发展迅速，与多个国家和区域性国际经济组织之间签订贸易协定，塞尔维亚有关商品出口这些地区和国家享受免关税和免配额优惠待遇，这些国家主要以美国、土耳其为主，区域经贸组织主

---

① 2008年8月，格军与南奥、俄罗斯维和部队在南奥地区发生大规模武装冲突，之后俄罗斯承认阿布哈兹和南奥塞梯独立，并与两地区分别签署友好合作互助条约。格鲁吉亚要求俄罗斯从格鲁吉亚领土撤军。当年8月30日格俄断绝外交关系。美国支持格鲁吉亚主权和领土完整，不承认阿布哈兹和南奥塞梯独立，支持格鲁吉亚加入北约，向格鲁吉亚提供经济、军事援助。2008年8月，格俄冲突爆发后，美国向格鲁吉亚提供了10亿美元援助。2011年，"千年挑战基金会"加大对格鲁吉亚援助力度，决定再提供1.5亿—2.5亿美元援助。双方在《格美战略伙伴宪章》框架下就经济、贸易及能源事务展开会谈，讨论美国向格鲁吉亚提供援助、帮助格鲁吉亚发展经济等问题。

② 资料来源：格鲁吉亚国家统计局。

要以欧盟、俄、白、哈关税同盟为主；塞尔维亚经济领域吸引外资优势明显，对投资实行鼓励政策，尤其表现在税收领域，不仅税收较周边国家低，而且经常实行税收优惠措施，虽然国家劳动力价格不高但是劳动素质却相当高[①]。中塞两国贸易发展迅速，中国产品极大地满足当地居民的需求，中国成为塞在亚洲最大贸易伙伴[②]。经济增长方面，2008年金融危机使塞尔维亚经济增长大幅下滑，甚至出现负增长，目前经济处于恢复增长期。据塞尔维亚国家统计局统计，2015年塞尔维亚GDP同比增长0.7%，名义GDP 365亿美元，名义人均GDP 5144美元。据塞尔维亚财政部统计，2015年，塞尔维亚财政收入约合14亿欧元，财政支出约合152亿欧元，财政赤字约合12.3亿欧元，占GDP的3.7%，2015年塞尔维亚通货膨胀率为1.5%。2015年塞尔维亚失业率为17.9%。世界银行发布的《2016年营商环境报告》塞尔维亚排名第59位。

第四节　资金技术优势市场拓展型企业对丝绸之路经济带直接投资环境风险评估

具有资金技术优势的市场拓展型企业一般以大型国有企业为主，主要包括中国远洋运输（集团）总公司、招商局集团有限公司、中国建筑工程总公司、国家电网公司、中粮集团有限公司、中国电力建设集团有限公司、中国交通建设集团公司、中国海运集团总公司、中国华能集团公司、国家电力投资集团有限公司、海航集团有限公司、中国铁道建筑总公司、中国华电集团公司、中国国际海运集装箱（集团）股份有限公司、中国铁路工程总公司、广东省航运集团有限公司、中国南方航空集团公司、中国国电集团公司、中国船舶工业集团公司等企业。在对外直接投资的过程中以其积累的先进技术优势和强大的资本做后盾，使其对外直接投资具有绝对优势，内部化能力较强，根据邓宁的国际生产折中理论，此类企业对外直接投资优势明显。这类企业的海外运作方式一般以服务合同方式为主，也有少数以兼并购买的方式进行海外运作。服务

[①] 黄天玉：《中东欧——下一站经贸价值新注地》，《商业观察》2016年第9期。
[②] 高潮：《"一带一路"建设中塞尔维亚的投资机遇》，《中国对外贸易》2016年第2期。

合同实际资金量非常大、跨度时间非常长，中国企业经常预先垫付资金，企业资金安全回收意义重大，例如，我国企业海外投资的清洁能源电力项目，一般以项目建成后的运营收入来偿还预先投资以及利润所得，这种方式使巨额的投资本金及利润回收周期非常长①。

一 指标选择与权重赋值及评估结果

资金技术优势市场拓展型企业对外直接投资关注的因素主要有以下几个方面：

一是公共债务，这类企业海外运作时一般需要大量资金，经常以贷款垫付资金，工程完工后或由东道国政府按期还债，或由项目本身盈利还债，总之还款金额大、还款时间，面临的风险增加。因此，这类企业首要关注的是东道国的公共债务，一个国家如果面临还不起债的危机，或者经济增长难以支撑巨额还款，在此类国家投资就要认真权衡偿债能力。东道国公共债务状况是以资金技术市场拓展型企业对外直接投资关注的重要因素，因此权重赋值较高为 0.3。公共债务指标包括公共债务/GDP、外债/GDP、短期外债/总外债、财政余额/GDP、外债/外汇储备、经常账户余额/GDP、贸易条件、银行业不良资产比重等。

二是对华关系，这类企业对东道国是绝对有益的，但在海外运作时目标显著，受到社会各界的关注，一些大型项目甚至引起第三国的关注，比如修建水库水坝的企业经常引起下游国家的关注甚至是反对，于是一些不明势力在暗处破坏，严重时影响工程进展，甚至不得不中止工程。2014 年，中国承建柬埔寨桑河二级水电站项目，18 家该河流域的机构联合公开要求开发商华能子公司云南澜沧江国际能源有限公司及柬埔寨政府暂停该项目的建设并重新进行环境影响评估，开发商不得不重新调整设计，增加了企业经营成本；缅甸密松水电站项目被叫停，紧跟着美国投资公司介入缅甸电厂投资②。因此，东道国政府的执政能力及与中国的关系意义重大，这是以资金技术市场拓展型企业对外直接投资关注的重要因素，因此权重赋值较高为 0.3。对华关系指标包括是否签

---

① 刘辉群、邹赫：《中国电力工业对外直接投资风险与防范》，《海外投资与出口信贷》2016 年第 6 期。

② 同上。

订 BIT、投资受阻程度、双边政治关系、贸易依存度、投资依存度、免签情况等方面。

三是政治风险，这类企业运作的项目时间长，经常会遇见政府政权更迭，如东道国政府政权更迭顺利，项目在新一届政府的执政期间仍然可以良好运作，但是如果政权更迭不顺利，新政府对原来政府的合同不能很好执行，这些因素会影响项目的运作，甚至项目被叫停。因此，东道国政府稳定及政权更迭风险因素对具有资金技术优势的市场拓展型企业对外直接投资影响意义重大，因此权重赋值较高为 0.3。政治风险指标主要包括政府稳定性、军事干预政治、腐败、民主问责、法制、来自国外的行为对在位政府带来的风险等方面。

四是社会弹性指标，影响不大权重赋值为 0.1，经济基础对此类企业基本没有影响，可以不用考虑。社会弹性指标包括社会、种族、宗教冲突严重性、环境政策、资本和人员流动的限制、劳动力市场管制、商业管制、行政和官僚成本、开业难易、营业执照限制等。

在选定研究对象和关注因素之后，对具体因素权重赋值根据具有资金技术优势的市场拓展型企业对外直接投资关注特定风险要求给予合理的赋值，具体分值的评定，第一，采用《对外投资合作国别（地区）指南（2016版）》对上述因素进行评定；第二，采用德尔菲法对不同因素进行评判；第三，根据各新闻、报纸对上述国家报道进行评判；第四，结合中国社会科学院《2016年中国海外投资国家风险评级报告》评定结果进行修正；第五，通过闵氏关键因素评估法算出最后的总风险规避评估值。具体赋值过程中，政治因素影响越小赋值越高、公共债务越小赋值越高、对华关系越友好赋值越高、社会弹性指标越好赋值越高，分值1—10，最后加权加总，分值越高越好，意味着分值越高，具有资金技术优势的市场拓展型企业对外直接投资风险越小，评估结果如表3-3所示。

表3-3　资金技术优势市场拓展型企业对外直接投资环境风险评估

国家	公共债务（0.3）	政治环境（0.3）	对华关系（0.3）	社会弹性（0.1）	总体评分
阿联酋	9	10	6	10	8.5
阿曼	9	10	9	10	9.4

续表

国家	公共债务（0.3）	政治环境（0.3）	对华关系（0.3）	社会弹性（0.1）	总体评分
阿塞拜疆	4	8	5	9	6.0
埃及	4	4	6	6	4.8
巴基斯坦	5	7	10	4	7.0
白俄罗斯	6	5	6	6	5.7
保加利亚	6	9	5	9	6.9
波兰	7	10	5	9	7.5
东帝汶	8	6	7	7	7.0
俄罗斯	8	5	8	8	7.1
格鲁吉亚	4	5	8	9	6.0
吉尔吉斯斯坦	4	5	6	8	5.3
柬埔寨	7	6	9	6	7.2
卡塔尔	10	10	9	9	9.6
科威特	9	7	7	9	7.8
老挝	5	5	10	5	6.5
罗马尼	6	9	5	9	6.9
马来西亚	6	9	8	9	7.8
孟加拉国	8	7	4	5	6.2
缅甸	8	4	9	4	6.7
尼泊尔	8	7	6	6	6.9
塞尔维亚	4	7	9	8	6.8
沙特	10	8	5	10	7.9
斯里兰卡	5	7	7	8	6.5
塔吉克斯坦	6	6	10	4	7.0
泰国	7	7	7	7	7.0
土耳其	7	6	5	8	6.2
文莱	10	8	9	9	9.0
乌兹别克斯坦	9	5	8	4	7.0
新加坡	8	10	10	10	9.4
匈牙利	10	9	7	10	8.8
伊拉克	9	4	4	4	5.5
以色列	10	10	7	9	9.0

续表

国家	公共债务 (0.3)	政治环境 (0.3)	对华关系 (0.3)	社会弹性 (0.1)	总体评分
印度	5	8	4	7	5.8
印度尼西亚	8	6	8	7	7.3
约旦	4	6	7	7	5.8
越南	7	7	8	5	7.1

二 环境风险评估结果分值解析

首先是对华关系友好、政治风险较小、国家外债负担很轻，举债谨慎的国家，具有资金技术优势的企业在这类国家进行直接投资风险很小，是首选的国家，只要遵守当地法律、做好经营即可。这些国家主要有阿联酋、阿曼、卡塔尔、新加坡、匈牙利、以色列、文莱等国家。在评分上分值在8分以上。

其次是对华关系友好，政治风险不大，公共债务负担在可承受范围之内，具有资金技术优势的企业在这类国家进行直接投资风险较小，这些国家典型的有巴基斯坦、保加利亚、波兰、东帝汶、俄罗斯、柬埔寨、科威特、老挝、罗马尼亚、马来西亚、孟加拉国、缅甸、尼泊尔、沙特、斯里兰卡、泰国、土耳其、乌兹别克斯坦、印度尼西亚、越南等国家。环境评分在6—8分。

最后是公共债务负担较大，或者第三方势力对该国债务限制严格，或者对华关系一般的国家，具有资金技术优势的企业在这类国家进行直接投资面临的风险一目了然，企业根据自己应对风险的实力决定是否投资，若自身具有应对风险的能力，这些国家机会较多；若自身不具有这样的软实力或者驻该国大使馆已明确警告风险的国家还是谨慎投资为宜。这些国家典型的有：塞尔维亚、阿塞拜疆、格鲁吉亚、埃及、白俄罗斯、吉尔吉斯斯坦、伊拉克、印度、约旦等国。环境评分在6.0分以下。其中塞尔维亚、阿塞拜疆、格鲁吉亚，虽然评分较高，但是其外债负担过大，第三方势力介入过深，因此，投资风险很大。

三 环境风险评估指标分值评判定性解析

根据资金技术优势市场拓展型企业关注的因素,解析重点涉及公共债务方面和政治因素,政治因素在资源互惠型企业面临的环境风险评估部分已经进行定性解析,本部分以公共债务为主进行定性解析。

东帝汶接受 IMF 政策指导,对外举债较为慎重。历届政府一直保持零负债。随着经济发展,充分论证其债务承受能力,截至 2015 年年底,东帝汶累计接受亚洲开发银行、世界银行、日本国际协力机构(JICA)3 家机构共 5 笔贷款,总额约 2.5 亿美元。暂无国际评级机构对东帝汶主权债务进行评级。

阿塞拜疆的外债主要由世界银行、国际货币基金组织(IMF)等国际性金融机构提供,阿塞拜疆举借外债的规模和条件受 IMF 的限制。至 2016 年 1 月 1 日,阿塞拜疆外债余额为 68.9 亿美元,同比增长 6.4%,占其 GDP 的 19.8%。人均外债 689.3 美元。在外债余额中,10 年以下的短期外债占 8.5%,10—20 年的中长期外债占 58.6%,大于 20 年以上的长期外债占 32.9%。2011—2016 年阿塞拜疆政府债务占 GDP 的比重如图 3-4 所示。

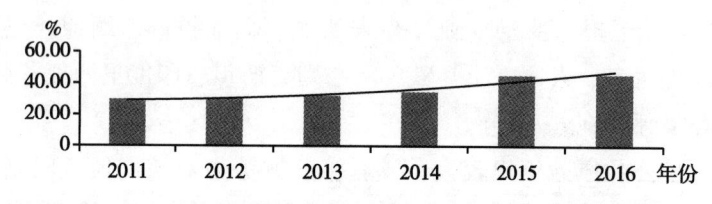

图 3-4 2011—2016 年阿塞拜疆政府债务占 GDP 的比重

资料来源:IMF,Historical Public DebtHPDD。

截至 2016 年 4 月 29 日,国际评级机构穆迪对阿塞拜疆主权信用评级展望为负面。截至 2016 年 1 月 29 日,国际评级机构标准普尔对阿塞拜疆主权信用评级为 BB+/B,展望为稳定。截至 2016 年 3 月 2 日,国际评级机构惠誉对阿塞拜疆主权信用评级为 BB,展望为负面。

阿曼 2015 年公共债务占当年 GDP 的 9.29%,外债余额方面阿曼外债规模不大,整体保持低位水平。2011—2015 年阿曼外债规模分别为

2.78亿美元、2.76亿美元、2.77亿美元、3.30亿美元、4.45亿美元[①]。截至2016年2月17日，国际评级机构标普对阿曼主权信用评级为BBB-/A-3，展望为稳定。截至2016年7月14日，国际评级机构穆迪对阿曼主权信用评级为Baa1。

卡塔尔主权债务等级是为中东地区经济前景最稳定国家之一。截至2016年5月14日，穆迪对卡塔尔主权信用评级为Aa2，展望为负面。截至2016年3月31日，国际评级机构惠誉对卡塔尔主权信用评级为AA/F 1+，展望为稳定。

尼泊尔内债达1924亿卢比，占GDP的比例为9.1%；外债余额为3271亿卢比，占GDP的比例为15.4%。主要是中长期债务，贷款多来源于国外援助，政府债务占GDP比重为24.5%[②]。尼泊尔举借外债的规模和条件不受IMF等国际组织的限制。因信息不足，标准普尔、惠誉国际及穆迪等机构未对尼泊尔进行主权债务评级。

文莱既无外债，也无内债。文莱基本保持财政盈余。但从2015/2016财年开始，受原油价格暴跌影响，文莱财政收入大幅缩减，财政预算出现赤字并呈逐年扩大之势。

约旦截至2015年年底，公共债务余额322.7亿美元，占GDP的86.0%。[③] 截至2016年4月22日，国际评级机构标普对约旦主权信用评级为BB-/B，展望为负面。截至2013年6月26日，国际评级机构穆迪对约旦主权信用评级为B1，展望为稳定。

格鲁吉亚外债方面，格鲁吉亚外债规模受IMF的限制，不能超过GDP的63.5%。2011—2016年格鲁吉亚政府债务分别为72.47亿美元、78.52亿美元、86.40亿美元、101.66亿美元、140.13亿美元、152.96亿美元，政府债务占GDP的比重如图3-5所示。

2016年3月，国际评级机构穆迪对格鲁吉亚主权信用评级为Ba3，展望为稳定。国际评级机构标普对格鲁吉亚主权信用评级为BB-，展望为稳定。国际评级机构惠誉2016年4月1日对格鲁吉亚主权信用评级为BB-，展望为稳定。

---

① 资料来源：中国驻阿曼苏丹国大使馆经济商务参赞处。
② 资料来源：世界货币基金组织、尼泊尔2014/2015财年经济概览。
③ 资料来源：世界银行。

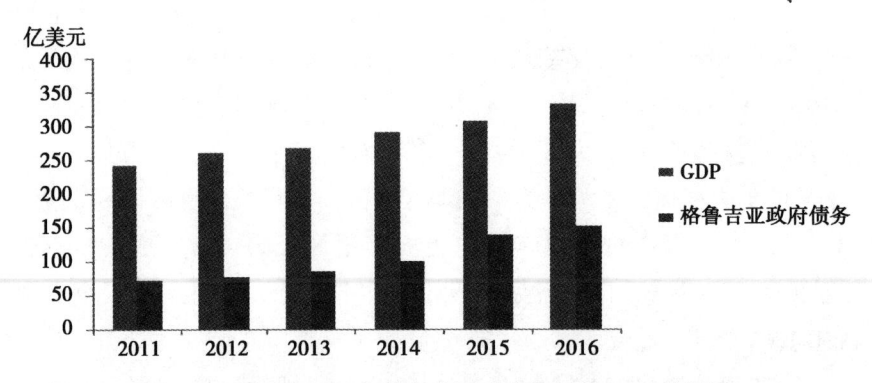

图 3-5 2011—2016 年格鲁吉亚政府债务占 GDP 的比重

资料来源：国际货币基金组织。

塞尔维亚 2015 年年末公共债务余额为 248 亿欧元，占 GDP 的 75.5%，其中内债占 38.9%，外债占 61.1%。公共外债中中长期债务占 99.4%，短期债务占 0.6%①。贷款来源主要是欧洲金融机构和银行、国际货币基金组织、世界银行和外国政府，应国际金融机构的要求塞尔维亚政府已决定不再新增主权借贷。截至 2016 年 1 月 15 日，国际评级机构标普对塞尔维亚主权信用评级为 BB-/B，展望为稳定。截至 2016 年 3 月 18 日，国际评级机构穆迪对塞尔维亚主权信用评级为 B1，展望为正面。截至 2016 年 6 月 17 日，国际评级机构惠誉对塞尔维亚主权信用评级为 BB-/B，展望为稳定。

科威特外债方面，根据 IMF 测算，2015 年科威特政府债务总额约占 GDP 的 9.92%。2011—2016 年科威特政府债务分别为 36.34 亿美元、33.08 亿美元、32.15 亿美元、35.78 亿美元、34.03 亿美元、36.97 亿美元②。截至 2016 年 2 月 12 日，国际评级机构标普对科威特主权信用评级为 AA/A-1+，展望为稳定。截至 2016 年 5 月 14 日，国际评级机构穆迪对科威特主权信用评级为 Aa2，展望为负面。截至 2015 年 12 月 4 日，国际评级机构惠誉对科威特主权信用评级为 AA/F1+，展望为稳定。

---

① 资料来源：塞尔维亚财政部。
② 资料来源：IMF Historical Public Debt（HPDD）。

第五节　相对优势市场拓展型企业对丝绸之路经济带直接投资环境风险评估

具有相对优势市场拓展型企业主要包括华润（集团）有限公司、北京控股集团有限公司、中国长江三峡集团公司、深业集团有限公司、广东粤海控股集团有限公司、美的集团股份有限公司、中国港中旅集团公司、中国中信集团有限公司、广州越秀集团有限公司、三一重工股份有限公司、天津渤海租赁有限公司、中国中车集团公司、上海吉利兆圆国际投资有限公司、中国民生投资股份有限公司、中国国际海运集装箱（集团）股份有限公司、金川集团股份有限公司、中国国新控股有限责任公司、安徽省外经建设（集团）有限公司、东风汽车公司、中国机械工业集团有限公司、光明食品（集团）有限公司、上海云钜创业投资有限公司、上海汽车集团股份有限公司、中国重型汽车集团有限公司、宁波鼎亮汇通股权投资中心、广州珠江实业集团有限公司、万向集团公司、合肥瑞成产业投资有限公司、中国通用技术集团控股有限责任公司、南光（集团）有限公司、内蒙古伊泰集团有限公司、三林万业（上海）企业集团有限公司、大连万达商业地产股份有限公司、中联重科股份有限公司、TCL集团股份有限公司、物美控股集团有限公司、南山集团有限公司、天瑞集团股份有限公司、海尔集团电器产业有限公司、中国大唐集团公司、北京万达文化产业集团股份有限公司、福耀玻璃工业集团股份有限公司、绿地控股集团有限公司、广州汽车集团股份有限公司、比亚迪股份有限公司。这类企业在中国数目巨大，企业规模较小，国有、民营都有，分布于制造业和服务业领域。在这些领域，企业所拥有的技术已经达到标准化阶段，发达国家因为过高的劳动力价格已经失去竞争能力，对于欠发达的国家属于适用技术，中国企业有一定的相对优势[1]。同时，此类行业在国际竞争中大型跨国公司的垄断作用不强，中国企业机会较多。

---

[1] 胡迎春、罗丹：《我国企业跨国直接投资产业发展战略投资选择》，《学术探索》2003年第2期。

一 指标选择与权重赋值及评估结果

相对优势市场拓展型企业海外运作模式主要以直接投资的方式进行，但因其规模较小，技术不高，一般不会引起投资国关注，只要符合东道国基本法律即可。但是这类企业要在国外生存下来，主要面临技术可替代性、自身管理水平适应性以及市场竞争残酷性等风险[①]。因此，这类企业关注的因素主要有以下几个方面。

一是经济基础，东道国经济基本状况是具有相对优势市场拓展型对外直接投资关注的一个重要因素，这些企业进入外国市场，要靠自己能力在当地市场打拼，当地市场发展状况尤为重要，包括目前东道国当地市场容量、东道国未来经济走势及经济发展潜力、东道国经济辐射范围等是这类企业关注的重要经济因素。因此，经济基础指标权重赋值较高，为0.4。经济基础指标包括市场规模GDP总量、人均GDP、GDP增速、GDP增速的波动性（5年波动系数）、贸易开放度、投资开放度、资本账户开放度、居民消费价格指数（CPI）、失业率、收入分配基尼系数。

二是社会弹性指标，是相对优势市场拓展型企业对外直接投资关注的主要因素，社会弹性指标包括社会、种族、宗教冲突严重性、环境政策、资本和人员流动的限制、劳动力市场管制、商业管制、行政和官僚成本、开业难易、营业执照限制等。这些因素对具有相对优势市场拓展型企业直接投资影响较大。例如，东道国劳动力基本状况是其必须关注的重点因素，这类企业主要以物美价廉取胜，要做到价格低廉，对劳动密集型企业来说，东道国劳动力价格状况因素重要，投资国劳动力价格、工会的力量都是要考虑的因素，劳动力价格过高，雇用成本极大增加，企业本身技术优势不明显，这样企业很难盈利；当然也并不是劳动力价格越低越好，因为劳动力价格过低经常对应着技术素质很低，企业难以在当地雇用到合适的员工，这些国家经常会限制外籍劳动力的进入，使企业运作困难。因此，社会弹性指标赋值较高为0.4。

三是对华关系和政治风险指标，这两个指标对该类企业影响较低，

[①] 翁国民、马俊彦：《论民营企业对外直接投资之风险评估与防控》，《法制研究》2015年第2期。

权重赋值分别为0.1和0.1，公共债务基本无影响，因此不予考虑。对华关系指标包括是否签订BIT、投资受阻程度、双边政治关系、贸易依存度、投资依存度、免签情况等方面。政治风险指标主要包括政府稳定性、军事干预政治、腐败、民主问责、法制、来自国外的行为对在位政府带来的风险等方面。

在选定研究对象和关注因素之后，对具体因素权重赋值根据具有相对优势市场拓展型企业对外直接投资关注特定风险要求给予合理的赋值；具体分值的评定，第一，采用《对外投资合作国别（地区）指南（2016版）》对上述因素进行评定；第二，采用德尔菲法对不同因素进行评判；第三，根据各新闻、报纸对上述国家报道进行评判；第四，结合中国社会科学院《2016年中国海外投资国家风险评级报告》评定结果进行修正；第五，通过闵氏关键因素评估法算出最后的总风险规避评估值。具体赋值过程中，政治因素影响越小赋值越高、经济基础越好赋值越高、对华关系越友好赋值越高、社会弹性指标越好赋值越高，分值1—10，最后加权加总，分值越高越好。分值越高，具有相对优势市场拓展型企业对该领域直接投资风险越小。评估结果如表3-4所示。

二 环境风险评估结果分值解析

首先，经济基础良好、社会综合环境较好的国家，具有相对优势的企业在这类国家进行直接投资风险很小，是首选的国家，只要遵守当地法律、做好经营即可。这些国家主要有阿联酋、阿曼、保加利亚、波兰、俄罗斯、卡塔尔、科威特、罗马尼亚、沙特、斯里兰卡、土耳其、文莱、新加坡、匈牙利、以色列、印度、印度尼西亚、约旦等国家。在评分上分值在7分以上。

其次，或者经济基础指标不好，或者社会弹性指标不好，或者与中国经济联系不密切，具有相对优势的企业在这类国家进行直接投资风险明显，企业根据自己应对风险的实力决定是否投资，若企业具有应对风险的能力，这些国家机会较多；若企业不具有应对风险的能力或者驻该国大使馆已明确警告风险的国家还是谨慎投资为宜。这些国家典型的有阿塞拜疆、埃及、巴基斯坦、白俄罗斯、东帝汶、格鲁吉亚、吉尔吉斯斯坦、柬埔寨、老挝、马来西亚、孟加拉国、缅甸、尼泊尔、塞尔维亚、塔吉克斯坦、泰国、乌兹别克斯坦、伊拉克、越南等国家。环境评分在 7.0 分以下。

表 3-4　相对优势市场拓展型企业对外直接投资环境风险评估

国家	经济基础（0.4）	社会弹性（0.4）	对华关系（0.1）	政治环境（0.1）	总评得分
阿联酋	10	10	6	10	9.6
阿曼	9	10	9	10	9.5
阿塞拜疆	5	9	5	8	6.9
埃及	6	6	6	4	5.8
巴基斯坦	6	4	10	7	5.7
白俄罗斯	6	6	6	5	5.9
保加利亚	8	9	5	9	8.2
波兰	7	9	5	10	7.9
东帝汶	5	7	7	6	6.1
俄罗斯	7	8	8	5	7.3
格鲁吉亚	5	5	8	5	5.3
吉尔吉斯斯坦	4	8	6	5	5.9
柬埔寨	5	6	8	6	5.9
卡塔尔	9	9	8	10	9.1
科威特	7	9	7	7	7.8
老挝	5	5	10	5	5.5
罗马尼亚	10	9	5	9	9.0
马来西亚	4	9	8	9	6.9
孟加拉国	6	5	4	7	5.5
缅甸	8	4	9	4	6.6
尼泊尔	5	8	6	7	6.9
塞尔维亚	5	8	9	7	6.8
沙特	10	10	5	8	9.3
斯里兰卡	9	8	7	7	8.2
塔吉克斯坦	5	4	10	6	5.2
泰国	6	7	7	7	6.6

续表

国家	经济基础(0.4)	社会弹性(0.4)	对华关系(0.1)	政治环境(0.1)	总评得分
土耳其	8	8	5	6	7.5
文莱	8	9	9	8	8.5
乌兹别克斯坦	7	4	8	5	5.7
新加坡	10	10	10	10	10.0
匈牙利	8	10	7	9	8.8
伊拉克	4	4	4	4	4.0
以色列	10	9	7	10	9.3
印度	9	7	4	8	7.6
印度尼西亚	9	7	8	6	7.8
约旦	9	7	7	6	7.7
越南	5	5	8	7	5.5

三 环境风险指标分值评判定性分析

本部分涉及的经济基础、社会弹性、对华关系、政治环境在绝对优势资源互惠性对外直接投资风险评估、核心技术优势市场拓展型企业对外直接投资风险评估、资金技术优势市场拓展型对外直接投资风险评估过程分值评定定性解析均以涉及，本部分不再赘述。

第六节 小结

对外直接投资过程中，面对相同的国家风险，由于企业自身千差万别，对风险因素关注差异巨大，对同样国家的风险感触和承载能力不同，在对丝绸之路沿线国家直接投资环境风险评估方面，本章采用全新的视角，在风险规避研究过程中考虑企业自身风险关注目标，从企业自身风险承载能力出发，根据实际发生的对外直接投资状况出发归纳总结中国对外直接投资企业自身的特点及投资动机，选取关键因素，结合东道国的具体风险状况，参考前人的研究结果，对丝绸之路经济带沿线国家做出更适合企业投资借鉴参考的实用性风险评判，帮助企业海外运作过程中进行风险规避。

研究方法采用闵氏关键因素评估法，结合中国 2015 年对外直接投资流量以及 2015 年年末存量前 100 位的对外投资企业进行投资动机归纳，指出中国对外直接投资行业及动机主要包括四种类型，相应的环境风险评估也分为四种类型：具有绝对优势的资源互惠型企业对外直接投资环境风险评估、具有核心技术优势市场拓展型企业对外直接投资环境风险评估、具有资金技术优势市场拓展型企业对外直接投资环境风险评估、具有相对优势市场拓展型企业对外直接投资环境风险评估。根据不同投资动机的行业特点、海外运作模式以及东道国实际环境分别进行指标选择与权重赋值及结果评估、环境风险评估结果分值解析、环境风险评估指标分值评判定性解析三部分分析。研究视角更贴合中国企业对外直接投资的实际，能够更好地反映对外直接投资不同行业对风险因素关注的差异性。

第四章

中国企业对丝绸之路经济带直接投资外部风险防控研究

第一节 中国企业对丝绸之路经济带直接投资面临的经济风险及防范

丝绸之路经济带建设发展迅速，国内及丝路沿线国家热情高涨，经贸往来频繁，双边投资不断扩大，无论是投资额度还是投资领域都不断拓展，过去10年时间在该领域的对外直接投资年均增长54%，超过对其他国家的直接投资年均增长率，该领域鲜明的区位经济特点是我国企业在直接投资过程中面临特定的风险[1]。随着对外直接投资的不断深入，面临的风险不断彰显，尤其是丝路沿线核心国家经济发展水平对该领域的直接投资产生的风险持久长远，影响巨大。

一 丝路沿线核心国家经济规模不大且增长稳定性较差

丝路沿线核心国家以中亚国家为例，其国内生产总值及人均国内生产总值均较低，具有典型的发展中国家特征，2014年哈萨克斯坦[2]、乌

---

[1] 贺宁华：《丝绸之路经济带建设中我国企业对外直接投资面临的风险防范研究——基于丝路沿线国家经济基本状况分析》，《经济体制改革》2016年第4期。
[2] 资料来源：哈萨克斯坦数据来源于哈萨克斯坦国民经济部统计委员会。

兹别克斯坦[①]、土库曼斯坦[②]、塔吉克斯坦[③]、吉尔吉斯斯坦[④]的 GDP 分别为 2122 亿美元、626 亿美元、460 亿美元、92.4 亿美元、74 亿美元；人均 GDP 分别为 12276 美元、1987 美元、6572 美元、1100 美元、1327 美元。2015 年哈萨克斯坦、乌兹别克斯坦、土库曼斯坦、塔吉克斯坦、吉尔吉斯斯坦 GDP 分别为 1838 亿美元、676 亿美元、490 亿美元、78.5 亿美元、66 亿美元；人均 GDP 分别为 10558 美元、2178 美元、7168 美元、939 美元、1100 美元[⑤]。从历年各国的国民生产总值和人均国民生产总值来看，人均国民生产总值方面，除哈萨克斯坦以外，中亚其他国家人均收入低，远远低于发达国家，根据国际银行的发展中国家的标准，属于典型的发展中国家，哈萨克斯坦虽然人均收入较高，但是增长变化幅度较大，稳定性较差，哈萨克斯坦 2010—2015 年人均 GDP 增长率分别为：30.1%、24.3%、8.6%、8.8%、-5.0%、-13.9%。国民生产总值方面，这些国家在世界国民生产总值排名榜靠后，在世界经济体系中所占的比值较小，典型的发展中国家市场特征，同时这些国家经济增长稳定性较差，其中近五年能保持稳定增长的是土库曼斯坦，2011—2014 年年均增长 10%、2015 年增长 6.5%，塔吉克斯坦 2011—2015 年年均增长 6%—7.5%，乌兹别克斯坦年均增长 8%，而哈萨克斯坦 2011—2015 年 GDP 增长减缓趋势明显，增长率分别为 7.5%、5.0%、6.0%、4.3%、1.2%，吉尔吉斯斯坦 2010—2015 年的增长率分别为：-1.4%、5.7%、-0.9%、10.5%、3.6%、3.5%。年度经济增长变化幅度很大。因此，在这类国家直接投资，面临的国内市场较小，企业投资生产产品会很快满足国内市场，如不出口则难以继续经营，增加直接投资的风险；从经济年均增长率的变化来看，这些国家经济稳定性

---

① 资料来源：数据来源于乌兹别克斯坦国家统计委员会。
② 资料来源：中国驻土库曼斯坦大使馆经商参处。因土库曼斯坦自 2009 年起不对外公布统计数据绝对值，只有增长百分比，故 2013 年前的统计数据均是参照上一年数值乘以增长率推算得出。2014 年，土库曼斯坦 GDP 数据为参照世界银行最新数据估测，2015 年 GDP 以 2014 年估算值为基础乘以增长率推算得出。据有关资料，土库曼斯坦人口数量以 683.6 万人计算。
③ 资料来源：数据来源于塔吉克斯坦统计署。
④ 资料来源：数据来源于吉尔吉斯斯坦国家统计委员会。
⑤ 贺宁华：《丝绸之路经济带建设中我国企业对外直接投资面临的风险防范研究——基于丝路沿线国家经济基本状况分析》，《经济体制改革》2016 年第 4 期。

较差,经济增长波动幅度较大,经济状况变化突然,使直接投资企业不确定风险增加。

二 丝路沿线核心国家零售市场规模较小且有效需求不足

丝路沿线核心国家城市人口比重较少,农村人口比重较大。在这些国家中城市化率较高的是哈萨克斯坦和乌兹别克斯坦,2014年哈萨克斯坦人口为1716万,城市化率为54%,乌兹别克斯坦人口2013年为2999.4万,城市化率为51.1%;相对的吉尔吉斯斯坦人口2012年为564.6万,城市化率仅为35.3%;塔吉克斯坦2013年人口为803万,城市化率仅仅26.4%(北部经济发达地区超过50%),土库曼斯坦2012年人口为504.2万,城市化率为49.5%。这些国家人口总数较少,城市化率不高,尤其是吉尔吉斯斯坦和塔吉克斯坦城市化率很低,乌兹别克斯坦虽然城市化率较高,但根据乌兹别克斯坦统计委员会统计显示,该国人口分布不均,农村人口增长速度远高于城市,总体增长减缓,绝对数量还在增加,城市化水平下降。塔吉克斯坦人口分布在地势较低的河谷地带,人口稠密,山坡地带人口稀少,还有部分无人区。吉尔吉斯斯坦居民的多子女生育观念发生变化,人口的出生率和自然增长率呈下降趋势,但农村人口比重很高。土库曼斯坦的人口平均密度很小,但分布集中,城市化水平虽然较高,但主要是外部移民而非随着农村生产率提高而进入城市,农村人口比重仍然很高。另外,近二三十年各国出生率普遍在30‰以上,自然增长率在25‰左右,农村人口增加迅速,贫困问题严重,人们可支配消费收入很低,零售市场规模非常小[①]。2015年,社会零售商品总额哈萨克斯坦约合287亿美元,塔吉克斯坦约合23.81亿美元,土库曼斯坦零售贸易额(包括饮食业)约合120亿美元,乌兹别克斯坦零售业总额约合266亿美元,吉尔吉斯斯坦服务业市场总量为88亿美元。这些国家中发展较好的哈萨克斯坦2015年月平均工资为700美元,基尼系数为0.278,基本达到中等发达国家水平。其他国家是典型的发展中国家,例如,土库曼斯坦居民储蓄率很低,居民大部分收入用于食品支出;乌兹别克斯坦2015年人均月纯收入为394

---

① 贺宁华:《丝绸之路经济带建设中我国企业对外直接投资面临的风险防范研究——基于丝路沿线国家经济基本状况分析》,《经济体制改革》2016年第4期。

美元，排在世界第 130 位，居中亚国家第二位；吉尔吉斯斯坦居民 2015 年平均月工资约为 206 美元，基本生活消费占居民支出的绝大部分；塔吉克斯坦 2012 年按照联合国制定的标准，仍有 38.3% 的人口处于贫困线以下。因此，零售市场规模很小、人均可支配收入较低、有效需求不足、贫困问题突出使在该领域进行直接投资的企业面临的首要问题是产品卖不出去，经营风险增加。

综上所述，丝路沿线核心国家中亚地区区内经济总量较小，人均收入较低，市场规模不大、有效需求不足，直接投资的企业在狭小的市场与本土企业竞争，使本土企业更担心随着外国直接投资而来的大量质优价廉外商制造产品超过他们的市场承受能力而引发恐慌，因此对来自外国的直接投资产生强烈抗拒情绪，加大了企业直接投资面临的社会风险。

三 丝路沿线核心国家贸易规模不大且中国所占比重较小

丝路沿线核心区域中亚国家贸易总额不大，前期与中国贸易额度较小，这两种因素制约中国企业在该领域的直接投资[①]。首先，从进出口总额来看，2015 年哈萨克斯坦、乌兹别克斯坦、土库曼斯坦、吉尔吉斯斯坦、塔吉克斯坦对外贸易额度分别为 759.1 亿美元、252.83 亿美元、262 亿美元、57.46 亿美元、43.26 亿美元。这些国家对外贸易额度不大，除哈萨克斯坦贸易量较大外，其他国家与世界贸易发达国家相比，绝对贸易额度都比较小。在世界贸易份额中比重不大，排名靠后而且 2015 年与 2014 年相比，均呈现下降幅度，有些国家贸易总额下降较多。其次，中国与丝路沿线核心国家贸易发展起步较晚，贸易额度虽然增长迅速，但贸易总量不大，贸易绝对额度较小，贸易额度占该国贸易总额比重较小。据中国海关统计，2015 年中哈贸易额为 143 亿美元，同比下降 36.3%；中国与乌兹别克斯坦双边贸易额 34.97 亿美元，同比下降 18.2%；中国与土库曼斯坦贸易总额 86.45 亿美元，同比下降 17.4%；中国与吉尔吉斯斯坦贸易额 43.42 亿美元，同比下降 18.1%；中塔贸易额为 18.49 亿美元，比上年下降 26.5%。2015 年，中国与这些国家的贸易额度占该国贸易总额

---

① 贺宁华：《丝绸之路经济带建设中我国企业对外直接投资面临的风险防范研究——基于丝路沿线国家经济基本状况分析》，《经济体制改革》2016 年第 4 期。

的比重除在吉尔吉斯斯坦和塔吉克斯坦占比较高,分别达到75.6%和42.7%,在其他国家所占比重均较小,在哈萨克斯坦占13.9%,在乌兹别克斯坦占13.8%,在土库曼斯坦占33%[1]。因此,在贸易总额度较小、与中国贸易总额较小及所占该国贸易比重不大三种因素影响下,沿线国家对中国产品缺乏了解,中国企业要在此投资,首先面临的是企业必须花大力气推销产品,提高知名度和认可度,不得不增加成本,加大投资力度,直接投资过程中会面临较大的风险。

四 丝路沿线核心国家交通基础设施落后投资隐患较多

丝路沿线主要核心国家交通基础设施普遍比较落后,除个别国家发展比较完善,其他国家普遍存在交通设施严重滞后,交通设施老化,交通设施发展缓慢,一些国家甚至没有高速公路,物流运输困难,增加企业在该领域直接投资的风险[2]。丝路沿线核心区域以中亚国家为例,交通设施发展程度差异较大,交通设施比较发达的国家是哈萨克斯坦和土库曼斯坦,哈萨克斯坦在2012年全球物流绩效指数[3]166个国家/地区中名列第88位,哈萨克斯坦交通运输技术先进,现代化程度高,在独联体内仅次于俄罗斯和乌克兰,电气化线路4100多千米,占总长度的27%。土库曼斯坦政府不断加强基础设施的建设,交通运输条件得到极大的改善,基本可以满足境内外投资者的要求。土铁路运营里程较长而电气化铁路建设尚处于初期阶段[4]。其他国家交通设施比较落后,首先,吉尔吉斯斯坦是典型的内陆国家,没有出海口,公路运输是其最重要的运输方式,但是吉尔吉斯斯坦境内大部分公路、航空和铁路等基础设施年久失修,根本无法承受增幅高达10%的客运量需求,同时自身经济资金短缺,主要依靠贷款和投资进行建设。公路里程中近乎一半的等

---

[1] 资料来源:用中国海关统计的两国贸易额除以该国国家公布的贸易总额,与该国公布的比重有一定差异。
[2] 贺宁华:《丝绸之路经济带建设中我国企业对外直接投资面临的风险防范研究——基于丝路沿线国家经济基本状况分析》,《经济体制改革》2016年第4期。
[3] 资料来源:世界银行2012年发布的全球"物流绩效指数"(LPI)调查排名。
[4] 赵志文:《丝绸之路经济带核心区视角下中亚各国物流业发展现状分析》,《新疆职业大学学报》2016年第5期。

级较低，路况较差①。其次，塔吉克斯坦交通状况由于历史和现实的原因发展艰难，在苏联时期，该区域为边远地区，投资力度本身较小，独立后几年的内战将原有的交通设施破坏严重，政府资金有限难以大幅度地投资基础设施领域。同时该国自然环境险峻，国内93%的面积是山地，山体滑坡、泥石流等自然灾害频繁，使该地区道路建设和维护的成本远高于平原地区，交通困难严重阻碍该国经济贸易发展。最后，乌兹别克斯坦的基础设施比较落后，独立之后随着经济迅速发展，在基础设施领域投资不断增加，交通基本状况得到极大提高，但是目前高速公路建设处于起步阶段，现有的干线公路质量较差，对经济贸易发展有一定的限制和影响。面对如此的交通设施，企业直接投资进行产品销售过程中经常面临难以按时交货，保鲜产品不能按时到达而腐烂变质的严重问题，大型运输设备在生产过程中抵达困难等问题，给企业直接投资带来风险②。

五 基于政府层面对丝路沿线国家直接投资风险防范策略

加强对丝路沿线国家的宣传，宣传的内容既要突出地缘优势，又要强调共赢目的，让丝路沿线的国家认识到丝路经济带虽然是中方倡议，但不具有排他性，是一个开放的合作倡议，丝路沿线的国家都是受益者。各国平等参与，共同建设，属于造福沿途各国百姓的长期和系统工程。地缘优势的宣传目的是让丝路沿线的国家政要和普通民众认识到地缘上的优势使他们成为中国非常愿意发展合作的国家，中国这种加强合作的意愿是丝路沿线国家的新机遇，是促使区域经济发展的必然要求。共赢的宣传目的是让丝路沿线国家认识到中国推进丝绸之路经济带建设是以互利为根本目的的，是沿线国家普遍分享中国发展成就的新机遇，是丝路沿线国家经济崛起，实现人民生活富裕千载难逢的机会。

在与丝路沿线国家双边谈判中，我们要一改过去以开放促发展的方式，更多地注重以开放换开放，丝路沿线大部分都是发展中国家，中国的市场巨大，带给他们的机遇也是空前的，因此，我们在开放国内市场

---

① 徐晨、沙力肯古力·阿依把别克：《吉尔吉斯共和国》，《中国海关》2015年第12期。
② 贺宁华：《丝绸之路经济带建设中我国企业对外直接投资面临的风险防范研究——基于丝路沿线国家经济基本状况分析》，《经济体制改革》2016年第4期。

的同时，也应该要求对方对等地开放自己的市场，为中国企业对外直接投资在政府政策领域获得平等的权益。

六 基于企业层面对丝路沿线国家直接投资风险防范策略

(一) 做好贸易与投资相互替代缓解经济风险

丝绸之路沿线国家经济发展水平差异较大，无论是经济总量还是人均收入都存在较大差异，尤其是一些国家经济总量规模小，人均收入低，市场规模小，这些市场面临来自国外的企业投资时，尤其是一窝蜂地进入这些狭小的市场会引发民众和行业及企业强烈的不安，甚至是仇视的心态，给企业的经营带来极大的社会风险。例如，塔吉克斯坦交通设施陈旧，无法满足塔吉克斯坦经济发展的需要，因此，中国企业可以利用这个机会积极参与塔吉克斯坦公路、隧道、桥梁和电力基础设施等项目的建设，但是由于塔吉克斯坦工程承包市场较为狭小，若中国多家企业同时进入这个狭小的市场，会形成恶性竞争，从而使国家、企业蒙受损失。因此，在对丝绸之路经济带沿线国家直接投资过程中，要对进入企业进行限制，不要在一个领域出现多家中国企业[①]。另外，经济发展过程中，根据西方学者林德的需求重叠理论，一国的产品出口可以看作国内市场生产的延伸，国内企业一般会选择生产在本国有很大市场的产品进行出口，而最具潜力的出口市场会是那些与此国需求结构相似的国家，从收入的角度分析，人均收入水平接近的国家需求结构存在重叠之处，可能会消费相同类型产品，因此人均收入相似的国家更容易发生贸易，投资领域更容易达成协作，贸易和投资也更容易发展起来，但经济发展相差较大的国家发展起来还有相当困难[②]。当收入差距较大，从事直接投资并不是最优选择，理性选择首先应进行国际贸易，当贸易发展到一定的程度再进行直接投资是比较合理的。因此，做好贸易与投资的替代是缓解直接投资风险的一个有效策略。中国与这些国家前期贸易额度较小，直接投资存在的风险较大，因此，为避免此类社会性风险，在投资过程中要根据东道国的经济实际状况，分别采用贸易或投资的方

---

① 贺宁华：《丝绸之路经济带建设中我国企业对外直接投资面临的风险防范研究——基于丝路沿线国家经济基本状况分析》，《经济体制改革》2016 年第 4 期。
② 同上。

法进行，当国家的经济规模较小时，民众对产品认识不够时先采取贸易的方式；当民众对产品认识较多，形成固定的顾客群时，可以采取到当地投资的方式，在投资企业数量上还应该进行限制，即使企业本身分到足够大的销售市场，也不会引起东道国民众和行业的不满①。

（二）履行企业社会责任创造共享价值缓解东道国民众的反感情绪和经济风险

企业社会责任包括社会慈善募捐、维护股东或投资人权益、员工培训和职位提升、改善工作条件、参与本地区发展项目、维护生态环境、对消费者和商业伙伴的责任感、如实提交企业经营活动信息、反贿赂、关注项目实施和业务发展带来的资源、环境、劳务、安全以及社会治安等问题。对外直接投资的企业不仅对其股东负责，还要对其经营所在的社区和全国范围内的利益相关者负责。企业在丝路沿线核心国家进行直接投资时要积极履行自己的社会责任②。尤其在目前人们非常关注劳工权益、尊重人权、环境保护及消费者保护等社会问题，企业应改变追求短期利益最大化的经营理念，使承担社会责任变成企业战略和企业行为的有机组成部分，对民族形象、企业声誉和品牌建设负责，对两国长期友好关系负责③。在履行企业社会责任过程中，企业应依法经营，按章纳税，积极吸纳当地居民就业，主动参与公益活动，提供优惠的产品帮助当地低收入者，减少产品分销的过度包装，避免恶化当地环境，帮助建设桥梁和港口改善当地基础设施条件。在履行企业社会责任过程中，要通过媒体宣传企业的社会责任感，树立企业良好的社会形象。企业的社会责任不仅是成本、限制，也可以是商机、创新和竞争优势。践行企业社会责任，降低当地居民和企业的对抗情绪，缓解企业在经济规模较小的丝路沿线核心国家直接投资面临的风险④。

---

① 贺宁华：《丝绸之路经济带建设中我国企业对外直接投资面临的风险防范研究——基于丝路沿线国家经济基本状况分析》，《经济体制改革》2016 年第 4 期。

② 同上。

③ 某中国公司在哈萨克斯坦不断加大对当地政府、教堂、社区、学校等政府、社会组织的社会公益投入力度，与当地学校建立定向委培关系，定期定向吸收当地优秀大学毕业生进入公司培训和工作，促进了当地大学生就业。曾获得哈萨克斯坦"企业社会贡献总统金奖"和哈萨克斯坦能源协会颁发的"可持续发展企业奖"。

④ 贺宁华：《丝绸之路经济带建设中我国企业对外直接投资面临的风险防范研究——基于丝路沿线国家经济基本状况分析》，《经济体制改革》2016 年第 4 期。

第二节　中国企业对丝绸之路经济带直接投资面临的各国势力纷争风险及防范

丝绸之路经济带建设发展迅速，国内及丝路沿线国家热情高涨，经贸往来频繁，双边投资不断扩大，投资领域都不断拓展①。随着对外直接投资的不断深入，面临的风险不断彰显，尤其是国际政治因素产生的风险持久且长远②。

一　丝绸之路经济带世界各种势力纷争的原因

（一）重要的战略地位

丝绸之路经济带是一个全新的概念，横贯欧亚大陆，处于中间的中亚是其核心地段，中亚位于亚欧大陆的连接地带，是古丝绸之路及新亚欧大陆桥的必经之地，交通战略地位非常重要。

（二）蕴藏的丰富资源

世界能源紧缺问题一直是困扰世界经济发展的"瓶颈"，各国对能源问题都非常重视，尤其是发达国家，对海外能源的控制欲望从未减少，而且持续升温，从20世纪20年代拉美石油大发现，到60年代中东的石油地理大发现，到目前里海地区的石油大发现，也成为国际社会各种势力博弈的地区，中亚地区作为一个濒临里海能源储藏丰富的领域，自然也备受关注。丝绸之路核心国家主要的资源状况如下：哈萨克斯坦主要矿产：钨200万吨，占世界总量超过50%，位居世界第一；铬4亿吨占世界总量23%，铀150万吨占世界25%，分别位居世界第二；锰6亿吨、铜3450万吨、锌2570万吨，分别居世界第四位；铁91亿吨、铅1170万吨、金1900万吨等。哈萨克斯坦属于里海③周边的五国

---

① 贺宁华：《丝绸之路经济带建设中我国企业对外直接投资面临的风险防范研究——基于丝路沿线国家经济基本状况分析》，《经济体制改革》2016年第4期。

② 贺宁华：《丝绸之路经济带建设中国际势力纷争与风险防范》，《求索》2016年第8期。

③ 里海盆地是当今世界油气储量最丰富的地区之一，该地区石油总储量可达900亿—2000亿桶，天然气储量约为458.8万亿立方米，分别占世界石油和天然气总量的17.2%和7.5%，号称第二个中东。

之一,根据美国能源部数据显示,哈属里海的石油储量约1000亿桶,天然气153.3万亿立方米;据哈方数据石油可采储量48亿—59亿吨,天然气3.5亿立方米。土库曼斯坦矿产资源丰富,石油及天然气远景储量分别为208亿吨和26.2万亿立方米,属于石油资源丰富的国家。其次有色金属及芒硝、碘等储量也非常丰富。乌兹别克斯坦黄金储量丰富,位居世界第四,约为3350吨,其次石油、天然气、煤、铀矿资源丰富[1]。吉尔吉斯斯坦号称拥有元素周期表中所有元素,并拥有世界级矿床,大部分资源还未探明,探明总储量主要如下:黄金2149吨、钼矿2523万吨、锡41.3万吨、钨矿19万吨、水银4万吨,能源资源也比较丰富[2]。塔吉克斯坦水资源丰富,人均拥有量居世界第一位,另外金、银、铅、锌、锡、铜资源丰富。大卡尼曼尔银矿区为世界上第二大银矿区,储量近10万吨;锑矿在亚洲居第三位;锡矿初步探明储量2万吨;铁矿石储量约275亿吨;煤炭资源储量488亿吨。

作为丝绸之路经济带核心区域的中亚地区,重要的战略地位和丰富的能源资源,持续吸引着大国的关注,各种势力纷争不断,利益胶着,以致丝绸之路沿线部分国家动荡不安的局势长期存在,对经济发展造成巨大的破坏[3]。对中国企业进行直接投资产生严重的影响,加大了直接投资风险。

二 丝绸之路经济带世界各种势力纷争的表现

(一)美国提出"新丝绸之路"计划强化美国对该地区的霸权

2011年,时任美国国务卿希拉里正式提出"新丝绸之路"计划,该计划在能源、贸易与交通、海关与边防运作、商业和人员往来四个方面促进合作。运作过程以基础设施建设为切入手段,加强对阿富汗的经济支持,并以阿富汗为中心,向南亚与中亚扩张,形成新的经济带[4]。例如,"新丝绸之路计划"已经完工的乌兹别克斯坦—阿富汗铁路项

---

[1] 乌兹别克斯坦石油探明储量为5.84亿吨,天然气储量为2.055万亿立方米,煤储量为18.3亿吨,铀储量为18.58万吨(世界第7),铜、钨等矿藏也较为丰富。
[2] 吉尔吉斯斯坦石油1.013亿吨、天然气72.6亿立方米、煤炭63.7亿吨。
[3] 曹海峰:《丝绸之路经济带构建中的风险考量与规避策略》,《实事求是》2014年第1期。
[4] 翁东玲:《"一带一路"建设的金融支持与合作风险探讨》,《东北亚论坛》2016年第5期。

目，塔吉克斯坦桑土达水电站项目。美国计划对该领域石油天然气管线建设及水电站的修建计划投资金额高达17亿美元。虽然这些资金并未实际到位，但是"新丝绸之路"计划已十分明确。美国提出的"新丝绸之路"计划，其长远目标则是要保持并强化美国对该地区的控制、在沿途国家建设军事基地以保护油气管道、把里海资源转引到印度和巴基斯坦等方面，美国《外交官》杂志称新丝绸之路计划可以视为美国的中亚政策，采用多种手段在中亚建立军事基地是美国从未放弃的目标。

（二）俄罗斯表示将在"新丝绸之路"上发挥决定性作用

俄罗斯在苏联时期版图宏大，中亚也囊括在其势力范围之内，其间形成的经济纽带并没有随着苏联的解体完全断裂，社会间的联系性也是其他区域不能比拟的，俄罗斯一直将该领域视为自己势力范围[①]。通过采取各种措施和手段在新丝绸之路领域发挥重要作用是俄罗斯长期坚持的策略[②]。具体表现为：普京就任总统之后以援建水电站、放松劳动移民要求等条件换取延长俄罗斯在中亚国家军事基地使用期限，俄罗斯与吉尔吉斯斯坦国签署的俄驻吉军事基地的协议于2017年生效，合同期限为20年，可再延长5年，俄罗斯与塔吉克斯坦总统签署协议，把俄驻塔第201基地租期延长30年，2042年期满后把租期再度延长5年且次数不限，作为回报，俄罗斯给这些国家一定的军事费用和技术资助。

（三）日本通过加强政治影响和经济渗透来争取该地区能源

日本作为能源匮乏的国家，海外能源获得战略是日本长期的国策。在丝绸之路沿线领域，中亚五国以及外高加索国家丰富的能源是日本外交关注的重点。通过加强政治影响，经济利益渗透，在丝绸之路经济带沿线领域增大发言权，获取外高加索和中亚地区的能源以缓解日本的能源危机[③]。

（四）欧盟通过加大对中亚国家的援助力度确保其战略利益

欧盟与中亚地域比邻，尤其是欧盟东扩之后与中亚联系紧密。无论从能源角度还是自身势力扩展方面来看欧盟对中亚关注密切。欧盟加大

[①] 曾向红：《中亚国家对丝绸之路经济带构想的认知和预期》，《当代世界》2015年第4期。

[②] 毛丽冰：《建设丝绸之路经济带任重道远》，《经济》2013年第11期。

[③] 李建民：《丝绸之路经济带合作模式研究》，《青海社会科学》2014年第5期。

援助力度来深化与中亚的能源合作，以巩固欧盟在中亚的能源利益以及扩展欧盟的势力范围①。例如，欧盟支持土库曼斯坦奉行的能源出口多元化政策，并积极推动"纳布科"和跨里海输欧天然气管道项目。塔吉克斯坦重视发展与欧盟国家的经济合作，积极争取其对塔吉克斯坦的投资和援助。

三 世界各种势力在该领域纷争的结果

丝绸之路沿线核心国家中亚地区各种势力不断纷争，表现的结果是冲突、骚乱及暴乱经常发生。例如，塔吉克斯坦自从建国以后，各种力量不断斗争，1992年以后暴发内战，到1997年，拉赫蒙总统和反对派签署了《关于在塔吉克斯坦实现和平和民族和解总协定》后形势比较稳定，2012年塔吉克斯坦政府军与当地非法武装人员交战，阻断了塔中公路的通行，许多投资合作项目的建设材料运输受到影响。在吉尔吉斯斯坦，国内政治和社会骚乱也时有发生，2001年美国在吉尔吉斯斯坦马纳斯国际机场设立了空军基地，2003年俄罗斯也在距马纳斯空军基地仅35千米的地方修建了坎特空军基地。乌兹别克斯坦在1999年拒绝续签俄罗斯主导的集体安全条约组织并退出，随后靠近美国，并将汉纳巴德基地租给美军，2005年乌兹别克斯坦与美国闹翻，并于2006年请求重返集体安全条约组织，2012年乌兹别克斯坦再次提出与集体安全条约组织分手，俄中亚问题专家瓦季姆·科久林认为，乌兹别克斯坦指望在其境内能再次建立美军基地②。各种势力的持续纷争使丝绸之路经济带沿线国家冲突骚乱及暴乱频繁发生，不稳定状态持续发展。各种势力纷争的结果使该地区冲突不断，对经济领域影响长远深刻，中国企业对该领域直接投资风险不断加大。

四 基于政府层面对丝路沿线各国势力纷争的风险防范策略

（一）稳妥处理好各种势力之间的关系

积极参与丝绸之路经济带建设，稳妥处理好各种势力之间的关系，

---

① 吴渊、杨川梅：《"新丝带"：全球化中的中国诉求》，《中国经济导报》2015年3月5日第T10版。
② 贺宁华：《丝绸之路经济带建设中国际势力纷争及风险防范》，《求索》2016年第8期。

增强国家经济科技实力是缓解各国势力纷争的最优策略。首先要稳妥地处理好与美国、俄罗斯及欧盟等的关系,中国与这些国家在经济领域联系密切,政治领域沟通畅通,积极利用已有的合作关系和发展成就进行协调,通过经济领域的联系和发展寻找有效的合作路径①。

(二)增强中国的科技军事实力

在丝绸之路建设中一个经济科技实力强大且地缘优势鲜明的国家是丝绸之路建设的保证,中国在经济领域和地缘上的优势明显,但科技优势并不突出,欧美的经济科技优势明显但地缘优势不突出,俄罗斯的科技和地缘优势明显但经济优势不突出。历史上古丝绸之路的衰退与唐朝后期国家实力减弱有极大的关系。因此,在积极稳妥处理好各种关系的同时,中国应从自身长远发展出发,努力提高经济科技实力,这是顺利参与丝绸之路经济带建设的必要条件,是降低中国企业对该领域直接投资风险的最佳策略②。

五 基于企业层面对丝路沿线各种势力纷争的风险防范策略

(一)积极利用各种风险管理业务规避风险

丝绸之路经济带沿线区域内各国势力纷争的风险长期存在,普通企业对这些风险不敏感而且抗风险能力薄弱。因此,在丝绸之路经济带沿线风险较大的区域进行直接投资时,不但要做好事前评估相关风险,更要积极利用已有的风险管理业务保障自身利益。在选择保险产品时,既要选择一般保险产品,如中国进出口银行等政策性银行提供的商业担保服务;中国出口信用保险公司提供的包括政治风险、商业风险在内的信用风险保障产品,更要选择一些能应对各国势力纷争风险的保险产品,例如,海外投资保险和融资担保业务主要针对投资所在国(地区)发生的国有化征收、战争及政治暴乱、违约等政治风险造成的经济损失提供保障。因此,应预先选好保险,以规避面临的实际风险。

(二)选择得力的合作伙伴或顾问解决经营中遇到的问题

丝绸之路经济带各国势力纷争的风险长期持续,对投资者的保护不

---

① 贺宁华:《丝绸之路经济带建设中国际势力纷争及风险防范》,《求索》2016年第8期。

② 同上。

足，企业在该领域直接投资时，选择当地可靠的合资方出面同有关部门协调效果较好。另外，合资过程中出现分歧时中资企业处于被动地位或被外方恶意欺诈，企业会选择独资经营来规避风险，但是也要聘请有实力的顾问，协调处理与各级政府部门间的关系和法律事务[①]。在选取合作伙伴或顾问的过程中，应该通过中国大使馆经商参处等选择可靠的合作伙伴，以降低各种势力纷争的风险。

第三节 中国企业对丝绸之路经济带直接投资面临的竞争性风险及防范

竞争性风险是个宽泛的概念，中国企业在丝路沿线核心区域直接投资面临的竞争性风险主要来源于这些国家与其他国家长期形成的优先合作关系，优先合作关系主要是指在政治、经济等领域合作关系密切，相比其他国家有一定的优势。丝路沿线国家根据自身国家安全和历史联系各自确定优先合作的国家，无论是政治上还是经济上这些优先合作伙伴拥有较多的政治经济优势，这些优先合作的国家相对于普通国家在该领域直接投资容易产生较强的竞争性风险，甚至是阻碍后继国家在该领域进行直接投资的巨大障碍。

一 丝绸之路经济带沿线国家经济领域的优先合作关系

丝路沿线国家经济领域的优先合作关系具体涉及贸易伙伴、贸易领域的双边协议、国际发展援助等方面。丝路沿线国家优先合作关系的具体表现如下：

（一）双边贸易额越大，贸易联系越密切，优先合作关系越显著

以丝路沿线核心区域中亚国家为例，虽然主要国家贸易状况近几年发生很大的变化，中国、意大利、德国、美国的贸易额度不断增加，但俄罗斯仍然是其首要的贸易伙伴。以哈萨克斯坦主要的进口来源国与出口国来看，如图4-1所示，俄罗斯2014年、2015年是哈萨克斯坦主要进口来源国，来自俄罗斯的进口约占哈进口总额的1/3，这一趋势还在

[①] 贺宁华：《丝绸之路经济带建设中国际势力纷争及风险防范》，《求索》2016年第8期。

不断增加；出口方面俄罗斯虽然居第四位，但是额度增长趋势明显，两国贸易领域合作关系密切。

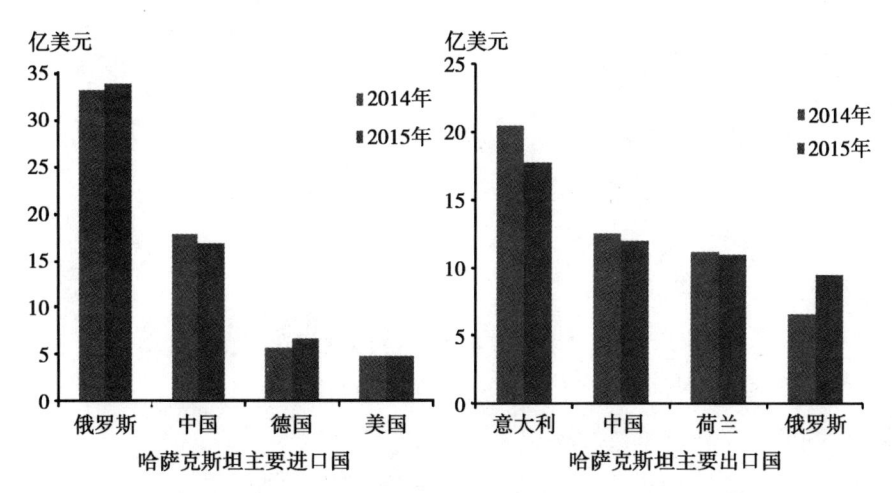

图 4-1 2014 年、2015 年哈萨克斯坦主要进出口贸易伙伴国

资料来源：哈萨克斯坦国民经济部统计委员会。

塔吉克斯坦主要的贸易伙伴为俄罗斯和哈萨克斯坦，三者贸易关系稳定，多年未变。2014 年和 2015 年主要的贸易伙伴如图 4-2 所示。俄罗斯遥遥领先，短期内其他贸易伙伴难以超越。2015 年中国为塔吉克斯坦第二大贸易伙伴，但据中国海关统计，2015 年中塔贸易额为 18.49 亿美元，比上年下降 26.5%。中国与塔吉克斯坦贸易波动较大。

吉尔吉斯斯坦主要贸易伙伴是俄罗斯、中国、哈萨克斯坦等国家，主要贸易国家历年变化不大，2014 年和 2015 年主要的贸易伙伴如图 4-3 所示。2015 年 8 月吉尔吉斯斯坦加入欧亚经济联盟后实行更为严格的海关制度，俄、哈等主要伙伴贸易增速超过联盟外市场[①]。从 2014 年、2015 年吉尔吉斯斯坦主要的贸易对象来看，俄罗斯是其第一大贸易伙伴，几乎占该国贸易总额的 1/3。中国与吉尔吉斯斯坦贸易占比虽然较高，但是自 2012 年以后一直处于增长缓慢或负增长趋势。哈萨克斯坦与吉尔吉斯斯坦贸易占比位于第三位，但是增长趋势较明显。

---

① 苏联解体之初，吉尔吉斯斯坦对外贸易迅速向非独联体国家倾斜，与苏联国家的贸易额和其他经济联系一度中断。随着独联体内部经济一体化进程的加快及独联体各国经济的复苏，吉尔吉斯斯坦与俄罗斯、哈萨克斯坦等独联体国家的贸易出现强劲增长势头。

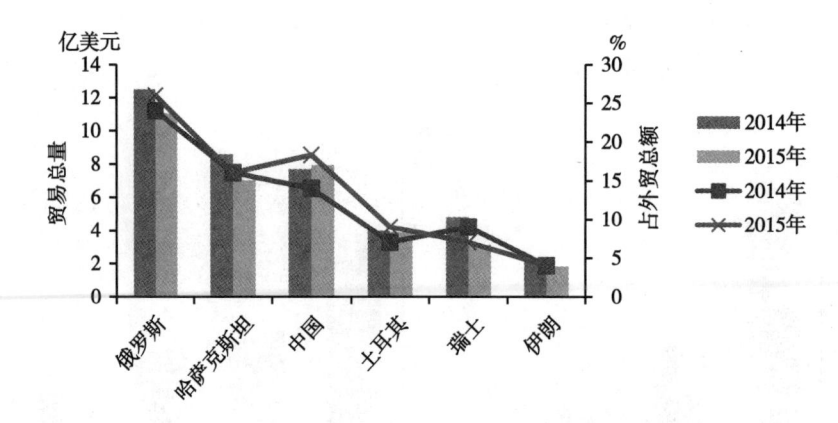

图 4-2 2014 年、2015 年塔吉克斯坦主要贸易伙伴国

资料来源:《对外投资合作国别(地区)指南(2016)》。

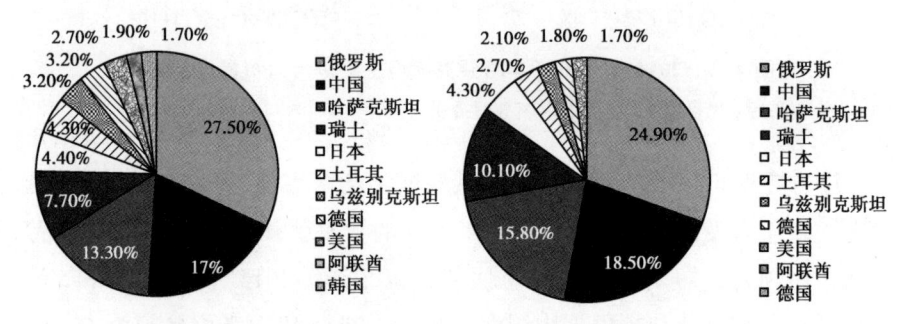

图 4-3 2014 年、2015 年吉尔吉斯斯坦主要的贸易伙伴国

资料来源:《对外投资合作国别(地区)指南(2016)》。

土库曼斯坦主要贸易伙伴是中国、俄罗斯、土耳其、伊朗、阿联酋、乌克兰、格鲁吉亚、意大利、美国和阿富汗,据土库曼斯坦官方公布数据,2015 年对外贸易总额同比下降 28%,根据 2014 年土库曼斯坦外贸额 364 亿美元推算,土库曼斯坦 2015 年外贸额降至 262 亿美元,中国海关统计,中土贸易自 2013 年后增幅减缓趋势明显,2013 年、2014 年同期增长 3.3%、4.4%,2015 年,由于世界油气价格大幅下跌和低位徘徊,中土贸易额大幅下降,双边贸易总额 86.45 亿美元,同比下降 17.4%。乌兹别克斯坦前三大主要贸易伙伴依然是俄、中、哈三国。据乌兹别克斯坦国家统计委员会统计,中国对乌兹别克斯坦双边贸易 2012 年、2013 年增幅较大,达到 32.8%、58.3% 之后,2014 年、

2015年增幅为-6.1%、-18.2%，贸易量在减少。

综上所述，中亚国家除土库曼斯坦之外，历史的联系及目前的发展使中亚其他国家主要的贸易伙伴以独联体内部国家为主，且增长势头强劲，尤其以俄罗斯为第一大贸易伙伴，贸易领域优先合作关系明显。这种优先合作关系带给后续直接投资的其他国家企业更多机遇的同时，也使其面临较大的挑战和风险。

（二）经贸领域双边协议涉及的范围越深入优先合作关系越突出

丝路沿线国家经贸领域签订的双边协议使丝路沿线国家优先合作伙伴优势明显，那些没有签订双边协议或协议不深刻的国家在进行直接投资时面临较大的挑战和风险。以中亚国家为例，哈萨克斯坦、俄罗斯、白俄罗斯2015年1月正式运行欧亚经济联盟条约，形成一个面积2000万平方千米，GDP总值2.2万亿美元、商品周转额达9000亿美元的统一市场，实现货物、资本、服务劳动力的自由流动。2015年12月哈萨克斯坦成为世界贸易组织正式成员国，美国是哈萨克斯坦最大贸易伙伴国之一。欧盟连续五年是哈的主要贸易伙伴和投资国。哈萨克斯坦是除欧佩克组织国家之外，仅次于俄罗斯和挪威的对欧盟能源供应国。截至2016年年底，哈萨克斯坦是独联体、上合组织、中西亚经合组织、欧亚经济共同体的成员国，签署的贸易协定多达十部[①]。土库曼斯坦与俄罗斯发展合作联系紧密，在土库曼斯坦开展经营活动的俄罗斯独资及土俄合资企业约180家。其次由于民族宗教语言的共性，土库曼斯坦优先合作的国家是土耳其，土耳其是其最大投资国，在土库曼斯坦注册的土耳其企业有600多家，两国合办教育机构超过十个，在土耳其高校学习的土库曼斯坦学生多达2000多人。美国积极加强能源、经济、安全、人文等领域合作，美国政府与土库曼斯坦签署了贸易与投资框架协议。

---

① 哈萨克斯坦签署的贸易协定有《独联体经济联盟条约》《成立欧亚经济共同体条约》《在欧亚经济共同体范围内实施统一关税的协议》《中亚和西亚经济合作组织关于建立自由贸易区的协议》《统一经济空间协议》《过境贸易协定》《过境运输框架协议》《〈上海合作组织成员国政府间关于区域经济合作的基本目标和方向及启动贸易和投资便利化进程的备忘录〉的议定书》《上海合作组织成员国多边经贸合作纲要》《〈上海合作组织成员国多边经贸合作纲要〉实施措施计划》。

欧盟积极推动跨里海输欧天然气管道项目①。2009年4月，欧洲议会批准了旨在放宽相互出口限制的《土库曼斯坦—欧盟贸易协定》。欧盟成员国特别是德国、意大利和奥地利企业积极拓展在土库曼斯坦业务。乌兹别克斯坦已经是联合国、欧洲安全与合作组织、伊斯兰会议组织、不结盟运动、上海合作组织、中亚合作组织等国际和地区组织成员。已加入IMF、WB、EBRD、ADB以及伊斯兰银行等国际金融组织。乌兹别克斯坦与白俄罗斯、格鲁吉亚、哈萨克斯坦、吉尔吉斯斯坦、摩尔多瓦、俄罗斯、土库曼斯坦（按照双边协议相互商定清单的商品）、乌克兰、塔吉克斯坦、阿塞拜疆签订了《关于设立自由贸易区的协议》，对产于这些国家的进口商品不征收进口关税。2013年5月31日，乌兹别克斯坦加入独联体自贸区，俄罗斯一直保持着乌兹别克斯坦第一大贸易伙伴的地位。吉尔吉斯斯坦在贸易领域对WTO成员国及与之签订双边协议的国家给予最惠国待遇，但是对欧亚经济共同体成员实施更加优惠的关税政策，包括免征关税等手段②。相应地对那些未达成互惠贸易的国家商品以及未标明原产地的产品则加倍征税③。这些纷繁复杂的贸易协议实质上是优先合作关系的体现，从这些优先合作关系来看，丝路沿线核心区域国家中亚加强与独联体内国家经贸往来意向强烈，与美国、欧盟的经贸往来合作关系密切，这对于后期进入这些国家进行直接投资是巨大的挑战，面临的风险倍增。

（三）国际援助额度越大越频繁，优先合作意愿就越强烈

国际援助的资金来源是优先合作关系的另一个表现，发达国家对发展中国家实施的援助由来已久，发展援助也是促进两国关系友好发展的主要手段，目前以中亚国家为例，丝路沿线核心国家接受的具体援助如下：哈萨克斯坦已经从国际受援国变为援助国，但其主要的国际资助来源为世界银行等国际金融组织和机构，2014年哈萨克斯坦获得全球抗击艾滋病、结核病和疟疾基金3400万美元用于防疫疾病；世界银行无

---

① 贺宁华：《丝绸之路经济带建设中国际势力纷争及风险防范》，《求索》2016年第8期。
② 中国商务部欧洲司综合处：《吉尔吉斯斯坦主要经贸法律法规》，《俄罗斯中亚东欧市场》2007年第8期。
③ 张熠：《吉尔吉斯斯坦投资优惠的法律制度》，《法制与经济》2010年第12期。

偿提供 100 万美元用于排放交易计划；提供 8800 万美元贷款用于发展创新项目，支持和刺激创新发展；提供 2170 万美元对 20 所学校、5 所医院和街道照明系统进行现代化改造，提高能源利用效率，自 1992 年起，世界银行对哈投资超过 68 亿美元，2016 年世界银行向哈萨克斯坦提供 20 亿美元贷款额度用于弥补本年度财政赤字。欧洲复兴开发银行 2015 年提供 6500 万欧元贷款用于采购 200 辆公交车，提供 39 亿坚戈用于供排水系统现代化改造。2012—2016 年，欧盟援助哈萨克斯坦 450 万欧元用于公务员制度改革。塔吉克斯坦 2014 年、2015 年接受的国际援助如图 4-4 所示。2014 年塔吉克斯坦接受了 42 个国家的无偿援助，总额为 5789 万美元，美国援助一枝独秀，金额远远大于其他国家。2015 年，塔吉克斯坦接受了 42 个国家的无偿援助，总额为 4487 万美元，援助物资共计 22907 吨。中国、俄罗斯占比较高。欧盟对塔吉克斯坦的援助广泛覆盖社会的各个领域。

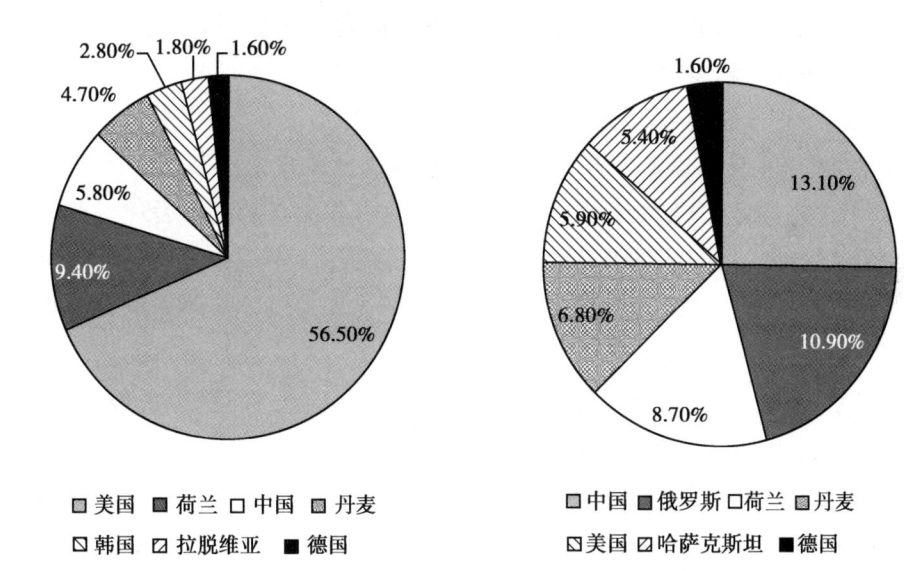

图 4-4 2014 年、2015 年塔吉克斯坦接受援助资金来源国

资料来源：《对外投资合作国别（地区）指南（2016）》。

吉尔吉斯斯坦接受援助的主要来源方为亚洲开发银行、世界银行、日本国际协力机构、伊斯兰开发银行以及中国、德国、俄罗斯、土耳其、瑞士等，欧盟计划在 2014—2020 年向吉尔吉斯斯坦提供 1.84 亿欧元的援助。2015年12月，国际开发协会提供1200万美元用于各州农业发展。2016年1月，吉尔吉斯斯坦政府与欧盟签署的向吉尔吉斯斯坦提供3000万欧元的援助协议得到内阁批准。在土库曼斯坦，据联合国开发计划署驻土库曼斯坦办事机构提供的资料显示，对土库曼斯坦实施援助的主要国际机构有：亚洲开发银行、欧盟、IMF、国际移民组织、欧洲安全与合作组织、土耳其合作与协调组织、联合国发展署、联合国人口基金、联合国难民署、联合国儿童基金会、联合国教科文组织、美国国际开发署、世界卫生组织、世界银行、德国国际合作机构等。据不完全统计，1993年至2017年，援助资金累计约为4.3亿美元[①]。在乌兹别克斯坦，2008年至2014年共接受援助10.46亿美元，亚洲开发银行是向乌提供援助最多的机构。2015年乌兹别克斯坦政府获得国外赠款198笔，合计达2.311亿美元。从中亚这些国家接受援助的资金来源看，主要以世界银行、国际货币基金组织、亚洲开发银行、美国、欧洲等西方国家为主，这些经济援助是促进经济合作的重要手段，经济援助越多，两国之间优先合作关系越密切，对于提供援助少的国家进行直接投资合作是一种实质的障碍和风险。

（四）直接投资资金来源区位反映该国优先合作关系

直接投资外国资金来源区位是该国优先合作关系的具体表现，在丝路沿线国家发展经济吸引外资的过程，优先合作伙伴往往能得到更好的机会进行投资，因此投资额度较大。以中亚国家为例，哈萨克斯坦为发展本国经济一直致力于吸引外资，据哈萨克斯坦中央银行公布的统计数据显示，1993—2015年，哈萨克斯坦吸引FDI流量总和2286.98亿美元；截至2015年年底，哈萨克斯坦FDI存量为1198.33亿美元[②]。其中荷兰641.9亿美元占53.56%，美国209.6亿美元占17.5%，法国120.8亿美元占10.1%，日本53.5亿美元占4.47%，俄罗斯32.2亿美元占2.7%，中国28.5亿美元仅占2.4%，占比很低。在塔吉克斯坦投资的国家主要有中国、俄罗斯、哈萨克斯坦、英国、荷兰等。其中中国在塔吉克斯坦无论投资流量还是存量均较高，2015年中国投资流量占

---

① 资料来源：土库曼斯坦境内外媒体数据报道较少，因此是不完全统计。
② 张栋、张怡：《后危机时代中亚五国贸易和外商直接投资发展：回顾、比较和展望》，《金融发展评论》2017年第8期。

比96%，投资存量占比43%，虽然在塔投资占比较高，但是截至2015年年末塔吉克斯坦吸收外资存量仅为21.12亿美元，同年流量仅为2.27亿美元，塔吉克斯坦无论是吸引投资流量还是存量在中亚国家占比都很低①②。吉尔吉斯斯坦外国直接投资中中国历史上投资额度较大占比较高，2015年年末投资存量占比25%，但是自从吉2015年加入欧亚经济联盟之后，俄白哈三国对吉直接投资增长迅速③。中国对吉无论是投资存量还是流量增幅明显减缓。2015年中国对吉直接投资流量仅为1.087亿美元，同比下降51%，但同期吉吸引外资同比增长12.6%，俄白哈的投资同比增长1倍④。在土库曼斯坦，该国一直致力于吸引外商直接投资，外商直接投资存量2015年年末高达321.24亿美元，但是中国在这个国家无论投资流量还是存量都非常小，2015年年末存量仅为1.33亿美元，同年投资流量为-3.15亿美元⑤。中国在土库曼斯坦投资流量增长缓慢，投资存量占比很小⑥。在乌兹别克斯坦，2015年中国直接投资流量为1.28亿美元，占当年乌吸引外资总额近12%的比重；当年末存量为8.82亿美元，占乌吸引外资存量总额近9%的比重⑦⑧。中国投资流量及存量占比不大。从中亚这些国家吸引资金的来源看，哈萨克斯坦主要的直接投资资金区位来源是荷兰、美国、法国；土库曼斯坦直接投资资金区位来源是土耳其等国家。因此，俄罗斯、美国、欧盟是中亚国家主要的资金来源国。中国在塔吉克斯坦占比较高但是该国吸引外资总额很少，在吉尔吉斯斯坦投资存量较高但是投资流量下降幅度较大，在其他几个国家无论投资存量还是流量占比均较低。资金区位来源反映两国之间优先合作关系，资金来源占比较大的国家对于后进入的

---

① 资料来源：联合国贸易和发展会议发布的2016年《世界投资报告》。
② 张栋、张怡：《后危机时代中亚五国贸易和外商直接投资发展：回顾、比较和展望》，《金融发展评论》2017年第8期。
③ 本刊编辑部：《中亚速览》，《中亚信息》2016年第9期。
④ 张栋、张怡：《后危机时代中亚五国贸易和外商直接投资发展：回顾、比较和展望》，《金融发展评论》2017年第8期。
⑤ 资料来源：联合国贸易和发展会议发布的2016年《世界投资报告》。
⑥ 张栋、张怡：《后危机时代中亚五国贸易和外商直接投资发展：回顾、比较和展望》，《金融发展评论》2017年第8期。
⑦ 资料来源：联合国贸易和发展会议发布的2016年《世界投资报告》。
⑧ 张栋、张怡：《后危机时代中亚五国贸易和外商直接投资发展：回顾、比较和展望》，《金融发展评论》2017年第8期。

国家进行直接投资合作是一种竞争性风险。

二 丝绸之路经济带沿线核心区域国家政治领域的优先合作关系

哈萨克斯坦政治领域外交的首要优先国家是俄罗斯，哈萨克斯坦与俄罗斯战略伙伴关系在近年来继续稳步发展，在对外政策上继续保持高度的协调一致。哈萨克斯坦积极支持俄罗斯推动独联体一体化，是欧亚经济共同体、集体安全条约组织和关税同盟的主要国家。2014年10月，哈萨克斯坦通过哈俄21世纪睦邻友好同盟条约，该条约将加强两国在热点问题上的政治对话，强化两国在经贸、交通走廊建设、合理使用水资源、军事技术领域及人文领域的合作①。政治领域美国也是哈萨克斯坦多元平衡外交的重要方向，双方在阿富汗问题、中亚地区安全问题、防扩散问题、禁毒问题上紧密配合。哈萨克斯坦与欧盟1999年签署的合作伙伴协定是发展双边关系的基础。2012年7月，哈萨克斯坦与欧盟理事会关于哈欧扩大合作伙伴关系新协议第三轮对话会在阿斯塔纳举行。哈萨克斯坦与欧洲合作关系不断加强。哈萨克斯坦和中国友谊源远流长，两国在经贸投资领域不断发展。吉尔吉斯斯坦把俄罗斯看作自己重要的战略伙伴和安全依托，同俄罗斯在政治、军事、人文等领域保持密切联系。吉尔吉斯斯坦政治领域奉行平衡、务实的外交政策，重视发展对美国关系，在反恐等国际问题上与美国保持合作关系；重视与欧洲安全与合作组织和欧盟的关系。塔吉克斯坦独立以来一直视俄罗斯为主要战略伙伴，塔俄盟友关系稳定发展。塔吉克斯坦与美国关系发展较快，两国交往日趋频繁，安全、禁毒、边防等领域合作密切。塔吉克斯坦重视发展与欧盟国家的经济合作，积极争取其对塔吉克斯坦投资和援助。塔吉克斯坦重视发展与伊斯兰国家关系，并积极发展与波斯语国家的关系。乌兹别克斯坦与俄罗斯在政治、经济、安全等各领域联系密切，双方人员来往频繁。乌兹别克斯坦已经是联合国、欧洲安全与合作组织、伊斯兰会议组织、不结盟运动、上海合作组织、中亚合作组织等国际和地区组织成员，已加入IMF、WB、EBRD、ADB以及伊斯兰银行等国际金融组织。乌兹别克斯坦优先与独联体各国发展双边关系，尤其

---

① 贺宁华：《丝绸之路经济带建设中国际势力纷争及风险防范》，《求索》2016年第8期。

在经贸领域开展合作，积极加入独联体自由贸易区。乌兹别克斯坦与美国的关系自"9·11"事件后发展迅速，乌兹别克斯坦对美国军事合作要求回应积极，开放领空、领土，提供机场、军事基地，公开支持美国军事打击伊拉克，"安集延"事件后，美国提出由国际社会对该事件进行独立调查，对乌兹别克斯坦实行经济制裁，使乌美关系受到了较大的影响。近年来，乌美关系有所缓和，交往频繁，军事领域合作得到加强。乌兹别克斯坦将发展与欧洲国家关系视为本国对外关系重点之一。土库曼斯坦奉行积极中立和对外开放的外交政策，主张在平等互利原则基础上发展与所有国家的友好合作关系，积极参与国际事务，加入了联合国、独联体（联系国）、欧洲安全与条约组织、不结盟运动、中西亚经济合作组织、伊斯兰会议组织、国际货币基金组织、世界银行、亚洲开发银行等40余个国际和地区组织，但是土库曼斯坦优先合作的伙伴是俄罗斯，发展合作领域不断扩大；其次优先合作的国家是土耳其，由于在民族、宗教、语言上有共通之处，土库曼斯坦与土耳其关系密切。丝路沿线中亚国家政治领域的优先合作伙伴关系在经济合作过程中必然产生深刻的影响，尤其在一些大型项目的投资合作过程中经常受到这些势力的影响，对政治领域合作不深刻的国家开展经济活动极具限制，是这些国家对外直接投资面临的严重竞争性风险和制约性风险。

三　丝绸之路经济带沿线国家优先合作发展较好的企业及其发展经验

以欧美为主的对外直接投资已经发展了一百多年的时间，在对丝路沿线的核心国家的投资中，这些国家的企业在资源领域的投资中经验丰富，资金雄厚，同时在别的投资领域由于技术先进，竞争力量强大，是我国企业面临的重要竞争对手，在直接投资的过程中要充分了解丝路沿线核心国家的其他外国直接投资合作企业，探析其优先合作成功经验，做到知彼知己，扬长避短，才能降低中国企业直接投资的行业竞争风险，提高直接投资的成功率和收益率。

（一）丝路沿线主要国家来自欧美发达国家及俄罗斯的国际知名跨国公司

在乌兹别克斯坦境内进行油气开采公司有俄罗斯卢克公司和天然气工业公司、韩国天然气公司、马来西亚国家石油公司；汽车制造领域有美国通用、日本五十铃、MAN 汽车公司；英美烟草公司直接投资。哈萨克斯坦的最大外资采油企业是美国的"田吉兹—雪弗龙"公司，该公司年产原油占到哈萨克斯坦原油总开采量的近 40%，比哈萨克斯坦本国最大的石油企业"哈萨克国家石油天然气股份公司"所占比值还要高。吉尔吉斯斯坦大型企业"库姆托尔"金矿公司，加拿大卡梅柯公司持有 67%的股份，吉尔吉斯斯坦政府持有 33%的股份，年产值约占吉尔吉斯斯坦当年 GDP 的 10%，其产品则占吉尔吉斯斯坦出口总额的 40%左右，是吉尔吉斯斯坦政府收入主要来源。吉尔吉斯斯坦从事民航经营的 14 家航空公司中，外航企业 7 家，分别是：俄罗斯国家航空公司、俄罗斯普科沃航空公司、中国南方航空公司、英国 British Mediteranean Airways 航空公司、塔吉克斯坦 Tochikiston 航空公司、土耳其 urkishAirlines 航空公司、乌兹别克斯坦航空公司。

（二）发达国家优先合作企业的成功发展经验

这些有优先合作的企业，为了更好地发展，经过摸索形成一些行之有效的方法，主要从人才和资金方面入手，给东道国提供优惠和帮助。在人才领域，美国等国家实施了一系列的优惠政策，吸纳该地区的人才，提供培训和研究机会，建立纽带，增进友好关系，扩大投资合作。例如：2011—2012 年，哈萨克斯坦与美国 Thomson Reuters、德国 Springer 和荷兰 Elsevier 签署了相关协议，为哈萨克斯坦研究人员获取国外科技信息资源敞开大门。土库曼斯坦高度关注产品售后服务和本国技术人员培训，在土开展业务，俄罗斯卡玛斯公司、美国约翰迪尔公司均在土设有售后服务中心（维修中心），并定期对土方员工进行技术和专业培训。这种做法不仅赢得了土方的信任，更为今后合作奠定了基础。在资金领域提供更加优惠的扶持措施，通过低息贷款、无息贷款、国际援助等方式给对方国家提供资金帮助和扶持，以巩固两国良好的关系，为企业直接投资铺平道路，降低风险①。

四 优先合作关系所产生的竞争性风险防范策略

（一）关注丝路沿线国家各种风险用好丝路基金

丝路基金是 2014 年由我国国家主席习近平宣布成立，是为支持

---

① 资金领域的扶持在前面的国际援助部分已经阐述，这里不再赘述。

"一带一路"发展建设而设立的专项基金,在促进丝路沿线发展的同时也寻求投资机会①。首期出资100亿美元②,2015年进行首笔投资。丝路基金发展的宗旨是对接、效率、合作、开放四项原则:对接原则是指与沿线各国的发展战略和规划相衔接,致力于基础设施等领域合作;效率原则是指丝路基金的资金都有相对应的人民币负债,确保投资的合理收益;合作原则是丝路基金必须在中国和投资目的地法律框架内运行,遵守金融行业国际惯例;开放原则是指丝路基金初期由中国外汇储备等四家③公司共同出资,但是运作成功之后欢迎其他有志于此的国际金融机构、投资公司加入④。

在运用丝路基金的过程中,应该密切关注各国的政治、经济风险。由于大国博弈等因素造成的地缘政治动荡,国别政治经济风险不断增加,企业一般对政治风险不敏感,对长期经济风险缺乏了解。因此,在运用丝路基金的过程中应该建立专业团队持续跟踪丝路沿线国家政治经济发展,对那些存在很大的不确定性国家的投资项目要更加严格论证,加强对项目所在国政治经济形势长期跟踪研究,避免决策风险的发生。例如,2009年中国公司投入巨资在缅甸的密松水电站项目,2011年由于缅甸政局突变项目无限期搁置,使中方企业遭受巨大资金损失。

(二) 借鉴国际经验用好亚投行

亚洲国际基础建设投资,融资缺口巨大,亚投行的建立重要意义就在于扩大基础建设投资的同时增强外汇储备的盈利能力⑤。根据《亚投行章程》将按1000亿美元的法定资本金由创始成员国认缴,认缴的比例以国家GDP在区域内的比重为依据⑥。丝路经济带建设中,如何用好

---

① 《丝路基金起航 高管团队堪称豪华》,《第一财经日报》2015年2月25日第A06版。
② 首期资本金100亿美元中,外汇储备通过其投资平台出资65亿美元,中国投资有限责任公司、中国进出口银行、国家开发银行也分别出资15亿美元、15亿美元和5亿美元。
③ 丝路基金初期本金是由中国外汇储备、中国投资有限责任公司、中国进出口银行、国家开发银行共同出资。
④ 贾瑛瑛、孙芙蓉:《实现金融关键改革新突破——人民银行负责人谈金融业热点》,《中国金融》2015年第6期。
⑤ 廖中新、蔡栋梁、高菲:《亚投行运营模式及其发展前景》,《财经科学》2016年第3期。
⑥ 本刊编辑部:《〈亚投行章程〉出炉 法定资本千亿美元》,《中国总会计师》2015年第5期。

亚投行是其关键所在，由于亚投行建立不久，同时缺乏经验，在发展过程要注重借鉴国际金融机构的运作模式，控制风险，繁荣发展。国际上可供借鉴的经验包括国际复兴开发银行、亚洲开发银行等。

国际复兴开发银行贷款形式：项目贷款，占贷款总额一半以上，主要是能源、交通领域；部门贷款、针对某部门提供的贷款；结构调整贷款，调整宏观经济体制改革；技术援助贷款，为提高借款者业务管理水平实施贷款目标；紧急复兴贷款，解决因自然灾害所造成的困难。贷款的业务程序：项目选定，世界银行和借款国商定该国最优先发展的项目；项目准备，借款国必须对选定的项目从技术、组织机构、经济财务作出可行性研究；项目评估，世界银行接到申请组成专家小组到实际考察，提出初步建议；项目谈判，经过评估，世界银行与政府就贷款谈判，达成并签署协议，在联合国登记；项目执行，借者负责执行，贷者监督和建议；项目总评，世界银行对其援助的项目进行总评，总结经验。

亚洲开发银行贷款种类按条件不同来划分硬贷款和软贷款，前者资金来源是亚投行普通资金，后者资金来源是亚洲开发基金；前者利率浮动每半年调整一次，后者不收利息，仅收1%的手续费，10年宽限期[①]。除硬贷款和软贷款之外还有一款产品就是赠款，由援助特别基金提供，用于技术援助。按贷款方式分类：项目贷款，为具体项目提供的贷款；规划贷款，对优先发展的部门提供资金；部门贷款，对于项目有关的投资进行援助形式贷款，考虑整个部门，满足被选择部门贷款的需要；开发金融机构贷款，通过成员国的开发性金融机构进行间接贷款；综合项目贷款，对较小的贷款成员国，将一些相互补充的小项目结合为一个项目提供资金；特别项目执行援助贷款，为应对亚洲开发银行贷款项目在执行过程中遇到未曾预料的困难提供的特别援助贷款；私营部门的贷款和股本贷款，支持发展成员的私营部门。

这些国际金融机构运作时间长，或者贷款程序完备，或者贷款项目设置严谨，成功经验值得我们借鉴。因此，无论丝路基金还是亚投行要成功发展就要积极学习先进经验，借鉴国际金融机构成功发展经验，健

---

① 常抄、朱凌云：《政策性资金在我国城市水业设施建设中的作用与挑战》，《给水排水》2006年第8期。

康运行。加强中国与丝路沿线国家合作伙伴关系,提升中国与丝路沿线国家优先合作关系,促进对丝路沿线国家的直接投资良好发展。

(三) 借鉴国际经验做好国际发展援助

国际发展援助是指高收入国家面向低收入国家提供资金、技术等方式以帮助其发展经济的行为,是以两国良好的政治关系为前提①。国际发展援助方式多种多样,援助组织也五花八门,涉及社会经济的很多领域。过去,中国作为发展中国家接受国际援助,为中国提供发展援助的国际组织可以分为四大类,即联合国系统、国际金融机构、双边援助机构和国际非政府组织。联合国系统和非政府组织主要提供无偿发展援助,国际金融机构以贴息或低息贷款以及普通商业贷款为主,而外国政府的发展援助多为无偿技术援助,但要求本国政府进行财政配套。援助主要提供低息、无息贷款,无偿赠与占比很小。今天,在丝路经济带建设过程中,中国应该加强对外政府援助,通过对外有目的、有计划地对丝路沿线国家提供发展援助,建立良好的经济关系,加强中国与丝路沿线国家的合作关系,降低丝路沿线国家优先合作伙伴的比较优势,降低对外直接投资风险。根据国际经验,国际发展援助重要形式之一就是政府贷款,政府贷款是一国政府向另一国政府提供的优惠贷款,具有双边援助性质。政府贷款具有政治因素和限制因素,是以两国良好的政治关系为前提,配合外交活动的一种经济手段。政府贷款利率低,计息贷款利率一般为1%—3%,无息贷款只收取一定的手续费(一般小于1%);还款期限一般为5年、10年、20年、40年且有一定的宽限期(宽限期是指贷款期限内不必还本息或只付息不还本金的时间,在贷款年限中可前置、可后置)。借鉴OECD②的规定,援助应该大于0.7%的国民生产总值,主要用于基础设施、环境保护等非营利项目;若用于营利项目,则贷款总额有一定的限制。因此,借鉴国际经验,合理制订中国政府对丝路沿线国家的政府援助贷款计划,以此为外交手段,促进中国与丝路沿线国家的友谊,加强合作伙伴关系,提升中国与丝路沿线优先合作关

---

① 王蕊:《国际发展援助经验对我国援外工作的借鉴》,《国际经济合作》2012年第8期。

② OECD组成国,包括澳大利亚、奥地利、比利时、加拿大、丹麦、芬兰、法国、德国、意大利、日本、荷兰、新西兰、挪威、瑞典、瑞士、英国、美国、欧盟等。

系，促进对丝路沿线国家的直接投资良好发展。

（四）借鉴国际经验加强国际经济协调

国际经济协调是指在国际分工高度发达的基础上，各国为了解决涉及彼此间在国际经济利益方面的矛盾与问题，保障世界经济按比较正常的秩序进行，由各国政府出面通过一定的形式，对国际经济活动采取联合干预，管理和调节的行为。在市场经济中，当市场调节失灵时，就要加大国家干预，但在国际经济关系中，国家干预也会失灵，此时只有加强国际经济协调，才能促进世界秩序按照合理的方式推进。在丝路经济带建设过程中，沿线国家经济关联度提高，实现经济均衡发展的对外依赖性增强，当存在外部利益障碍或政策协调的外部干扰时，国际经济协调意义重大。主要有：

（1）国际货币基金组织的协调作用。汇率监督，主要检查会员国与其他国家在汇兑问题上是否进行合作，汇兑秩序是否良好以及汇率制度的稳定性方面；资金支持，该组织设有多种贷款，根据不同的政策向会员国提供贷款，是协调经济的一部分；常规协商，该组织设置了一个常设机构，便于就货币问题进行商讨与协作，原则上每年与会员国进行一次协商，对会员国的经济、金融、政策做出评价有助于基金组织了解会员国的经济发展，迅速处理会员国的贷款申请。向会员国提供技术援助，帮助会员国设计和实施有关政策，建立或实现机构职能的现代化，从而提高该组织所支持的各项方案的有效性，除传统的技术援助外还涉及税收体系、中央银行业务、货币政策、汇率体系和经济统计的设计和运行。

（2）世界银行的协调作用。减少贫困，包括对发展中成员国提供长期贷款，通过政策指导和资金支持，帮助债务穷国摆脱债务危机；协调工作向更广阔的部门推进，协调世界银行集团内部的活动，协调与非政府组织的关系，协调与国际经济机构的合作，协调与非洲银行、亚洲银行、美洲银行等地区开发银行的合作关系。

因此，在丝绸之路经济带建设中，加强国际经济协调，协调不同利益集团存在的问题，缓解矛盾，加强中国与丝路沿线国家合作伙伴关系，提升中国与丝路沿线国家优先合作关系，以降低直接投资风险，促进对丝路沿线国家的直接投资良好发展。

第四节　中国企业对丝绸之路经济带直接投资面临的区域风险及防范

区域风险是一个宽泛的概念，主要包括自然的或者人为因素形成的该区域对直接投资产生较大影响的风险。丝绸之路沿线区域风险主要包括以下几个方面。

一　国家的边界问题和飞地问题致使摩擦不断

（一）边界划分不明确致使摩擦不断

国家的边界问题和飞地问题引发的矛盾在丝绸之路沿线中亚国家表现得特别突出，以中亚国家为例，苏联解体后，中亚国家之间边境划分不明确，边境摩擦日益增多。中亚这些国家独立初期对边界问题争端不大，但是在这些国家为应对因经济不景气产生的毒品走私等问题而加强对边界的管理时，因边境问题引发的争端不断出现，其中哈萨克斯坦因为面积较大，边境较长，面临的冲突较多，目前哈与乌兹别克斯坦、土库曼斯坦之间因为南哈萨克斯坦州和曼格什拉克的归属产生严重分歧，冲突时有发生；哈与吉尔吉斯斯坦两国在关于阿拉木图、塔尔迪库尔干州和伊塞克湖州之间的边界划分争端不断出现。另外，边界争端问题较多的国家是乌兹别克斯坦，除与哈萨克斯坦之间的争端之外，乌与塔吉克斯坦之间关于撒马尔罕以及布哈拉之间的归属问题争端持续；乌兹别克斯坦与吉尔吉斯斯坦之间矛盾由来已久，独立初期两国之间部分国界未清楚划分，其中两国民众关于牧场的争夺、水资源的争夺、耕地的抢夺以及关于奥什州归属问题引发的冲突持续不断，即便是短期平静，但是根深蒂固的矛盾[①]难以解决。

（二）飞地的存在使矛盾不断产生

苏联时期区际界线不是按山川自然走势划界，而是人为地进行政区划分，因此中亚国家之间的飞地是在苏联解体之后，中亚各国相继独立

---

① 吉尔吉斯斯坦南部的奥什州和贾拉拉巴德州与乌兹别克斯坦毗连，随着当地俄罗斯人的迁出和吉尔吉斯斯坦人逐步向国家的中部和北部集中，乌兹别克族在民族成分中占据了优势地位。这两个州的大部分商贸业由乌兹别克人控制和经营。

之后出现的特殊状况。这些飞地存在的特点是不同国家之间互有飞地,飞地的面积大小不一。例如,乌兹别克斯坦在吉尔吉斯斯坦的飞地索赫(Sokh, So´x)面积325平方千米,是最大的一块飞地,该飞地目前由吉尔吉斯斯坦控制;相应的最小飞地卡拉恰(Qalacha, Kalacha)面积不足1平方千米,中间的撒希马尔(ShakhimardanShah-i-Mardan)面积90平方千米。同样,吉尔吉斯斯坦在乌兹别克斯坦也有两块飞地,其中沃鲁赫面积达130平方千米,而西凯拉哈奇面积不足1平方千米;其他国家如塔吉克斯坦在乌兹别克斯坦的飞地萨万(Sarvan)面积15平方千米等。飞地的存在使边境问题愈加复杂,同时与飞地相关的民族问题也愈加突出。因此,中亚国家边境冲突问题根深蒂固,不是很快能解决的,边境冲突造成社会不安,影响直接投资,使对外直接投资面临较大的风险。

二 水资源短缺引发的分水不均对地区安全影响深远

(一) 上下游国家分水不均引发的冲突给中国直接投资带来影响

上下游国家分水不均引发的矛盾在丝绸之路沿线区域国家表现突出,一个是西亚,西亚两条著名的河流幼发拉底河和底格里斯河,流经西亚很多国家,土耳其在其上游,修建了22座水坝,19座水电站,分水不均是西亚仅次于石油之外的易于引发冲突的因素。另一个因分水不均易于引发冲突的区域就是中亚国家,中亚主要的河流锡尔河和阿姆河流经国家较多,影响较大。首先发源于天山山区西部的锡尔河,作为中亚最长的河流(3019千米),流域面积广阔,沿途所滋养的费尔干纳和塔什干绿洲是中亚绿色文明的宝库,是中亚经济发展所依存的基础;阿姆河全长2394千米(含上游喷赤河),该河流的特点是水位落差较大,水利资源丰富,目前已建成的努列克水电站是中亚目前最大的水电站。中亚水资源问题的核心就是上下游国家之间分水不均,这两条从东往西流,吉尔吉斯斯坦和塔吉克斯坦就在河的上游,哈、土、乌在下游,处于上游的国家不断兴修水利,建造堤坝拦截蓄水,处于下游的国家无水可用影响严重,这种矛盾不仅是上游国家与下游国家的普遍矛盾,更表现为相邻的上下游国家之间激烈的冲突。矛盾问题最突出的是乌兹别克斯坦与其相邻的上游两个国家吉尔吉斯斯坦和塔吉克斯坦,塔吉两国在上游不断修建水利设施,夏天蓄水,冬天为取暖而放水发电,这种行为的结果是下游的乌兹别克斯坦冬季大片棉田成为湿地,但是夏季在棉花生长期却干旱缺水,为解决此问题,乌兹别克斯坦在两国边境军事演习夺取或者炸毁水坝等,两国之间因为分水不均甚至引发军事冲突[①]。当然,这种分水不均的结果也使上下游国家双方受害,乌作为棉花主产区,棉田冬湿夏干,水热不同季,产量大减损失严重;塔吉两国因为乌停止供应天然气,冬季发电不能满足取暖需要,人们也在挨冻受冷。吉、塔两个上游国家从未停止水电站的修建。中亚各国在水资源问题上与邻国深刻的矛盾,其负面影响是不可低估的。目前跨境河流水资源利用问题成了阻碍乌兹别克斯坦与吉尔吉斯斯坦、塔吉克斯坦两国政经关系发展的重要因素之一。在对外直接投资过程中中国企业经常受到影响,例如2014年1月塔吉克斯坦与乌兹别克斯坦水资源争端造成通过乌方领土的过境货物受到限制。

(二) 中亚各国分水不均影响到咸海生态危机而激发国家之间矛盾

锡尔河、阿姆河这两条大河最终注入中亚最大的湖泊——咸海,咸海生态危机给整个中亚地区都带来了危害,面对咸海生态危机,塔、吉两国认为谁受害、谁治理;而哈、乌、土三国则认为该问题根源在于上游过度用水,使注入咸海的径流量减少,因此咸海的生态治理应该由两条河流流域内国家共同出资进行治理[②]。实际上双方各执一词,互不相让,却没有国家对咸海生态危机负责。相反的是为争夺有限的水资源,各国不惜重金修建堤坝,将河水蓄在自己国家内部以方便生产生活,这种人人利己的行为使注入咸海径流量减少,咸海水位不断下降、咸海生态环境更加恶化。在早些年,咸海就已经缩小为位于哈萨克斯坦的小海和位于乌兹别克斯坦的大海,哈采取了种种措施增加小海的注入流量,小海水量增加,生态环境改善,鱼类生态系统恢复,但是哈为了防止小海的水流入大海在2005年建成13千米长的科卡拉尔水坝,阻断了咸海两部分的流通;相应地乌兹别克斯坦对这个大坝的修建非常不满,同时关于大海生态恢复方面,乌、哈以及

---

① 杨恕、王婷婷:《中亚水资源争议及其对国家关系的影响》,《兰州大学学报》(社会科学版) 2010年第9期。

② 同上。

流域内的国家无法达成有效的协议,大海水面持续下降,生态危机依然严重①。种种矛盾根源是水资源不足,每个国家都想利用和占有水流资源,但对咸海生态环境不愿注资改善,咸海的生态关乎中亚整体命运,这种矛盾协调不好,随着人口增加、经济发展对水资源的更大需求,矛盾将随时有继发的可能性。

三 里海石油争夺长期持续将引发地区动荡不安②

里海是亚欧大陆交汇处的咸水湖泊,海岸线长达7000多米③。在苏联没有解体之前,里海周边的国家只有两个,一个是苏联,另一个是伊朗。这时候的里海是公认的存在于两国之间的湖泊,之所以叫里海是因为其面积广大(37.4万平方海里),含盐量高以及水色深蓝沙滩广布等原因。苏联解体之后,里海周围出现五个国家与之接壤,其中中亚哈萨克斯坦在其东北边缘,土库曼斯坦位于其东南边缘,西南与西北分别是阿塞拜疆和俄罗斯,正南部边缘是西亚的伊朗。自从里海发现具有丰富的石油资源,储量为1500亿—2000亿桶,仅次于海湾地区,被认为是21世纪的"第二个波斯湾",沿岸国家间为争夺石油资源开始了对里海划分的争议。其中里海周边的俄罗斯、阿塞拜疆以及哈萨克斯坦三国周边里海水域目前探明油气资源丰富,因此这三个国家坚持里海就是海洋,根据海洋公约,依据靠近所在国的原则对里海及海底进行划分,这样三国可以获得丰富的石油资源;另外,伊朗和土库曼斯坦因为目前周边水域探明石油含量较少,因此坚持里海就是湖泊,根据国际公约,里海资源是周边国家共享,任何在里海开采资源的国家都要得到其他国家的认可才可进行④。综上所述,里海是海还是湖的争论本质是对里海石油资源的争夺。目前,俄主张的里海沿岸五国通过双边协商解决纠纷的主张取得了主动权。里海是里海沿岸五国的里海这种理念受到各国的支持,但是里海划界任重道远,丰富的石油、极其重要的战略地位使这里不安全因素将持续很长时间。

---

① 杨恕、王婷婷:《中亚水资源争议及其对国家关系的影响》,《兰州大学学报》(社会科学版)2010年第9期。
② 西亚石油引发的冲突国内学者已做过深刻研究,这里不再赘述。
③ 道明:《里海问题的历史与现实》,《国际资料信息》2011年第12期。
④ 孙岩冰:《里海峰会 意在言外》,《中国石油石化》2007年第11期。

丰富的石油资源不仅使里海周边国家之间矛盾重重，更主要的是吸引国际势力的插手，区域安全问题变得愈加复杂。里海地区近代史上就是俄罗斯同土耳其、伊朗激烈争夺的"战略要地"，今天除美国的介入外，英国、日本和一些欧洲国家及海湾国家纷纷向该地区施加影响，围绕争夺里海巨大油气资源的斗争将是该领域长期的主体，冲突不可避免。尤其是俄美里海石油博弈将长期持续。里海石油开发初期，俄罗斯占有绝对的领导和支配地位，控制里海石油出口管线。但是2005年随着巴杰石油管线的开通，这条以美国主导的石油出口管线打破了俄罗斯里海石油出口的垄断地位，为此，俄罗斯更新里海舰队设备，不断进行演习，强调自己在该领域的领导地位；另外，美国为维护自己在中亚的石油利益，采取多种措施和手段，例如吸引里海沿岸国家加入以美国为主的西方经济体以对抗俄罗斯对这些国家的经济控制，通过加大援助力度、政治领域高层沟通、军事领域加强合作来稳固自己的地位，确保美国的利益。总之，里海丰富的石油资源如同西亚的石油一样，在带给地区财富的同时，也增加了地区不安全因素，只要里海石油资源没有开采完，这种不同利益集团的冲突就不可避免，区域安全也没法保证。

四 区域风险的防范措施

丝绸之路沿线国家飞地问题、边界问题、水资源问题、石油资源争夺问题长期存在，这种区域内部的矛盾引发的风险是持续和长久的，这类风险虽然不直接影响对外直接投资，但是这类风险诱发的难以估计的问题经常会实实在在地影响对外直接投资的运行，因此在对丝路沿线国家直接投资过程中，时刻关注这些矛盾的变化，避免在矛盾区域投资设厂；无法避开风险区域的，要积极预测其可能诱发的风险，做到早发现、早预防，避免陷入被动局面。具体项目投资领域，中国对外直接投资中，水电类工程项目众多，东道国与邻国的有关水资源方面争端，是中国企业参与相关项目需要充分注意的因素，多方论证，权衡利弊，将风险降到最低。

第五节　中国企业对丝绸之路经济带直接投资面临的自然风险及防范

丝绸之路沿线核心地区，地域辽阔，地理环境复杂，自然环境严酷，有的国家沙漠覆盖率高，有的国家山地面积大，有的国家昼夜温差大，有的国家严寒区域时间长、面积大，有的国家保护区广布，在该区域直接投资面临的自然区位风险有些甚至是难以克服的，对对外直接投资产生实质性障碍风险。具体来看，丝绸之路经济带沿线主要面临的自然风险如下：

一　山地、高原、荒漠广布引发的交通困难给对外直接投资带来实质性障碍

丝绸之路经济带沿线国家或者山地广布导致交通非常困难，或者地处高原人迹罕至，或者荒漠广阔渺无人烟，给该地区直接投资带来实质性障碍。在丝绸之路经济带的中国—中亚—西亚经济段，这条路所覆盖区域自然环境恶劣，其中对直接投资影响最大的问题是该区域荒漠高原山地广布，荒漠区长达3060千米，这里不但荒漠广布，而且以高原山地为主要地貌。西亚地区四大高原，东部是伊朗高原，西部是亚美尼亚火山高原、安纳托利亚高原，西南部是阿拉伯半岛台地高原，在这些高原的边缘分布着高大的山脉。该领域适合人们生产生活的面积很小，区域内文明所在的平原绿洲地区更像广袤荒漠高原山地中的绿色点缀。在中亚地区，地貌更是以高原山地冰川荒漠相映，著名的帕米尔高原在塔吉克斯坦境内，该高原北部有阿赖及外阿赖两座平行山脉，其中阿赖山脉又派生出突厥斯坦山、泽拉夫尚山和吉萨尔山三座山脉，阿赖山的东部就是险峻的天山，天山汗腾格里峰西面有吉尔吉斯斯坦和捷尔斯克依阿拉套两座山脉；哈萨克东部边沿有阿尔泰山、塔尔巴哈台山、阿拉套山山脉。中亚地区山系广布，地势高起因此冰川广布，区内4000多条冰川，经常出现山上冰川、山下荒漠的地质奇观。塔吉克斯坦国土面积14.3万平方千米，境内山地约占国土面积的93%，有"高山国"之称。交通问题一直是塔吉克斯坦开展经贸合作的制约因素。中塔唯一陆路口岸

位于海拔4000米以上高原,受气候、地理条件限制,只有半年通关时间,过货量小,利用率不高。目前中塔大宗货物贸易主要绕行吉尔吉斯斯坦、乌兹别克斯坦、哈萨克斯坦等国,时间长,成本高,手续复杂,受邻国牵制很大。吉尔吉斯斯坦国土面积19.99万平方千米,为典型的内陆高原山国,境内1/3地区海拔在3000米以上,90%的领土在海拔1500米以上,交通困难给直接投资和贸易带来严重的影响。

二 干旱缺水与极端气候条件给生产带来实质性风险障碍

丝绸之路沿线核心区域气候主要特征是干旱和大陆性强,降水稀少,以丝绸之路的中国—中亚—西亚经济走廊为例,这里干旱少雨,绝大部分地区年降水量200毫米以下,蒸发量大,除山地附近一般降水不超过500米。因此沿途荒漠广布,沙漠面积广大,生态极其脆弱,给该区域直接投资带来实质性的风险。其中西亚地区热带沙漠和亚热带沙漠气候覆盖巨大,面积广阔的沙漠主要是以内夫的和鲁卜哈沙漠,有的沙漠区数年一滴雨没有;广布的荒漠区年降水量不足100毫米,植物难以生长。中亚地区更是远离海洋,处于大陆腹地,周边高山、高原广布,印度洋、太平洋的暖湿气流难以到达,因此该区域以温带沙漠、草原的大陆性气候为主。从哈萨克斯坦的北部地区到土库曼斯坦的南部地区,典型的特征是雨水稀少,气候干燥,极度干旱、贫瘠、缺少植被,除低山地区年降水量较多(特例是帕米尔的年降水量仅60毫米)[1],其他地区如克孜尔库姆沙漠、卡拉库姆沙漠荒漠[2]等,年降水量仅为75—100毫米。另外,该地区光照充分,蒸发量又非常大,每年每平方厘米的地面可获10—13平方万卡的日光热量。中亚北纬40摄氏度地方夏季所获阳光照射量几乎等同于热带地区。因此该区域地貌处于从台地到丘陵到草原到半荒漠再到荒漠的过渡地带。例如,哈萨克斯坦国土面积272.49万平方千米,但是境内沙漠和半沙漠区域占地面积高达60%。

---

[1] 在哈萨克斯坦,草原覆盖在长1200千米的哈萨克丘陵和长达630千米的图尔盖谷地,海拔在300米左右。由于受到北冰洋湿气影响,比起中亚腹地的荒漠要湿润一些。
[2] 阿姆河和卡拉捷詹河之间的卡拉库姆沙漠(35万平方千米)和阿姆河与锡尔河之间的克孜尔库姆沙漠(30万平方千米)是中亚最大的沙漠,地势平坦,海拔均在300米以下,大部分为沙垅、龟裂地,间有闭塞的洼地和孤山。

土库曼斯坦面积49.12万平方千米，但是卡拉库姆大沙漠约占80%的国土[①]，该国除里海沿岸地区和山地以外，属典型的大陆性气候，冬冷夏热，春秋短促，干旱少雨。年平均降水量在95毫米（加拉博加兹戈尔湾）—398毫米（科依涅—克希尔山区）之间。塔吉克斯坦也属典型大陆性气候，冬、春两季雨雪较多，夏、秋季节干燥少雨，年降水量为150—250毫米。乌兹别克斯坦更是典型的内陆国家，自身没有出海口，其五个邻国也没有出海口[②]，乌兹别克斯坦属严重干旱的大陆性气候，境内70%为荒漠、半荒漠，气候特点是冬季寒冷，雨雪不断；夏季炎热，干燥无雨，在河谷和山麓平原地区形成费尔干纳、泽拉夫尚、塔什干和饥饿草原等绿洲，是灌溉农业发达的地区。平原年降水量90—580毫米；山区年降水量460—910毫米。降雨季节主要在秋冬季，昼热夜凉明显。

丝绸之路沿线核心区域除干旱缺水自然风险之外，极端气候也是对外直接投资的重要制约因素。丝绸之路经济带中蒙俄经济走廊，该区域直接投资最大的自然风险是严寒区域面积广阔，距离长达2300千米，致使在这个路段过境运输的贸易车辆或者在此直接投资深受影响，这里不但严寒面积地域广阔，有些严寒地段持续时间非常长，可达半年之久，对在此地投资生产运输及生活影响巨大。丝绸之路的中国—中亚—西亚经济走廊，气候比较温和的是土库曼斯坦，全国年平均气温0℃以上；塔吉克斯坦1月平均气温-2℃，7月平均气温为23—30℃。夏季最高气温可达40℃，冬季最低气温-20℃。在乌兹别克斯坦，1月平均气温-10℃（北方）和-3℃（南方），最冷时，地面最低温度可达零下20—30℃；7月平均气温26℃（北方）和32℃（南方），最热时，地面最高温度可达40—44℃。但是在哈萨克斯坦，北部地区冬季严寒，有半年的冰雪期，最低气温达到-40℃左右，常年冬季温度在-10℃——20℃，更糟糕的是哈萨克斯坦白天和晚上温差幅度很大，大部分地区白天最高气温与夜晚最低气温之间可相差20—30℃。哈萨克斯坦冬季严寒，施工条件恶劣，防冻保暖将会使施工成本成倍增加。哈萨克斯坦建筑业规定，当室外气温低于-20℃时，不允许生产混凝土。随着交通

[①] 李娟娟：《汗血宝马的故乡——土库曼斯坦》，《石油知识》2017年第4期。
[②] 黄婧：《中国与乌兹别克斯坦共谱经贸合作新篇章》，《中亚信息》2011年第5期。

技术的进步，人们对自然风险的防范能力不断提高，因此，在对外直接投资过程中人们往往更多地关注其他人为风险因素，对自然环境的气候以及地貌的影响因素估计不足；另外，我国大部分地区气候温和，地貌环境较好，很多投资者根本想象不到恶劣的气候条件对生产的影响有多么严重，因而经常低估这一方面的风险，但是实际中有的地方因地貌气候等因素使工作十分艰苦，最后经常面临生产生活中根本无法解决的问题，加大对外直接投资风险。

三 近三年丝绸之路沿线国家发生的重大自然灾害

中国与丝路沿线国家经济合作面临的自然灾害风险主要包括地震、暴雨、滑坡、高温及火山喷发。这些自然灾害发生突然，对经济合作产生较大影响，近三年发生的典型自然灾害如下：2016年8月，中尼边境地区距吉隆口岸二三十千米的尼泊尔一侧多次发生泥石流和山体滑坡现象，造成陆路交通被阻，通信中断，多人受伤，数百人滞留，每年7月至9月是尼泊尔的雨季。2015年4月25日，尼泊尔发生8.1级强烈地震，导致许多房屋倒塌损毁。2014年8月2日，尼泊尔邻近中国边境地区突发山体滑坡，24座房屋被覆盖，多人遇难，坍塌甚至将一条河流截断。山体塌方导致尼泊尔通往中国樟木口岸的道路中断，该公路是中尼物资运输与游客通行的主要通道。2016年6月23日，巴基斯坦《论坛快报》报道，由于冰川融化加快，塔贝拉大坝2016年蓄水量已较往年多出20%，季风雨将继续提高大坝水位，给大坝下游群众带来严重威胁。2016年5月16日巴气象局发布高温红色预警，部分地区最高温度达50℃。2015年10月28日巴基斯坦《新闻报》指出巴地质学家Umar认为当前发生的地震可能是印度板块和亚欧板块之间"主边界断裂"延伸到巴基斯坦玛格拉山附近产生更高级别地震的信号。2016年4月4日厄瓜多尔《快报》报道，4月1—2日，厄瓜多尔多个省份遭遇高密度强降雨袭击，万余人受到影响，其中13人死亡，733人转移安置，直接经济损失高达300余万美元，民房和学校、公路、桥梁等基础设施均遭到不同程度的破坏。2014年2月据乌紧急情况部信息，乌已连续五日降雪，气温下降幅度较大，塔什干州夜间最低温度近零下20℃，乌中西部努库斯等偏远地区温度超过零下30℃。积雪和低温天气致市内和城市间道路通行困难,安全隐患增加。2013年6月20日据菲律宾《商业世界报》报道,世界银行最新报告指出,由于气候变化对环境的影响,菲律宾将在未来两个十年内面临更加严重的台风天气,最大风速预计提高9%,高于东南亚地区6%的增幅,这将造成更大的损失。菲律宾每年大约遭遇20次台风,任何一次严重的风灾都可能造成数以百计的生命损失和数十亿比索的财产损失。2013年5月7日英国BBC新闻网报道,位于菲律宾吕宋岛南部的马永火山7日突然喷发,导致至少5人死亡[①]。2013年5月12日,缅甸《新光报》报道,源于孟加拉湾东南部的小风暴逐步形成强热带风暴"玛哈森",并向西北方向移动,风速达每小时50—60英里,并在三角洲、莫达马湾、孟邦及丹那沙林沿海形成暴风雨和巨浪。风暴登陆时对若开邦貌都和实兑两地形成重创,风速可达每小时120英里。

四 区域自然灾害风险防范策略

区域自然灾害风险是客观存在的,虽然难以预测,但还是有一定的规律可循,通过对已经发生的自然灾害的调研,总结以往自然灾害频繁发生的国家,充分估计自然风险对直接投资的影响,对外直接投资企业进入这些国家预先做好防范策略化解风险,具体措施如下:在经济合作过程中,如果要选择投资建新厂,要预先对区域自然地理环境进行研究,根据以往灾害发生的规律,避开自然灾害和地质灾害频发区、避开生态保护区,否则投资会惹来很多麻烦甚至关闭企业;若是贸易等短期合作,要注重研究当地气候,从时间上尽量避开严寒、多雨等极端天气风险,尤其是要注意回避历史上极端天气容易出现的月份进行运输和生产;充分估计干旱区域对投资的影响,一些国家在干旱时段水资源匮乏,给生产和工作及生活带来严重的影响,有时因为缺水产生的严重影响几乎是无法解决的,尤其在面对高山、高原、荒漠、沙漠等运输恶劣的条件时,从司机的技术、跟车人员的素质、车辆的性能、季节的选择等方面入手,选择技术过硬的司机、配备性能良好的汽车、选择有经验有能力的跟车人员、避开极端天气,规避风险。

---

① 资料来源:驻菲律宾经商参处。

第六节　中国企业对丝绸之路经济带直接投资面临的疾病风险及防范

中国与丝路沿线国家经济合作不断加强，人员来往密切，尤其是外派人员大幅度增加，在陌生国度，对当地了解很少，一些当地的流行疾病对外派人员伤害严重，风险加大，严重影响外派工作人员的健康和企业的正常运作。

一　丝绸之路沿线国家卫生状况

丝绸之路沿线很多国家卫生事业远不及中国，医疗设施落后，很多中华人民共和国成立后已经消灭的疾病在一些国家大肆流行，给人们的健康造成严重影响，甚至危及生命；一些国家和地区因为信仰的原因对蚊子、蟑螂等"四害"采取众生平等理念，不进行彻底消灭，往往成为疾病流行的根源；还有一些国家经济落后，普通人们生活条件很差，饮用洁净水困难，居住条件避免蚊虫困难，这些给疾病流行提供机会，严重危及人们生命安全。

二　丝绸之路沿线国家疾病流行特点

（一）致命性流行疾病暴发频繁

根据课题调研结果，在丝绸之路沿线国家近三年暴发的流行疾病中，致命性流行疾病频繁暴发，给当地社会居民造成严重的影响，对直接投资外派人员产生极大的身体及心理压力，严重影响正常工作。具体的致命性流行疾病近三年暴发的情况如下。

2017年2月8日，驻利比里亚使馆经商参处消息，利比里亚宁巴州暴发拉沙热（Lassa Fever）疫情，拉沙热病症类似感冒发烧，确诊困难，住院病死率近15%。主要传播途径为通过被感染的老鼠排泄物附着的物体表面（地板、床、食物等）而传播，也可经由直接接触病患，或经病患血液、体液的污染而发生人与人之间的传染。拉沙热疫情在尼日利亚蔓延，死亡人数已达60余人。研究表明在整个西非每年发生30万至50万例拉沙热病例和5000人死亡。总病死率为1%。这种疾病对孕妇影响尤为严重，一旦在妊娠后三个月感染疾病，发生孕妇或者胎儿死亡的概率高达 80% 以上①。

2016 年 1 月 14 日，据亚美尼亚卫生部消息，自 2015 年 12 月底亚型流感病毒（猪流感）疫情暴发以来，疫情状况不断扩散，感染人数不断增加，截至 2016 年 1 月 11 日，急性呼吸道感染就诊人数高达 855 例，其中 177 名患者确诊，截至 2016 年 1 月 12 日，共有 10 人因感染该疾病医治无效死亡。

2016 年 8 月 8 日，巴基斯坦当地媒体报道，信德省、旁遮普省、俾路支省陆续出现刚果热（CongoFever）病例，已有两名患者死亡。据统计，截至 2016 年 8 月巴基斯坦已有 35 人确诊患刚果热，其中 10 名患者死亡，刚果热主要宿主为牛、羊、鸟类等动物，传播途径为蜱虫叮咬，有剧烈头疼、眼红、发烧、周身酸疼和呕吐等症状②。

2016 年 5 月 11 日，厄瓜多尔《商报》报道，曾在 2013 年造成该国百余人死亡的甲型流感（AH1N1）卷土重来。厄卫生部数据显示，2016 年该病毒在厄已造成近 40 人死亡，300 人感染。

中东呼吸综合征（MERS）是由新型冠状病毒引起的疾病，该病首发于沙特，很快向中东其他地区以及欧洲和部分亚洲国家扩散。中东呼吸综合征传染性不及 SARS（非典），但病死率比 SARS 高。自 2012 年该病毒被发现，2013 年 6 月 24 日，沙特卫生部宣布，该病毒在沙特共确诊 53 例，死亡 32 例，痊愈 14 例。2013 年 7 月 29 日，沙特卫生部宣布，该病毒在沙特共确诊 71 例，死亡 39 例。2015 年 5 月 31 日，世界卫生组织公布，全球 1150 例该疾病感染者中，死亡人数高达 427 人。

2014 年 6 月 13 日，据美国疾病预防与控制中心最新消息，塞拉利昂已出现 43 例埃博拉确诊病例，其中 19 人死亡。2014 年 7 月 3 日塞拉利昂卫生部发布消息，截至 7 月 2 日，共对 468 人进行了检测，其中 239 人确诊感染埃博拉病毒，70 人死亡。2014 年 3 月 31 日，据驻几内亚经商参处消息，几内亚埃博拉病毒疫情仍在蔓延，感染人数上升至 111 人，其中 70 人死亡。2014 年 3 月几内亚森几地区暴发埃博拉疫情，

---

① 本刊编辑部：《拉沙热的实况报道》，《疾病监测》2016 年第 4 期。
② 资料来源：驻卡拉奇总领馆经商室。

根据几内亚卫生部最新通报，埃博拉病毒至少已造成几内亚 80 人感染，59 人死亡。埃博拉是人畜共通病毒，尚没有抵御埃博拉病毒的特效药或者疫苗，在其他国家暴发的埃博拉疫情，其致死率为 50% 以上，个别年份甚至 100%。

2016 年 6 月 24 日，巴基斯坦《每日时报》报道信德省共监测到 23 例登革热病例，自 2016 年 1 月至 6 月，共发生登革热 745 例，其中纳瓦布沙（Nawabshah）发生一例因登革热死亡事件。2013 年 9 月 30 日，据驻哥斯达黎加经商参处消息，进入 2013 年以来，哥斯达黎加登革热疫情迅速蔓延遍及全国所有省份，截至 9 月 21 日，哥登革热感染患者已达 38497 例，其中 6 人死亡，111 人病情严重。2013 年 8 月 14 日据《科威特时报》报道，科威特卫生部宣布，暴发登革热病。老挝 2013 年 1—5 月发现登革热病患者 6377 人，全国死亡 26 人，首都万象死亡 8 人。据 2013 年 5 月 20 日商务部对外投资和经济合作司消息，自年初安哥拉暴发登革热疫情以来，大量中资企业人员遭感染。据 2015 年 12 月 7 日驻佛得角使馆经商处消息，据佛得角卫生部 12 月 4 日公布的疫情数据，在过去两个月，佛得角感染兹卡（Zika）热的患者已达 4182 例，兹卡热患者的主要表现为轻度发热、头痛、疲乏、皮疹、关节痛和结膜炎，手掌和足底红肿，口唇干裂，舌红如草莓。其临床表现与登革热十分相似，且均为蚊虫叮咬传播。

（二）传统的流行疾病区域广阔

根据课题组调研结果，在丝路沿线国家除新发现的流行疾病外，传统的流行疾病分布区域广阔，虽然致死率较低，但影响依然严重，近三年典型状况具体如下。

2016 年 4 月 21 日《多米尼克新闻在线》报道，自 3 月 15 日多米尼克确认首例寨卡病毒本地感染病例以来，多国已报告 18 例寨卡病毒感染病例。寨卡病毒于 1947 年被发现，主要出现在蚊虫数量较多的热带地区，在美洲、非洲、亚洲和太平洋地区均已蔓延。目前该病尚无疫苗，也无特效药物治疗，感染病例主要通过对症治疗。寨卡病毒感染可能导致少数人出现神经和自身免疫系统并发症，大量研究证实了寨卡感染与胎儿畸形和神经疾患之间的联系，孕期感染寨卡病毒可能导致新生儿小头畸形。发生寨卡病毒本地流行的国家和地区主要分布在美洲、太平洋地区和非洲，其中美洲已有35个国家和地区确认本地流行病例①。

2016年3月11日，据驻瓦努阿图经商参处消息，自2016年2月中下旬以来，瓦努阿图首都维拉港发生传染性结膜炎（俗称红眼病）疫情，感染者已超过千人，且有进一步蔓延之势。

2014年9月22日，据哥伦比亚《时代报》报道，哥北部加勒比沿海的玻利瓦尔省已经出现400余例基孔肯雅热（Chikunguna）疑似病例。哥卫生部认为，今后数月哥北部地区可能出现上述病症集中暴发的情况，潜在感染人数可能会达到60万人。基孔肯雅热是一种由埃及斑蚊传播的病毒性疾病，极少对患者生命构成威胁，但也有极少数病例长达2年至3年方能恢复健康。目前，该病尚无有效治疗和预防药物。

2014年5月26日，据格鲁吉亚疾病控制与公共卫生中心披露，自4月24日格鲁吉亚发现第一例病毒性脑膜炎患者以来，全国已出现113例脑膜炎患者。

2013年4月28日，据新华网布琼布拉报道，4月25日，世界卫生组织驻布隆迪代表处负责人Dismas Baza博士出席一次研讨会发言表示，2011年布隆迪疟疾发病人数达每千人391例，发病率为中部非洲地区最高。2013年4月11日据《领导报》报道，美国国际开发署（USAID）疟疾行动计划（MAPS）官员在埃邦伊州阿巴卡利基（Abakaliki）召开的媒体圆桌会议上称，疟疾是尼主要的死亡和发病诱因。同时，疟疾是25%婴幼儿和11%孕妇死亡的罪魁祸首。

2013年，据当地媒体8月1日报道，布隆迪布琼布拉发生霍乱疫情并正在蔓延传播，在首都王子医院已有45位被霍乱感染的病人住院②。

（三）严重传染疾病呈上升趋势

在丝路沿线国家，由于经济不发达，社会医疗防备设施落后，致使

---

① 这些国家和地区分别是：加勒比地区：古巴、多米尼加共和国、海地、法属圭亚那、瓜德罗普、马提尼克、法属圣马丁、荷属圣马丁、波多黎各美属维尔京群岛、阿鲁巴、博奈尔、库拉索、巴巴多斯、多米尼克、圣卢西亚、圣文森特和格林纳丁斯、圭亚那、牙买加、苏里南特立尼达和多巴哥。美洲其他地区：墨西哥、伯利兹、哥斯达黎加、萨尔瓦多、危地马拉、洪都拉斯、尼加马、玻利维亚、哥伦比亚、厄瓜多尔、委内瑞拉、巴西、巴拉圭。世界其他地区：美属萨摩亚、萨摩亚、新喀里多尼亚、斐济、汤加、密克罗尼西亚、马绍尔群岛、所罗门群岛、瓦努阿图、佛得角、泰国、印度尼西亚、马尔代夫等。

② 资料来源：驻布隆迪经商参处。

一些严重传染疾病泛滥，发病率呈不断上升趋势，对直接投资外派人员产生强大的心理压力，甚至增加雇用成本，具体调研结果如下：2013年6月14日，据格鲁吉亚传染病、艾滋病及临床免疫科技实践中心近日公布的数据，自2013年1月1日至6月5日，格新增201名艾滋病毒感染者。2013年4月26日越南《年轻人报》报道，越南国会社会问题委员会在大叻举行"民选代表与扶贫和艾滋病防控政策"研讨会，会上相关报告显示，2012年越南平均每月有1200人感染HIV/AIDS，感染率最高的为北部山区、九龙江平原等经济社会发展缓慢、偏远少数民族聚集地区。

三 疾病风险预防的建议

（一）对外直接投资企业的防范措施

不仅要做好外派人员在当地工作和生活基本保证外，还要预先对员工进行培训，使员工明白所处地域的流行疾病及其危害程度，提高员工个人的防备能力，包括注重居住环境卫生、预防蚊虫、不共用碗筷、积极接种疫苗、洁身自好等方面。另外，企业尽可能地统一给员工接种相关疫苗，对于没有疫苗类的疾病防范，要给员工购买疾病保险，保险的期限要长于国外工作期限，因为很多疾病有潜伏期，因此建议保险期限比工作期长一个月为宜。

（二）政府部门防范措施

政府部门主要要避免这些疾病随着经济合作交流传入中国，国家应该加强防御与监控能力，尤其是预防这些疾病蔓延到中国，做好出入境的防疫工作，确保国内安全意义重大。这项能力是对职能部门的极大考验，人员往来频繁，所到国家不同，面临的疾病危险不同，要求职能部门运用科学的管理方法，有针对性、有目的地采用高科技手段迅速检测防范来自不同国家和区域的疾病，真正做到限制流行疾病蔓延到我国。

第七节　中国企业对丝绸之路经济带直接投资面临的商业欺诈风险及防范

丝路沿线国家大部分是发展中国家，法制不健全，在这里进行经济合作经常面临欺诈的风险,有的是电信诈骗、有的是合同诈骗、有的是务工诈骗,这些诈骗经常给企业和个人带来很大伤害。根据大量调研的结果,总结典型的诈骗方法有以下几个方面。

一 黑客攻击商户邮电进行诈骗

这类诈骗方式通常是由黑客对商户的电脑邮电进行攻击,非法登录,然后以商户的名义发布信息,致使其他客户上当受骗。例如,2015年8月8日驻保加利亚经商参处接到国内多家企业反映,保加利亚客户不时收到以国内企业名义发来的更改付款账户信息的邮件。部分企业信以为真,将货款转账至黑客犯罪组织银行账户上,导致货款损失。2014年7月4日我国驻捷克使馆经商参处接到几起外贸企业投诉,均涉及进口商收到所谓该外贸企业的电子邮件后将货款汇到邮件指定的银行账号,但外贸企业其实并未发此类邮件,而进口商因汇款后无法拿到货物又进一步投诉出口企业,原因是贸易双方邮件被黑客攻击。

二 冒充国家政府或国际组织进行诈骗

这类诈骗经常打着国家政府机构和国际经济组织的招牌,发布信息,由于国际之间信息交流不畅,这些诈骗极具隐蔽性。例如,2013年6月19日驻南非经商参处反映,中国国内多家出口企业收到来自"南非合同核准与付款机构"的信息,该机构自称所属南非公共工程部,因南非政府大力发展公共事业,要批量采购热水器、路灯等公共产品,有意向出口的中国企业可到指定网站购买合同,此信息假冒官方机构,致使很多企业信以为真,但随后查明纯属骗局。2016年1月13日中国驻波兰使馆经济商务参赞处接到中国受害企业反映,乌克兰诈骗集团冒充波兰企业,通过伪造政府公文、企业经营证件和银行信用证等恶劣手段骗取中国企业信任,公然与中国企业签订采购合同,骗走中国企业货物。2014年4月29日驻老挝经商参处收到国内公司投诉,称其与老挝 SRS 于2013年6月签订了一份锑矿进口合同,并按照 SRS 公司的要求向其支付了50%的预付款。按照合同规定,SRS公司应在收到预付款后一个月内交货,但 SRS 公司既未发货,也未退还预付款。接到投诉后,驻老挝经商参处按地址实地查访后,也未能找到公司办公地点。2013年7月5日驻西班牙经商参处不断接到咨询和投诉，反映某自称"西班牙中国商会"的私人机构在外发布误导性信息，使许多人误以为该会是获得两国官方认可的中西双边商会，且与中国驻西班牙大使馆关系密切。据西班牙媒体报道，自称"西班牙中国商会"会长的西班牙人于2013年5月13日因恐吓诈骗罪被马德里省法院判刑。2008年1月，此人候审期间在外以 Mosaico 咨询公司总经理及"西班牙中国商会"会长等身份开展商务活动。2014年4月10日驻塞拉利昂经商参处，有人自称塞政府机构工作人员，到我国中资机构驻所，以查电表、管线等为名，行盗窃之实，对我国在塞公民人身和财产安全构成隐患。塔吉克斯坦和吉尔吉斯斯坦有不少所谓的"中间人"利用中国企业急于打开市场的心理，自称与政府部门或高官熟悉，可帮中国企业承揽项目等，对企业进行商业诈骗。

三 非法中介忽悠欺诈涉外务工人员

在对外投资过程中，涉外务工人员也经常遭遇诈骗，非法中介忽悠欺诈，将劳务人员骗到国外，回国不能，受其摆布，苦不堪言。例如，赴赤道几内亚劳务人员受中介忽悠上当受骗，这里中资企业资金薄弱，外国公司不愿雇用中国人，同时赤道几内亚气候环境及卫生状况与国内迥然相异，天气炎热难耐，多雨又引发极度潮湿，长期处于温带气候的中国人不堪忍受；同时卫生状况落后，疟疾伤寒等中国早已消灭的疾病在这里依然流行，饮食产品与中国国内差距过大。年岁较大、身体较差、患有慢性病、风湿病的工人根本不能适应那里的自然环境。女性劳务人员在赤道几内亚很难找到工作。国外很多国家对非法劳务打击严厉，这些被非法中介忽悠去的劳务人员面临严重的人身危险，例如，2013年6月11日《阿拉伯时报》报道，科威特对非法居留、务工的外国人进行清理的行动，使生活在科威特的外国人人心惶惶，一个印度人在家门口扔垃圾，被警察带走，尽管他大声呼喊自己有合法身份，但是还是被遣返回印度；几个外国人，把一辆车停在一个地方，想展示出售，一群警察过来，以非法集会为名将这些人逮捕；一对夫妻在车里，被警察要求出示合法夫妻证件，因为妻子的身份证显示她是在一家公司名下工作，并未说明谁是其丈夫，二人遭拘。

四 恶意拖欠资金或强行索要资金

这类诈骗经常与承包工程和进出口业务有关，或者工程完结恶意拖欠工程款，或者在承包初期强行索要工程进度款，或者提货后拒付货款，给合作的另一方造成巨大的经济损失。例如，2015年1月15日，驻老挝经商参处接到国内企业诉求，该中国企业承建老挝色卡丹1电站时，因为与业主之间的分歧，致使企业承建的工程款无法结算，银行保函还被业主兑付，中国企业损失惨重。2013年12月6日，驻孟买总领馆经商室提示，印度部分进口商毫无诚信，甚至趁机诈骗，一旦中国出口商采取无担保抵押赊销货物的方式与之进行贸易，印度商人经常是提货之后拒绝付款，逃之夭夭，给中国企业造成难以追回的损失[①]。部分在乌中资企业向驻乌兹别克斯坦使馆经商参处反映，乌当地个别土建分包公司不具备施工能力，在收受工程预付款后，拖延工期，不按合同规定施工，一味索要更多工程进度款，给我国企业带来严重经济损失，导致我国企业承建项目拖期，造成不良影响。土库曼斯坦、乌兹别克斯坦不同程度存在拖欠外国公司工程款现象。

五 商业欺诈风险防范策略

（一）不轻信来源不确定的消息

丝路沿线国家经济发展较落后，法律不完善，透明度较差，在对外经济合作过程中，要做到不轻信电子邮件方式的官方来函，收到汇款账号变更的邮电一定要电话咨询合作方；收到电子邮件的国外官方来函要直接向我国驻外经商参处咨询；在涉外务工时，不能轻信中介方口头承诺涉外务工，不能盲目跟随熟人涉外务工，要做好基本的咨询调查，或者向我国驻外经商参处咨询。

（二）严格按国际惯例规范经营预防商业欺诈

经贸合作严格按国际惯例办事，在对外经贸业务交易中采取即期信用证付款方式，按国际惯例办事，保护自己利益。对于新发展的客户要充分做好资信调查，可以通过律师或银行等渠道，充分了解合作伙伴背

---

① 本刊编辑部：《对印度出口增加但需防御风险》，《纺织服装周刊》2014年第3期。

景和资信等情况尤其不要轻易相信别人的介绍。即使跟老客户交往也应该严格按照国际惯例，不要因为是老客户就绝对相信，不按国际惯例办事，国际客商中不乏前几单合作良好及时付款，突然对大额订单赊销逃单的现象，使中国企业损失惨重①。在对外投资过程中，身在异国他乡一定要遵守所在国的法律法规，办妥一切应办的手续，合法经营，不搞违法活动。

（三）慎重签订商业合同避免利益受损

在对外直接投资过程中，不随意签订任何书面保证性的文件，要按正常程序办事，要寻找正规可靠的合作伙伴。在签订商业合同时做到每项条款都表达准确，责任分明，不留有尾巴。书面合同中对涉及的产品要尽可能详细列出名称型号及交货期限、违约时的补偿及出现争议时的仲裁条款，同时明确要求对方开具保兑信用证，保证安全收款②。

第八节　中国企业对丝绸之路经济带直接投资面临的劳务许可签证风险及防范

一　外籍劳工申请劳务许可困难且愈演愈烈

丝路沿线核心国家在劳务引进方面限制较大，劳务许可签证困难是对外直接投资面临的具体障碍，而且愈演愈烈，阻碍对外直接投资的发展。以中亚国家为例，该地区大多经济总量小，就业率不高，为保证国内就业，这些国家设定严格的劳务限制。例如，哈萨克斯坦自2001年起，哈国内建立了完善的外籍劳工限制体系，该体系每年对国内总劳动量进行统计，据此数量配置一定的外籍劳动许可配额，外籍员工不能超过这个配额，配额有限且配额额度不断减少③。2013年劳务配额为年经济活动人口的1.2%，2014年仅为0.7%。自2008年6月2日起，哈萨克斯坦开始实行引进外国劳务新标准，在原来基础上加入了受教育水

---

① 本刊编辑部：《对印度出口增加但需防御风险》，《纺织服装周刊》2014年第3期。
② 马玥：《探秘沿线八大玩具出口市场潜力股》，《中外玩具制造》2017年第7期。
③ 余世耕、李志千：《战略对接激发中哈合作新活力》，《国际工程与劳务》2017年第11期。

平、工龄和工作经验的要求。2009 年哈萨克斯坦通过了《哈萨克斯坦含量法》，此规定设限更加严格，明确要求企业在雇用员工中，从高级核心员工到普通员工哈国内员工必须占有一定的比例，而且一旦哈国内员工通过培训达到高级员工的水平，则企业要减少高级别核心员工中外籍员工数量，雇用哈国内员工[①]。例如，在哈萨克斯坦投资银行业，哈要求普通员工中哈国内员工必须占 70% 以上，在高级核心员工领域如监事会等机构中必须有一名哈国员工[②]。中国公民申请赴哈萨克斯坦劳务许可难获得，正常签证办理受阻。申请劳务许可审批时间长达近半年，而且办理过程费时、费力，即使拿到签证，限制依然很多，商务签时间有限，工作签更是严格限定工作场所，不能擅自脱离工作岗位在外兼职。在实际中，中资企业在哈萨克斯坦直接投资面临的具体问题就是人员进入困难，据在哈萨克斯坦某中资油气企业反映，最大的问题是财务、法律、语言类学历人员常常无法获得劳务许可，理由是这些专业在哈萨克斯坦都有，但此类人员一般为公司高层管理人员、关键岗位人员，是当地人员所无法完成的，对企业生产经营活动造成严重影响。国内某电力承包工程企业与业主签合同时未将业主保障申请劳务配额作为履约的先决条件写入合同条款，业主拒绝保障申请中国赴哈萨克斯坦工程技术人员劳务配额，对中国企业履约造成了严重影响。国内某大型承包工程企业在哈萨克斯坦承建项目，由于哈萨克斯坦驻华使馆认证和签证问题，按照原人员进场计划现场中方员工应达到约 1300 人，但在场持有工作签证人员仅 46 人，国内技术和施工人员进不来，项目建设进度面临重大履约风险。在吉尔吉斯斯坦，对外籍劳动限制更加严格，企业投资过程中必须获得政府的许可，才可以招收外籍劳工。只有拿着政府发放的劳务配额才可以办理外籍员工工作许可证。在塔吉克斯坦，经济规模有限，国内本土企业能够提供的就业岗位较少，对外籍劳工需求很少。但随外资企业对外承包工程项目来塔吉克斯坦务工的劳务人员较多，为促进本国公民的就业水平，1992 年塔吉克斯坦《投资法》规定，外国在塔吉克斯坦直接投资企业中塔方员工占比必须高于 70% 以上，

---

① 才华：《哈萨克斯坦直接投资的法律环境分析及思考》，《才智》2014 年第 21 期。
② 刘国胜：《哈萨克斯坦共和国外商投资法述评》，《伊犁师范学院学报》（社会科学版）2007 年第 9 期。

2007年为吸引外资，塔方取消外资企业中本地员工的比例限制，法律上虽然取消规定，但是塔吉克斯坦严峻的就业形势使政府在吸引外资投资过程中通过各种方式提高外资企业中塔方员工的比重，甚至高过70%的原有比重；自2014年以来，塔吉克斯坦对外资企业中雇用母国工人限制更加严格，通过劳务许可签证的限定迫使外资企业不得不雇用当地民众[①]。在土库曼斯坦外资企业注册难、周期长且限制多，现行法律更是不允许外方在合资企业中控股，外国人入境、居留和工作许可手续管控严格，对外籍劳务更是严格限制，企业若要雇用一个外籍员工，必须配套雇用1.2个本地人员，而且企业不准随便解雇本地人员。一旦违规，就将拒发劳务许可。在乌兹别克斯坦办理居留和工作签证耗时、费力，程序繁杂，给在该国进行直接投资的企业带来巨大的实际困难。

劳务许可签证难问题本质是丝路沿线国家对自己国内民众就业困难作出的选择，面对国内艰难的就业环境这种行为可以理解，但是当地政府的这种选择给来当地直接投资的外资企业带来很大的困难，使直接投资企业的用工风险急剧增加，对外直接投资风险高涨。

二 劳务许可签证难风险防范措施

（一）妥善解决高级管理人员和技术人员劳务签证问题

高层管理人员和高级技术人员劳务许可签证问题，必须很好地解决，最好的办法是在合同中明确规定由当地合作方给予一定的帮助，因为这些人员是企业核心，很难由当地员工替代，签订合同时务必强调保证高层管理人员和高级技术人员及翻译人员能按时取得签证的条款，这一条难以满足，投资就要谨慎选择。到国外开展业务，人才选择是制胜的法宝，高级管理人员是有真才实干的优秀人才，能处理突发事件，善于学习和解决棘手问题，使企业在复杂的国外环境中良好运作[②]，其重要作用难以随便替代。

[①] 康磊、祁婧：《"一带一路"框架下中国和中亚五国合作风险浅析》，《北方经济》2017年第5期。

[②] 贺宁华：《丝绸之经济带建设中的国际势力纷争及其风险防范》，《求索》2016年第8期。

(二) 中级管理人员以及普通员工尽量实施雇员本土化来缓解签证难的问题

在丝路沿线核心国家中亚地区，外资企业代表先进生产力，员工福利待遇好，工作环境好，优秀人才向往在包括中资企业在内外资企业就业，中资企业应努力发展雇员本土化，吸收更多当地优秀人力资源参与企业建设，来缓解签证难的问题。在这个过程中还要积极促进中外员工的和谐相处，对拟外派人员进行包括语言、风土人情、安全应急等方面培训。在习俗方面要尊重当地风俗，例如，吉尔吉斯斯坦人崇尚礼尚往来，得到赠品者要回赠更有分量的东西；不能对毡房指手画脚，更不能随便抛掷帽子、从衣服上跳过。只有中外员工上下和睦相处，企业才能真正融入当地社会和社区，达到本地化的目的，缓解签证难问题，为企业提供更好的生存环境。

(三) 妥善处理与工会的关系

企业对外直接投资过程中，要重视处理与当地工会的关系，国际上很多国家工会力量很大，对企业的制约作用明显，实际中发生劳资纠纷之时，要积极与工会沟通，争取工会的理解和支持。在处理好与工会之间关系的同时，更要认真了解当地劳动法，加强与工会成员的沟通，妥善处理和当地员工的关系是避免劳资纠纷的良好途径。例如，某中国公司一直把推动员工融入企业作为公司真正融入当地社会的一个重要途径和指标，公司管理层与工会建立了和谐关系，公司积极创造条件为员工提供各类培训和教育机会，合理构建符合项目实际的薪酬机制和体系，采用公开公正的人才选拔任用机制，为员工充分施展才华搭建平台，实现员工个人价值。企业高度重视员工职业健康，建立健全针对作业场所职业病危害程度检测、评价机制，定期进行员工体检并建立健康监护档案，及时发放劳保用品，对由于工作造成的健康损害和患职业病员工进行积极治疗和妥善安置。在细节上每逢重大传统节日，各项目公司都组织庆祝活动、解决员工孩子入学和入托等问题，密切与当地居民的关系，通过这些实实在在的工作与工会建立良好的关系，强化企业社会责任意识和文化建设，建立劳资双方和谐的沟通机制，使企业更好地发展。

(四) 学会和执法人员打交道

在外国工作的人员应该积极配合执法人员执行公务，也要善于维护自己的权利。在国外工作和生活中,一旦遇到行政执法,尤其是进入办公地点或者居住地点,了解检查的项目,配合合法检查,首先要求其出示证件,查看并记录执法人员的合法证件,确定是正常执法之后,了解检查的项目,配合合法检查,不要做出冲动的、不明智的举动妨碍执法。执法过程一旦财物被没收或者被罚款,应该要求对方出具清单[①]。在外工作期间,要随身携带护照或其他能证明身份的东西,防止被查,但是在实际情况中一些不合理的执法也经常存在,甚至随意扣押或没收护照身份证件等,可通过律师来解决并及时与中国大使馆领事取得联系,申请领事保护。在国外还有一些国家如塔吉克斯坦等国,法律条文制定非常细致,稍不留神就可能违法,而且执法环境也不理想,法律的执行和解释经常显得过于随意[②]。面对这类国家,要尽可能地了解当地法律规定,尤其是对已经发生的案例进行研究和学习,必要时应聘请当地律师作为法律顾问,处理与法律相关的事宜。

第九节 小结

在"一带一路"倡议下,中国资本国际化大潮将不断高涨,丝绸之路经济带建设中中国企业对外直接投资不断发展,面临的外部风险纷繁复杂。本章重点分析了中国企业对丝绸之路经济带沿线国家直接投资过程中面临的外部风险,主要包括经济风险、各国势力纷争风险、区域动荡不安风险、竞争性风险、民族问题风险、区域风险、罹患疾病风险、商业欺诈风险及劳务许可签证困难风险,采用发放问卷、电话咨询、邮件咨询、经理人预约访谈、新闻调查、网络调查等形式进行实际调研,结合定性及定量分析的研究方法分析风险存在的现状及原因,并提出切实可行的对丝绸之路经济带直接投资风险防范策略。

---

① 晏澜菲:《入乡随俗便于经商》,《国际商报》2010年5月4日第014版。
② 罗娜、杨净如:《海外矿业投资,你准备好了吗?》,《中国有色金属报》2017年12月5日第008版。

第五章

中国企业对丝绸之路经济带直接投资内控风险防范研究

中国对外直接投资迅速发展，在"一带一路"倡议、发起并成立亚投行、丝路基金、人民币加入国际货币基金组织特别提款权（SDR）、自贸试验区纵深发展等一系列重大举措的推进下，中国对外直接投资进程日益推进。随着"一带一路"倡议构想的推进实施，中国对外投资迎来新纪元，对外直接投资增长迅速，从一个吸引外资的大国向对外直接投资和吸引外资两方面发展，对外直接投资额度和增长速度超过中国吸引外资额度。自2003年中国发布年度对外直接投资统计数据以来，2002—2014年的对外直接投资年均增长37.5%。2014年我国非金融类对外直接投资1028.9亿美元，同比增长14.1%；吸收外资1196亿美元（不含银行、证券、保险领域），同比增长1.7%。2014年在中国对外直接投资的历史上是有纪念意义的一年，因为该年度我国对外投资金额与吸引外资金额首次接近平衡[1]。2015年中国对外直接投资1456.7亿美元，同比增长18.3%，超过同期中国实际使用外资1262.7亿美元（未含银行、证券、保险领域数据）。2016年我国境内投资者全年共对全球164个国家和地区的7961家境外企业进行了非金融类直接投资11299.2亿元人民币，折合1701.1亿美元，同比增长44.1%，超过2016年全年我国实际使用外资金额8132.2亿元人民币（未含银行、证券、保险领域数据）[2]。随着"一带一路"倡议的不断推进，中国对丝绸之路经济带直接投资迅速发展，央企和民企投资踊跃，但是伟大的事业总是面临风险。中国对外直接投资迅速发展仅仅二十年，跟欧美上百年的对外直

---

[1] 辛颖：《海外投资风险防控启示录》，《法人》2015年第12期。
[2] 资料来源：商务部官方网站。

接投资历史相比，我们对海外直接投资风险的认识不到位，对海外直接投资风险防范理解不深刻，尤其在我国长期太平的环境下人们对战争、敌对势力等的风险认识不足，防范能力较差，失败自然不可避免。纵观中国对外直接投资的历史，失败的案例屡见不鲜，例如，中国在利比亚的基础设施建设因为战争风险损失巨大；中国在缅甸承建的密云水库因第三方势力的强权威逼使缅甸政府出尔反尔；中铁中标的墨西哥高铁项目因敌对势力干扰无辜被叫停。《中国企业国际化报告（2014）》统计指出，2005—2014年，中国对外直接投资失败的典型案例高达120起。由中国商务部研究院、国务院国资委研究中心和联合国开发计划署驻华大使处联合撰写的《中国企业海外可持续发展报告（2015）》中表明，中国企业海外经营业绩情况：13%的企业盈利可观、39%的企业基本盈利、24%的企业盈利持平，还有24%的企业处于亏损状态。对外直接投资获得成功的企业有其成功的原因，不成功的海外直接投资企业失败的原因也是多种多样的。中国的资本正在走向世界，"一带一路"会带领大量企业走出去，形成中国资本国际化的大潮，中国企业必须面对各种风险。因此研究历史，借鉴经验、规避风险，促进中国企业更好地走出去并顺利地运营最终获利已成为最紧迫的问题。本章通过对中国2001年到2016年中国对外直接投资成功和失败的典型案例进行研究，探讨其成功的原因、分析其失败的原因、总结对外直接投资主观和客观风险来源，为"一带一路"企业走出去过程内控风险的防范提供科学依据。

第一节　中国企业对外直接投资成功案例剖析

本节选取中国对外直接投资比较成功的典型案例十七部进行剖析，分析其成功的原因以供后继投资者借鉴。

一　新康番茄制成品厂在哈萨克斯坦直接投资成功原因分析

新康公司销售网络已经覆盖哈萨克斯坦所有15个地州，市场占有率达到25%，是一家集研发生产销售于一体的现代化企业。新康连续多年被评为"哈萨克斯坦年度最佳企业"，获得过"哈萨克斯坦国家食品质量最佳企业""哈萨克斯坦总统嘉奖企业"等各项殊荣。其海外直接投资成功的原因是企业本土化、善待员工及回报社会。

（1）企业坚持本土化措施。目前，企业150名员工中，只有3名中方员工。企业员工包括哈萨克族、俄罗斯族、维吾尔族等各个民族。由于新康中高层管理者都是哈萨克斯坦食品行业的优秀人才，他们尽可能地将新康公司产品的口味、包装、选料等最大限度地贴近当地消费者需求，因此他们的产品成为当地百姓的首选。

（2）企业恪守善待员工的理念。新康不仅为员工提供宿舍，每月还提供就餐补助。每当员工过生日，都会收到公司赠送的蛋糕和礼物。每逢重大节日，公司还会安排所有员工一起庆祝。每年6月，新康公司会组织全体员工郊游、度假。同时，在新年的时候公司也会组织大家集体活动。由于人比较多，组织活动的成本高，很多企业是不愿意这样做，但是新康公司一直以来严格按照这个理念去做。在跳槽频繁的哈萨克斯坦就业市场，新康员工队伍却长期保持稳定。即便一些离开新康的员工，一段时间后也会重新回来工作，稳定的队伍和员工的忠诚成为新康的成功秘诀。点滴关怀让员工在新康找到了归属感，最终也回报企业。

（3）回报社会是新康立足当地的根本。合法经营、认真纳税，积极回报社会，受到当地政府和社会的关注和充分肯定。在哈萨克斯坦本国货币坚戈汇率暴跌，新康公司蒙受巨大损失时，公司仍响应当地政府号召给员工加薪。新康突出的业绩和对员工的善待获得了哈政府高度认可。新康不仅享受税收优惠，还能享受当地政府提供的贴息贷款。新康已连续多年获得哈政府颁发的番茄及果酱行业最佳企业，以及"哈萨克斯坦金色农业企业"的荣誉称号，并受到哈国总统的嘉奖①。这些良好的声誉使新康在当地得到很好的发展。

二 哈尔滨电气国际工程有限责任公司海外直接投资成功原因分析

哈尔滨电气国际工程有限责任公司成立于1983年，公司业务涉及

---

① 陈其钢：《HPFM理论在跨国企业管理中的实践与应用》，《经贸时间》2015年第9期。

的地域辽阔①，领域宽泛，有火电站、水电站以及联合循环电站工程承包，同时还可承接大型输变电业务以及电厂的售后服务业务。主要海外投资业务如下：巴基斯坦古杜电站项目、巴基斯坦乌奇项目、印度尼西亚百通1×660兆瓦燃煤电站项目、巴基斯坦古杜747兆瓦联合循环电站、厄瓜多尔埃斯美拉达热电项目、越南锦普2×300兆瓦电厂项目、出口印度600兆瓦等级机组24台套，总容量14880兆瓦、厄瓜多尔美纳斯—圣弗朗西斯科3×90兆瓦水电项目等。哈尔滨电气国际工程有限责任公司在境外投资的国家或地区主要集中在印度（20.00%）、中国香港（20.00%）、厄瓜多尔（10.00%）、沙特（10.00%）、马来西亚（10.00%）等区域。其海外投资成功原因是在生产领域打造一流的技术和服务、培养高端人才、技术标准与国际接轨是其海外直接投资成功发展的基石。

（1）打造生产领域强力优势。哈电在发展过程中依托自己先进的制造技术和丰富的项目管理经验，努力发展自主产品，打造高端品牌，公司业务范围覆盖全球三十多个国家，具有良好的口碑。公司建立起与国际电力市场保持随动的营销机制、全球工程管理经验最丰富的高效团队、拥有当今世界一流的产品与技术、拥有全球众多知名的战略合作伙伴、积极履行企业社会责任，哈电国际用品质与真诚赢得了全球客户、合作伙伴和各界朋友的信赖。这些优势是哈电国际海外投资成功的自身优势。

（2）培养国际高端经营人才。哈电国际各海外机构都配有专业的市场开发人员、工程技术人员以及售后服务人员，无论在哪里，哈电国际都将为客户提供最佳的电力解决方案。在海外直接投资过程中，国内该方面高素质人才偏少，且多数人才不愿在海外发展，而国际人才对其企业文化等方面的了解不够充足，造成了归属感缺失。因此，在国际高端人才培养方面，企业开出更加便利和优惠的条件吸引和留住高端国际人才，无论是来自国内还是来自国外，丰富的高端人才是企业海外持续

---

① 哈电国际在印度、马来西亚、厄瓜多尔拥有海外分（子）公司；在北京、越南、巴基斯坦、印度、印度尼西亚、孟加拉国、土耳其、乌兹别克斯坦设立了商务代表处；在印度、印度尼西亚、越南、巴基斯坦、土耳其、马来西亚、中国香港地区等地拥有专业的售后服务。

健康发展的基石①。

（3）技术标准与国际接轨。在电力领域各个国家的准入规则不同，因此在进入他国时不确定性又进一步增加。我国输配电装备在开拓国际市场的过程中，首先面临的障碍就是技术标准，中国技术标准与欧美等发达国家技术标准有一定的差异，以技术标准为借口限制中国产品的进入甚至是发达国家贸易壁垒的主要因素。因此，提升自己的技术标准，使自己的技术标准与国际接轨是输变电企业成功的基石。哈电国际正是通过提升技术标准与国际接轨，才使其在海外市场获得良好的发展。

三 保利集团对外直接投资成功原因分析

销售领域建立自己的海外营销渠道减少中间环节、充分关注投资国市场及其出口辐射市场、并购海外知名品牌迅速进入当地市场是其海外直接投资成功的基础。

保利集团建立自己的海外营销渠道减少中间环节，通过自己的营销渠道充分发挥内部化优势，减少交易的不确定性，准确预计利润，提高企业的盈利水平。保利集团在运作过程中充分关注投资国市场及其出口辐射市场，实际中首选一个国家进行加工生产，所需要的设备技术原材料等均来自国内，这个过程本身就带动国内此类产品的出口。在此基础上进行加工装配业务，生产的产品或者在组装地所在国进行销售，或者在其辐射的市场进行销售。因此，保利集团运作过程既包括原材料的出口，也包括产成品在当地市场或者更大市场的销售，两个市场销售，两类产品出口是保利集团立足海外市场并获利的重要原因。保利集团在海外运作过程中为了迅速打开当地市场，经常采取并购海外知名品牌的方式，一旦并购成功，依托知名品牌原有对消费者的影响力，获得当地消费者的认同，快速进入当地市场。2016年6月19日，保利集团与塞尔维亚签署了关于垃圾发电与污水处理项目的合作协议，这是保利集团海外投资的又一成功实例。

---

① 李瞧：《征战海外 西电集团欲跻身全球前三甲》，《中国工业报》2015年5月12日第B3版。

四 华源集团海外直接投资成功原因分析

华源集团成立于 1992 年，在全球拥有 27 家全资或控股公司，在国内拥有四家上市公司。主营纺织业务和印染业务，企业在海外投资的国家较多，主要包括非洲的尼日利亚和尼日尔，中亚的塔吉克斯坦，北美的加拿大及墨西哥，东南亚的泰国等地。其成功原因是投资突出比较优势、重视资本运营、重视与当地政府的关系使其海外良好运作。

（1）因地制宜突出比较优势。华源海外投资业务以纺织和印染为主，在技术领域并非处于高端，在对外直接投资过程中华源因地制宜地选择投资区域，例如纺织业不太发达的尼日尔等地，其技术与当地企业相比有一定的先进性，比较优势明显，因此在该领域进行对外直接投资能更好地发挥其技术上的比较优势；除投资区位选择提升比较优势之外，华源集团有目的地提升产业比较优势，例如华源在加拿大的投资过程中，以技术和设备为突破口，赋予传统纺织印染行业更加先进的设备和技术诀窍，将其打造为资本密集型投资产业，极大地提升了企业的比较优势，为企业海外投资后期发展提供良好的基础。

（2）重视资本运营缓解资金紧张。华源集团海外运作过程资金需求量大，但是企业在国内融资成本较高，因此华源重视从投资所在地进行资本运作。例如，华源集团在加拿大的投资过程中，注重在当地银行筹集资本，缓解企业运作初期资金流通不足的问题；投资过程，充分考虑销售状况决定资金投资力度，避免资金过多闲置和占用；在运营过程中通过开拓思维，参与加拿大国民银行保理业务。因此，通过多渠道、多措施的实施和运营，极大地提升企业资金运转速度，缓解企业资金紧张的压力。

（3）重视与当地政府的关系。华源集团在投资过程中不论是在非洲还是在美洲，一个坚定的理念就是在投资目的地要搞好与当地政府的关系，通过各种具体方式向当地政府展示华源投资带给当地的就业增加和收入增加以及促进经济发展的好处，依此获得当地政府的支持，更好地在投资国发展企业。

五 小米公司海外运作成功原因分析

小米公司成立于 2010 年，智能手机是其主打产品。虽然企业历史短,但是发展迅速,今天小米手机销售市场已经拓展到非洲、南美及亚洲其他国家。在非洲市场,小米手机以合理的价格、高水平的智能化、稳定耐用的质量而受到人们热捧;在印度市场,小米手机与当地知名电商联手运作,采取在线销售方式取得巨大成功,印度已成为小米海外增长最快和最大的市场[1];在巴西市场投资时小米在巴西圣保罗举行了盛大的首发仪式,网上注册的"米粉"超过8000人,发布会三天内有超过1.2万人报名,网上销售实现短短几秒钟内,5万部手机全部售罄的场面。小米手机海外投资运作成功的原因是投入巨资进行技术创新获得优势产品、经营管理与工资分配本土化。

小米手机在国外销售过程中,借鉴国际其他公司销售的成功经验,在手机还未正式上市之前,借助媒体及网络大力发声,宣传企业产品的先进性、价格的优惠性、功能的齐全性、装配的精良性,以此为契机制造舆论热点,提升企业形象、产品形象,引起消费者关注和消费者欲望,打造小米手机消费狂热粉丝,使小米手机成为市场上深受消费者热切盼望的产品[2];在营造了巨大的舆论声势后,小米手机开始投放市场部分产品,抢购完毕之后立即全线缺货,暂不发售,加强消费者对小米手机喜爱的狂热性,巩固和扩大潜在的消费者并适时地投放市场,提升小米手机的销售额度和企业品牌[3]。

投入巨资进行技术创新获得优势产品立足海外。小米公司以智能手机为其主打产品,本身就是一个高技术产品公司,但是手机产业技术日新月异,发展迅速,小米手机想在该领域有所作为,必须关注产品技术,只有不断提高产品技术,开发新产品,才能在该领域立足。技术创新需要投入大量的资金,小米依赖其庞大的海外市场销售利润,在研发领域投入巨资,高达几十亿美元的研发资金投入使小米公司依赖科技创新产生强大的比较优势[4]。在海外销售中以技术先进、性能优良、价格

---

[1] 汪平:《小米"三板斧"抢占海外市场》,《中华工商时报》2015年12月28日第10版。

[2] 张燕:《互联网时代的品牌生存之道》,《艺术科技》2014年第3期。

[3] 贾敬华:《小米手机:成也营销,败也营销》,《中小企业管理与科技》(中旬刊) 2012年7月。

[4] 张启振:《我国企业对外投资经营的现状与对策》,《集美大学学报》(哲学社会科学版) 2006年第3期。

合理而深受消费者喜爱，海外运作竞争优势明显，海外市场发展良好。

经营管理与工资分配本土化。小米在经营管理方面实行一系列当地通行的做法。例如，小米公司在对外投资的过程中的人员聘用基本以本土人员为主，不仅包括一般工作人员而且包括公司的部分高管都是由当地人员担任，只有少数高级管理人员及核心技术人员来自母国；工资分配过程也采取当地化形式，无论是国内外派人员还是聘任的当地人员，采用同一标准，将工资收入与个人对企业的贡献挂钩。统一工资标准、统一薪酬待遇，无差别地对待中外员工，增强公司的凝聚力。

六 三一重工海外直接投资成功原因分析

三一重工海外投资成功项目众多，典型的有阿联酋迪拜塔地板的浇筑、2014年8座巴西世界杯场馆的建造、伦敦2012年奥运会场馆建设、新加坡世界最高摩天轮的建设、俄罗斯萨彦·舒申斯克水电站超低温施工建设、日本阿倍野中心大厦建设等项目。这些海外投资项目的成功主要原因是注重技术创新，提升经营理念、维护正当权益。

（1）注重技术创新。自企业创立以来，三一重工就一直注重技术的创新和专利的申请。在技术创新方面，依托国家级的技术研发中心和博士后流动工作站，大力开展技术研究，在资金上给研发中心投入巨资，基本占每年销售的7%左右，远远高于国内其他企业的水平。巨额的资金投入使其科研成果显著，公司自身拥有536项专利，在核心技术上公司科研技术人员共同努力，凭借自己的能力解决了世界尖端泵车制造困难，彻底打破西方世界的垄断。从世界高端泵车制造技术的追赶者蜕变为领跑者，如尖端机械产品62米以上的泵车等，从中获取大量的利润。

（2）提升企业经营理念。在企业发展不同阶段，三一重工根据实际状况确定不同理念，企业发展初期，生存是第一要务，企业在这个阶段以获取利润为根本出发点，促使企业得以生存发展。当企业规模达到一定程度，决策层及时提升经营核心理念，不仅仅以追求利益最大化为目的，同时也承担更多的社会责任，向支持企业发展的公众进行利益反馈，既树立企业良好的形象，也提升企业内部员工的凝聚力。

（3）敢于维权。在企业遭遇不公正对待时积极捍卫权益，三一重工在对外直接投资过程中，经常会遇到各种风险，尤其是来自东道国政府不公正的待遇，面对这种情况，三一重工权衡利弊，必要时敢于起诉东道国政府，维护自己的合法权益。例如，在其收购美国俄勒冈州的风力发电厂项目时，被美国政府以牵强的理由阻止，三一集团美国关联公司罗尔斯公司就此事提起诉讼，历时三年终于达成和解，减少了公司损失①。

七 福耀集团海外直接投资成功原因分析

敏锐的商业战略眼光购买性价比高的资产是福耀集团海外直接投资成功的基石。福耀集团主营业务以玻璃为主，在企业发展初期，国外消费者对企业产品不甚了解。因此，企业采取出口玻璃的方式进行合作。随着出口不断增加，国外消费者对该公司产品有了一定的了解，在国外也形成较大的客户群，企业准备海外投资，将生产基地设在美国。在对美国玻璃企业并购过程中，福耀集团并没有盲目进入，而是选择在世界性金融危机发生之后，国际原材料价格降低，经济低迷使企业资产缩水，很多企业面临破产威胁，企业资产价格处于低位，福耀玻璃在大环境与企业不利的条件下逆流而上，抓住机遇，对外直接投资，取得好的效益。随着投资的进展，相应的技术不断提升，其生产的玻璃不仅被通用、克莱斯勒等美国汽车巨头所采用，同时也被世界知名企业宝马、大众、现代等客户所采用。

八 中鼎股份与得润电子海外投资成功原因分析

中鼎股份与得润电子强大的整合能力是企业海外投资良好运作保持增长的基础。

中鼎股份和得润电子是海外投资运作比较成功的企业。中鼎股份早期以橡胶零部件为主要生产产品，企业创立于中国改革开放初期，在中国企业海外投资的浪潮中，中鼎股份并购成绩显著，并购效益良好，在并购行业跨度较大的情况下，凭借自身强大的整合能力，在相继并购美国 AB 公司、美国 Cooper 公司、美国 ACUSHNET 公司、德国 AMK 公司、德国 TFH 等多家公司的基础上，企业海外收入极大地提高，利润

---

① 辛颖：《海外投资风险防控启示录》，《法人》2015 年第 12 期。

收入由当初的完全来自中国境内转为 50% 的利润来自国外投资企业。

深圳市得润电子股份有限公司是中国最具规模与实力的专业电子连接器制造企业，主要生产消费类电子产品，目前业务范围以汽车电子以及车联网等产品为主。企业在 2012 年到 2015 年这段时间，抓住商机，在国际企业因为金融危机经营困难而资产性价比较高的时间段完成了几起重要的并购与合资，收购意大利 Plati、Meta System 公司，在中国与德国 KROMBERG&SCHUBERT 成立合资公司，极大地提升了企业的技术水平，扩展了企业的经营范围。通过强有力的整合能力，并购后企业团队融合顺利，企业运作良好，并购取得巨大的成功。

九 均胜电子与永泰轮胎海外投资成功原因分析

均胜电子与永泰轮胎参与大型产业链配套体系促使自身发展是其海外直接投资成功的重要路径。均胜电子在发展过程中，不断提升技术水平、拓展发展领域。自 2011 年开始，紧跟中国企业对外直接投资大潮，抓住时机，收购技术含量高的资产，提升产品技术含量。在机器人领域收购德国 IMA 公司和美国的 EVANA 公司，使机器人生产水平处于世界前沿地位；汽车智能化领域收购德国 PREH 公司、美国 KSS 公司和德国 TS 公司等，使企业产品得以被世界汽车产业高端品牌如宝马、通用、奥迪、保时捷等所采用。在汽车普通品牌中，均胜电子产品也被广泛应用。因此，作为一家电子产业，通过直接海外投资拓展产品应用领域积极参与大型产业链配套体系，促进自身成功发展。均胜电子的外延并购是企业发展可行之路，是其他企业可以借鉴之路。

永泰轮胎企业本身作为大型汽车产业链中间的一个环节，在其经营与运作过程中，一直秉承积极参与该领域的理念，在企业产品生产过程中，通过对外直接投资，并购英国考普莱公司，依托并购企业，提高技术，依靠高质量和高性能产品为汽车领域高端品牌捷豹、路虎等公司提供产品；与高端品牌的合作极大地提升了企业的产品品牌，在以后并购的企业中也因为前期的成功合作而极大获利。在企业自身成功的同时，随着规模的扩大为当地提供更多的工作岗位和税收资源，考普莱公司无论从产值还是员工的数目来看，基本是合作之前的两倍，为促进当地经济良好发展做出贡献。这两家企业成功的共同之处就是不断拓展产品领域，通过对外直接投资设法加入大型产业链配套体系中以获得良好发展。

十 五矿集团海外直接投资成功原因分析

五矿集团资金雄厚、准备充分是其海外并购成功的基石。五矿集团在对外直接投资过程中，其鲜明的国家背景使企业在投资过程中更易得到国家资金的支持，充足的资本是五矿集团对外直接投资能够成功的内部原因。另外，在对外直接投资过程中，五矿集团对投资细节准备充分，能够根据实际情况及时调整收购战略，在对外直接投资中处于主动地位。例如，在五矿集团收购澳大利亚OZminerals矿业过程中，申请初期被澳大利亚FIRB否定，因为其收购囊括prondnet hill部分离军事禁区太近，五矿集团权衡利弊，对收购方案及时进行调整，剥离该部分资产，使其余收购项目顺利进行。因此，五矿集团在境外投资成功的根本原因就是充足的资本、认真的准备，对每一项收购做足功课，在面临意外及突发事件过程中，能够准确地权衡利弊，做出决断，促进对外直接投资成功。

十一 国家电网对外直接投资成功原因分析

国家电网技术及管理方面的鲜明优势以及较强的境外融资能力有效地降低了跨国投资风险，成绩卓著。

国家电网作为国内电力行业的技术领先者，在进行对外直接投资过程中发挥着重要的引领作用。其海外运作涉及项目金额大，项目工期长，技术要求高，企业在对外直接投资过程中稳扎稳打，成绩卓著。2007年，国家电网采用联合投标方式获得菲律宾国家输电网25年特许经营权[1]；2012年，开拓欧洲电力市场，收购葡萄牙国家能源网公司（REN）1/4股份，这是中国电力企业进入欧洲市场的标志[2]；2014年在欧洲市场收购意大利CDP RETI公司35%的股份[3]。国家电网对外直

---

[1] 江莹：《走向世界 海阔天空》，《国家电网报》2014年8月1日第1版。
[2] 王旭辉：《国家电网：全球布局 出海扬帆》，《中国能源报》2014年8月4日第4版。
[3] 国家电网公司：《出海扬帆成绩喜人——国家电网公司实施国家化战略纪实》，《中国电力企业管理》2014年第17期。

接投资之所以成绩辉煌，其根本原因是拥有自己超强的实力优势。在特高压和智能电网技术领域企业本身拥有高端技术优势，技术水平居世界领先地位，拥有对外直接投资所有权优势中的关键技术优势；在管理方面，公司在国内长期的良好运作形成的超大公司大电网运行管理经验是企业拥有的管理方面所有权优势；国家电网收购菲律宾电网资产就是输出中国电网管理运营的先进技术和经验。在具有这些优势的基础上，企业实际运作中精益求精，注重工程的每一个细节，将国家电网的信誉发挥到极致。建成的项目为当地居民提供安全、可靠的电力供应，其先进的技术水平极大地提升了东道国电网运营水平，稳定的电力供应促使当地经济良好发展。

由于电力工程耗资巨大，早期国家电网以国内融资为基本途径；随着对外直接投资的不断深入，随着企业信誉的不断增强，企业有能力、有机会在国外进行融资，拓宽了融资渠道，减少了投资不确定风险。例如，国家电网在承建巴西美丽山项目中，不再依靠国内融资，凭借自己长期形成的高端品牌效应，利用境外资金进行项目投资，实现了境外融资、境外发展的良好势头。

十二　中石化海外直接投资成功原因分析

中石化资产规模优势和强大的内部化能力使企业海外运作得心应手，成绩显著。

中石化国际石油勘探开发公司自 2001 年成立以来，在中国海外油气勘探开发领域发展迅速，从早期的依赖沙特和伊朗原油供应转向更广阔的领域。该公司自成立以来，海外投资并购项目数量众多，金额巨大，成效显著，为我国油气持续稳定供应立下汗马功劳。其自成立以来典型的海外运作项目如下：2004 年中石化与沙特签署协议，共同勘探开发鲁卜哈利盆地 B 区块天然气，这是中石化首次与西亚石油最丰富的国家合作；2005 年中石化与俄罗斯石油公司 Rosnef 签署协议共同开发萨哈林 3 号地区油气资源[①]。2009 年 8 月，中石化以 72 亿美元成功收购瑞士 Addax 石油公司，该公司拥有探明储量 5.36 亿桶。2011 年收购

[①]　张磊、赵桂香：《中国西北能源通道建设的金融支持分析》，《经济问题探索》2013 年第 6 期。

葡萄牙 GALP 能源公司。在对欧洲投资的基础上，中石化与北美之间的油气合作不断展开，2012 年以 15 亿美元收购加拿大塔利斯曼能源公司在英国分公司 49% 的权益；2013 年以 10.2 亿美元资金收购美国萨皮克能源公司位于俄克拉荷马州北部部分密西西比灰岩油藏油气资源 50% 的权益；以 31 亿美元并购美国阿帕奇石油公司在埃及油气资产 1/3 的股权[1]等。

中石化海外投资成功的原因首先是其资产规模优势。中石化作为国内三大石油企业之一，本身国内资本雄厚，同时又是多家石化行业公司大盘国企股的控股公司，使其在国内融资具有极大的便利性，在对外投资中雄厚的资本实力是中石化得以驰骋海外的根本。其次是内部化优势明显，作为中国内部最大的炼油企业，从人才培养、油气勘探开发、石油冶炼销售形成一条完整的产业链，如此强大的内部化能力使中石化在面对国际石油价格波动过程中处理起来游刃有余，在对外直接投资中遇到国际油价下跌或者上升时能从容应对[2]。

十三 西安西电国际工程有限责任公司海外投资成功原因分析

西安西电国际工程有限责任公司根据实际遴选合适的合作伙伴、向国际通用方式靠近以提升投资国认可程度是其成功立足海外的原因。西安西电国际工程有限责任公司创立于 1986 年，是中国西电集团控股的国际承包和对外贸易企业，拥有强大的超高压交、直流输配电设备制造背景和大型交钥匙工程承包能力，并有能力提供专业化的国际贸易服务，在中国香港地区、马来西亚、泰国、菲律宾和埃及设有营销机构和贸易公司。公司先后在尼泊尔、泰国、马来西亚、菲律宾、印度尼西亚、印度、巴基斯坦、孟加拉国、哥伦比亚等国承接了一百多座变电站和近千千米的高压输电线路的建设项目。已完成的海外项目有 2000 年完成新加坡电力局 69kVGIS 变电站工程；1998 年 3 月完成菲律宾国家电力局 Tayabas—Naga 205km 500kV 超高压输电线路工程；1997 年 1 月完成菲律宾国家电力局 Ormoc—Tabango 60km 230kV 高压输电线路；1996 年 9 月和 1997 年 1 月完成投运的马来西亚首都吉隆坡 Pudu Ulu 和

---

[1] 王佑：《中石化海外抄底五年得失》，《第一财经日报》2013 年 12 月 13 日第 B 叠版。
[2] 白楠楠：《中石化海外并购浅析》，《商场现代化》2008 年第 6 期。

Jalan Galloway 两座 275kV GIS 变电站；1994 年完成哥伦比亚 EAAB 公司 145kV 全封闭组合电器 6 间隔供货及安装项目；1993 年 5 月完成泰国京都电力局 36/48/60 MVA 69/12—24kV 电力变压器 10 台供货项目；马来西亚首都吉隆坡 Pudu Ulu 275kV/720MVA GIS 变电站；马来西亚首都吉隆坡 Jalan Galloway 275kV/720MVA GIS 变电站；泰国 Suansom 变电站 72.5kVGIS 工程；哥伦比亚 San Rafael 水库 145kV GIS 工程；132kV Lahan 变电站。

西安西电国际工程有限责任公司海外投资成功原因，首先是根据实际遴选合适的合作伙伴。在企业对外直接投资过程中，当面临陌生的国度和陌生的消费群体时，自己坚持自力更生开拓市场是需要足够的资金和毅力的，甚至很难成功。尤其是电力部门项目或多或少都与当地政府有关，与当地的垄断企业有关，在这些行业进行直接投资，根据实际选择合作伙伴意义重大。西电在海外直接投资过程中，首先选择当地有一定实力的公司进行合作，这类企业既可以是生产企业也可以是销售企业。与生产企业合作过程中利用公司对本土消费者的了解研发生产与本土消费者需求相匹配的产品；利用公司在当地的声望规避投资面临的不确定风险；如果本土品牌足够强大和有影响力，西电公司也会选择贴牌合作的生产方式，例如与俄罗斯 EK 公司合作就是采用此种模式；与销售企业合作主要是因为东道国制造商实力较弱，难以寻找到合适的企业进行合作。因此，选择销售企业进行合作利用其销售渠道向东道国提供产品，这种方式更容易被东道国其他企业接受，也能生产更加符合东道国国内消费者需要的产品。

改变传统做法，向国际通用方式靠近，提升投资国的认可度。例如，在国外输配电设备招标中经常采取一次、二次设备成套投标的形式进行，西电公司紧跟国际潮流，在产品生产及企业管理方面向国际前沿水平靠拢，打造优势品牌提升投资国认可程度[①]。

十四　中兴海外直接投资成功原因分析

中兴海外投资成功的经验是积极利用国家的援外项目优势促进对外

[①] 李瞧：《征战海外 西电集团欲跻身全球前三甲》，《中国工业报》2015 年 5 月 12 日第 B3 版。

直接投资。中兴通讯作为国内较早发展的高科技企业,产品不仅在国内销售,国际市场也是其非常关注的对象,早在20世纪90年代,对外直接投资的步伐已经展开。今天,中兴产品不仅进入欧美市场,产品遍及全球140个国家,为全球超过500家运营商18万用户提供服务,与全球多家通信公司①建立合作关系。

中兴通讯对外直接投资过程不仅仅依靠技术的先进性和资本的雄厚性,而是善于抓住机遇,借助中国援外项目促进自身产品在当地的应用及流行。最近十年,中国在非洲及亚洲很多国家,加大政府援助力度,这是我国对外开放促进企业对外直接投资的国家战略,伴随这个战略,中国援外项目大幅度提高,中兴通讯抓住这一机会,跟随政府援外项目,把自己的产品很好地推销出去,使当地人们了解自己公司产品的优良性和技术的先进性。由于援外项目的友好性使当地使用者很愉快地接受这个品牌,认识这个品牌,为其后继在该国发展打下坚实基础。援外项目一般集中在公益领域,例如学校、医院等,通常情况下援外项目进展与政府机关联系密切。这两个条件对于推广产品意义重大,学校、医院等领域消费者众多,一旦消费者对某种产品通过使用形成认可,在以后的消费中就可能成为忠实的用户和热情的推销者,极大地促进产品在当地的认可度;另外,援外项目一般与政府部门有关,良好的产品性能一旦被政府机关认可,在后期政府更大规模的采购中,这个品牌的产品一般会优先考虑。因此,中兴通讯正是基于这些方面的考虑,积极参与政府援外项目的建设,既帮助国家解决援助技术问题,也为当地政府提供更优质的服务,也使自己从中获益,迅速打开市场,提升对外直接投资的成功率。例如,1999年援建埃及政府的一套远程教学系统,中兴通讯积极投标,中标后建成的教学系统受到消费者及当地政府的高度认可,为中兴通讯产品进入埃及铺平了道路②。

十五　青岛海尔股份有限公司海外直接投资成功原因分析

青岛海尔股份有限公司海外投资过程使用"先难后易"的名牌战略

---

① 这些电信企业包括:葡萄牙电信、法国电信、沃达丰、和记电讯、阿尔卡特、爱立信、Ciena、思科。
② 何小欧、马晓宇、孙丽霞:《中兴通讯"走出去"与援外工作》,《国际经济合作》2010年第5期。

途径，塑造产品的品牌形象，避免原产地形象劣势是其海外投资成功的重要原因。青岛海尔股份公司创立于 1984 年，是中国早期家电制造企业，主营产品包括冰箱、空调等家电产品，还包括日日顺商业流通业务，目前全球员工总数 6 万多人。海尔产品在国内发展良好，市场占有率高；在国际市场，海尔凭借过硬的产品质量受到消费者喜爱。

海尔集团作为一家家电产品生产商，在技术领域并没有多少诀窍，技术相对来说比较成熟，早期在国内以其过硬的质量赢得国内消费者的喜爱，但在开拓国际市场过程中，作为中国品牌，一个来自发展中国家的品牌，要想在其他发展中国家和发达国家打开市场是非常困难的。在海尔海外投资过程中，为了避免被消费者贴上发展中国家质量低劣产品的标签，海尔选择制造水平发达，工艺要求精良，标准化程度高的德国市场为目标，根据德国产品质量标准体系严格要求自己，产品赢得了德国消费者的认可[1]；在此基础上，海尔产品华丽转身，不再是来自发展中国家的低端品牌，而是在德国市场被高度认可的高端品牌，为海尔后期进入欧美国家及发展中国家提供了良好的开端，使海尔对外直接投资迅速发展[2]。目前，在全球建立 29 个制造基地，发展成为大规模的跨国企业集团。

十六　海信集团海外直接投资成功原因分析

海信集团因地制宜地选择营销渠道、共赢的国际合作伙伴以及以促进当地社会发展的方式融入当地社会是其海外投资成功的基础。海信集团是一家以电视、冰箱等家用电器为主的电子生产企业，这个成立于 1969 年的企业经过近五十年的发展，规模不断壮大，技术不断提高，产品不断推新。在国内市场海信、容声、科龙品牌享有盛誉，受到消费者肯定。在国际市场上，自 1996 年南非海信的成立标志着对外投资合作的开始，紧跟其后不断拓展世界市场，产品进入美国、意大利、澳大利亚等发达国家市场。其成功原因主要如下：

---

[1] 刘杰、罗泳泳、张佳宁：《中国企业国家化之路——以海尔海外投资为例》，《知识经济》2012 年第 5 期。

[2] 孙聪颖：《海尔收购 GE 家电 国际化在下一城》，《中国经营报》2016 年 1 月 25 日第 C05 版。

因地制宜地选择合作方式。海信集团在开发国际市场的过程中，面临的世界市场是多样的，如何选择合适的合作方式事关重大。根据海信成功的合作经验，这三种方式分别是选择与销售能力强大的代理商合作、自己投资生产自创品牌、选择与当地强大的企业合作。海信集团根据实际情况，在美国、澳洲、日本等地，采取第一种模式，避开当地设厂巨额的资金需求，在此地销售产品；在南非、匈牙利等国采取第二种模式，直接投资设厂，以自己的品牌打开国际市场[①]；第三种模式典型代表是德国，海信集团作为一家技术成熟稳定的企业在技术领域的合作并不迫切，之所以选择德国惠而浦进行合资，很重要的原因是对其营销渠道的看好，通过这些渠道产品可以更好地进入行业标准相对苛刻的德国市场，也能更好地了解此类消费者的偏好，为产品进入相近市场提供生产和销售经验。因此，因地制宜选择互利共赢的国际合作伙伴是海信集团海外投资成功的首要原因。

在海信对外投资长期发展中，海信集团也深刻认识到在谋求企业海外发展的同时，应当以促进当地社会发展的方式融入当地社会，只有真正融入当地社会，才能更长远地发展，这也是海信国际化过程中一直坚守的理念。为了实现这个目标，海信集团海外运作过程中在欠发达的国家和地区注重慈善事业的捐款，例如发起卖一台电视捐一块钱的活动，为当地的学校、福利机构、儿童医院等单位捐助善款，使当地民众实实在在地感受到企业的诚心和帮助；在发达国家和地区，海信集团将公益的目标转向环保领域，积极参与，以回收废弃电子产品的方式减少对当地环境的危害，注重当地环保发展[②]。当然无论在发达国家还是发展中国家，海信集团以促进当地就业为己任，积极雇用当地员工，当地员工占比高达80%，在促进企业发展的同时，也为促进当地就业做出了积极贡献。

十七 TCL集团越南投资成功原因分析

TCL集团合理的国际化经营路径及产品开发策略的成功是其在越南投资成功的主要因素。TCL集团是20世纪80年代初创立的电子行业企

---

① 单雷：《海信集团跨国投资模式研究》，《商场现代化》2009年第6期。
② 王鑫：《海信集团国际化的成功经验与启示》，《对外经贸实务》2015年第12期。

业，经过近四十年的发展，已经从初期的小规模企业成长为"巨无霸"企业，2016年营业收入高达1064亿元。其业务范围也由最早的家电产品向多媒体科技、通信科技等领域发展；其销售范围从早期的国内市场向美洲、欧洲、亚洲及澳洲市场扩展；在产品向国外销售的同时，TCL集团积极进行海外扩张，采取直接投资、并购当地企业等多种形式不断拓展生产领域，使企业面临的市场不断扩大，企业的抗风险能力不断增加，2016年净利润高达21亿美元。TCL集团海外发展历史如下：1998年在越南设立了第一家海外分公司，2002年TCL集团收购德国施耐德电子公司[1]，2003年TCL集团收购美国渠道商GO—VEDIO公司，2004年初TCL出资5.6亿美元，合并重组法国汤姆逊公司的彩电并于2004年7月合资成立全球最大彩电企业TTE，2004年出资5500万欧元，并购了法国阿尔卡特手机业务[2][3]，2007年TCL相继收并购了三个公司等。TCL发展过程伴随着对外直接投资，这些海外投资有的给公司带来巨大收入，有的给公司带来很大损失。但是在越南的对外投资是该公司一个较为成功的典范。

首先进行产品的出口，当时TCL集团的彩电等产品已在前几年出口到越南市场，获得消费者认可，在有一定的消费群体的基础上集团准备对越南进行直接投资，缓解运输成本及工资成本；考虑到当时越南市场上彩电品牌不多，TCL自身产品品牌已有一定效应和销售渠道，因此在越南选择绿地投资，产品很快上市，成本极大地降低[4]。越南消费者对产品认可度较高，企业海外投资取得巨大成功。其次是优秀的产品开发策略是投资成功的持续保证，TCL能在越南市场良好发展的主要因素是产品开发取得成功。在越南市场上，TCL没有采取单纯的价格竞争策略，而是认真研究越南消费者的实际状况，越南作为一个发展中国家，在2000年左右人均收入不是很高，但是一部分高收入消费者需要时髦新潮功能先进的产品，另一部分消费者虽然也需要但收入不高，面对这

---

[1] 陈雪、陈湛匀：《全球化：中国制造业跨国经营现状浅析》，《对外经贸实务》2006年第8期。

[2] 陈庆春：《中国家电企业何以持续增长》，《IT经理世界》2010年第2期。

[3] TCL收购法国汤姆逊彩电业务和阿尔卡特手机业务给自身带来巨额亏损。这部分在中国企业投资失败案例分析中详解。

[4] 梅新育：《TCL在越南》，《对外传播》2010年第8期。

种情况，企业首先保证在越南上市产品的新颖性，国内只要有新产品上市，越南市场马上也有此款新品，以满足收入较高的消费群体；对于收入相对较低的消费群体，企业根据消费者的心理，在外形上尽量做到与最新流行机子相近但是价格却便宜很多，以满足这一部分消费者的需求①。因此，充分考虑消费者需求的多样性，为不同消费者生产不同产品满足消费者的需求使 TCL 集团在越南市场上获得极大的成功。

十八　中国企业对外直接投资热情持续高涨

2015—2016 年主要项目有：2015 年中国化工集团通过全资子公司中国化工橡胶公司，以 46 亿欧元收购了意大利倍耐力集团公司近 60% 股份。2015 年复星以 20 亿美元收购美国保险商 Ironshore。2015 年安邦保险以 15.7 亿美元收购美国信保人寿。紫光集团以 38 亿美元入股西部数据。中国三峡集团收购了葡萄牙国家电网 21.3% 的股份。国家电网用 24 亿欧元收购意大利存贷款能源网公司（CDP Reti）35% 的股权。2016 年 1 月海尔斥资 54 亿美元（约合人民币 356 亿元）收购美国通用电气家电资产。2015—2016 年海航海外收购频繁，2015 年 5 月海航集团旗下荷兰的全资子公司以 1300 万美元获得南非商务航空集团 6.2% 的股份。2015 年 6 月，海航集团收购了红狮酒店公司 15% 的股份。2015 年 7 月，海航集团以 175 亿元人民币全资收购瑞士空港公司（Swissport）100% 股权。2015 年 8 月，海航投资控股有限公司签约收购传媒巨头英国路透社总部大楼。2015 年 11 月海航集团出资 4.5 亿美元收购巴西蔚蓝航空 23.7% 的股权，成为后者最大的单一股东。2016 年 4 月，海航资本集团有限公司同卖方 Shorenstein Realty Service 以 4.63 亿美元在纽约曼哈顿完成第二栋写字楼（8503rdAVE）的收购交易。2016 年 4 月，海航国际投资集团有限公司发布公告称，已同意以 1.31 亿英镑（约合 1.89 亿美元）购买伦敦的一处商用物业。2016 年 4 月，海航旅游集团宣布收购 Carlson Hospitality Group 及其持有的 RezidorHotelGroup 一半以上的股权。2016 年 5 月，维珍澳洲航空（Virgin Australia）（VAH.AX）已与海航集团达成协议，海航将通过供股向其投资 1.59 亿澳元（1.14

---

①　梅新育：《中国制造业的产业升级与转移》，《电器工业》2013 年第 12 期。

亿美元）。2016年7月，海航确认收到Gategroup共计61.76%的股票出售，收购投资不断出现。

第二节 中国企业对外直接投资困境案例剖析

本节选取对外直接投资失败的典型案例十部进行剖析。

一 ZGNFGY有限公司及SGBLTK股份有限公司海外投资困境分析

ZGNFGY有限公司海外运营面临南非政策法令的变化使其举步维艰，经营困难。ZGNFGY有限公司是ZG集团EAMI在1996年与南非LimDev合资建立的企业。经过20多年的发展，企业规模宏大，已形成年产铬铁130万吨的企业；企业经济效益良好，是中国对外直接投资中经营较好的企业[①]。但是，ZGNFGY有限公司在运作中也面临着极大的风险，其风险来源是南非政策法令的变化。自2004年起南非政府开始执行BEE[②]法案。根据该法案，ZGNFGY必须从自己持有的60%的股权中拿出15%出售给黑人股东，这个要求将降低ZGNFGY占绝对优势的股份，使其失去对该公司的控制权，为了保住这个控制权，ZGNFGY与其合资公司LimDev方商议由其出售30%的股权给黑人股东，作为交换，ZGNFGY负责公司扩产项目的全部资金及协助黑人股东融资。但是在实际操作过程中，由于黑人股东资金匮乏，根本无力购买ZGNFGY出售的25%的股份，因此要求ZGNFGY自己给黑人股东贷款，ZGNFGY表示仅是协助BEE股东向中资银行及外资银行贷款，但是合资方LimDev也认为ZGNFGY按照新股东协议应该自己给BEE股东贷款。最为棘手的是

---

① 邓瑶：《中钢南非困局》，《21世纪经济报道》2011年7月4日第11版。
② BEE是Black Economic Empowerment的缩写，即"提高黑人经济实力"，南非政府提出了"提高黑人经济实力"战略，加大政策倾斜力度，鼓励黑人发展中小型企业，积极参与国家大型企业的发展，对各企业黑人持股比例、参与管理程度和接受技能培训等设定硬性目标，以期全面提高黑人融入经济的程度。1994年4月27日，南非执行新民主宪法前的南非籍华人也可以享受该法案的权利，1994年4月27日以后的南非籍华人不享受该权利。BEE法案规定，在南非境内的所有公司必须将其股份按25%股份加一票否决权的最低比例出售给BEE股东，即黑人股东。

LimDev 选定的五家 BEE 股东都是当地的高层权贵，例如国家副总统之子任总裁的企业，这些股东对国家政策影响力较大，一旦要求不能满足，企业在南非运行将异常困难。但是矿业资本金额巨大，即使 ZGNFGY 同意实际中也无力筹措到如此巨额的资金，一旦不能筹集资金，新股东协议作废，若按照 BEE 法案 ZGNFGY 就要失去对公司的控股权。ZGNFGY 公司在南非经营 20 多年，但是南非政府提出的 BEE 计划使其举步维艰，经营困难，ZGNFGY 在南非的铬业资产，正面临停产的巨大风险。

SGBLTK 股份有限公司劳工纠纷及资金匮乏使运营艰难。SGBLTK 股份有限公司是 SG 集团在 20 世纪 90 年代初期对南美的投资项目，是集购买股权及开采勘探经营权于一体的境外投资企业，是中国在该区域规模较大的经济实体。SGBLTK 投资之前做了大量的前期工作，招标毫无悬念，投资顺利进行，但是当中国接管该企业后，劳工纠纷一直困扰该公司。接管初期，SGBLTK 根据工作需要辞退部分秘籍员工，雇用中国员工，这种措施引发当地员工不满，加上原公司出售前的裁员造成的恐慌，甚至引发了长达一个月的罢工潮。面对如此糟糕的劳资关系，SGBLTK 做了大量努力和让步，减少对中国工人的雇用，尽量在秘鲁雇用当地人，尤其在管理层中加大当地人员的雇用；在薪资方面 SGBLTK 花费巨资尽量满足当地工会的经济要求，劳资纠纷有所缓解。但是秘鲁工会势力强大，对员工福利期望很高，经常以 SGBLTK 企业国内员工福利为依据，讨价还价，给 SGBLTK 形成很大的压力。工会组织不顾及企业的经营状况，只是关注员工的诉求，在 SGBLTK 前期的让步中使员工对薪资期望很高，全然不顾企业经营困境，工会组织这种单方面的利己行为在世界铁矿价格上升时问题不大，矛盾不显著，企业收益勉强支持；但是一旦遇到较长时间铁矿价格下跌时，企业根本无力承担如此高的薪资水平，解雇员工又非常困难，不得不面临罢工等糟糕环境，这些状况经常使企业面临资金匮乏、举步维艰的境地。

二 ZGYSKY 集团有限公司海外投资困境分析

ZGYSKY 集团有限公司在非洲投资面临的主要风险是针对矿源地展开的竞争。

ZGYSKY集团有限公司是1983年成立的大型央企,主要以金属矿业开发为主要业务,公司资产雄厚,在全球多个国家拥有自己的矿业实体,是对外直接投资发展较好的企业。但是,ZGYSKY集团有限公司海外投资过程中面临风险较大,比如,投资过程自身对投资区域数据获取非常困难,不能准确掌握矿产资源区域的信息情况,导致企业不能预先规避风险[①];投资过程中面临当地经济不景气,通货膨胀,政策变动、国家安全导致投资面临不确定性风险[②]等。但是ZGYSKY集团有限公司海外投资的主要风险来源是矿源地的竞争。以该公司在非洲投资为例,非洲地区矿产资源丰富,但是在这里开矿的企业众多,非洲长期处于殖民地状态(到目前为止一些国家仍是其殖民地),殖民者在这里经营多年,殖民过程形成扭曲的经济联系体。这些联系不容易被打断,最明显的表现形式就是矿业垄断集团。这些垄断集团企业在非洲经营选择对自己最有利的方式,贪婪地攫取当地优质高品位矿产资源,经营过程中只关注自己的利益,对非洲人民根本利益丝毫不顾及;虽然中国企业在投资过程中因关注当地民生而受到欢迎,但是中国企业在该领域投资矿产必须面对的竞争者是垄断集团的矿业公司,他们进入时间早,经过长期的运营,经验丰富,好的矿产资源集中在他们手里,几乎控制了非洲地区所有高品位矿产[③]。因此,在该区域投资面临的最大风险就是与矿业垄断集团之间对矿源地的竞争,这种风险是长期的也是持久的。这种风险不仅在非洲,在其他地区也同样存在。因此,ZGYSKY集团有限公司在海外投资过程中将面临这些矿业巨头的竞争及打压,而且这个风险将是持久和巨大的。

三 HY集团加拿大投资困境分析

HY集团在加拿大投资面临的主要风险是初期规避贸易配额限制目的因原产地限制复杂难以实现、投资国市场狭小、当地雇员工资成本。中国HY集团有限公司是1992年成立的国有控股公司,经营业务

---

① 张华:《中非矿业合作空间有多大》,《中国国土资源报》2012年8月25日第006版。
② 张华:《中国对非洲矿业投资现状、问题及对策》,《中国国土资源经济》2012年第5期。
③ 谢玮:《中国海外矿业投资八成失败》,《中国经济周刊》2013年第50期。

以纺织和医药为主。HY集团在纺织业领域对外直接投资取得一定成功，但也面临较大的风险。以HY在加拿大直接投资为例，投资初期比较顺利地进入加拿大市场，但经营过程中存在的风险不断凸显。风险首先是规避贸易配额限制的目的因原产地限制复杂难以实现。HY集团对加拿大投资过程不仅关注加拿大的市场，而且主要关注美国市场，因为加拿大人口稀少，消费市场有限，但加拿大与美国同是北美贸易区成员，以加拿大为据点，将产品销往美国来突破美国当时对中国纺织产品的配额限制。但是实际运营过程中，当HY在加拿大的产品准备出口到美国时，却被要求提供原产地证明，这些要求纷繁复杂，HY集团根本不可能提供，使得进入美国市场极大受阻，而加拿大市场有限，HY集团也难以形成规模经济，规模优势不能发挥，企业的成本降不下来，企业整体竞争能力不能发挥出来。更为糟糕的是，按照企业初期设计的生产能力来计算，雇用的工人数目巨大，而且加拿大政府也很看重给当地带来的就业机会，但是，生产能力不能得到充分发挥，雇用的人员肯定减少，当初的雇工承诺也无法兑现，再加上加拿大工资水平较高，在生产水平不高的情况下，企业也没有能力雇用更多的当地员工。同时，由于加拿大对到加工作外来劳动力有严格要求，这使企业无法将国内相对便宜又具备熟练技术的工人引入加拿大，各种原因使企业在加拿大经营困难。

四 ZGHGY集团核电海外投资困境分析

ZGHGY集团核电海外投资面临的风险是海外竞争对手强大。ZGHGY集团以其先进的技术和精良的工艺在国内安全运行核电，促进中国经济发展。在对外直接投资过程中，最近几年成绩显著。ZGHGY集团与法国、英国、罗马尼亚、阿根廷等国核电合作不断加深，成绩喜人。但是核电海外直接投资面临的首要风险是海外竞争对手强大，自身技术运营经验有待提高。以ZGHGY与阿根廷核电合作为例，在两国政府的大力推进下，项目协议签署。但在这个过程中，ZGHGY面临来自海外强大竞争对手的挤压，这里面包括离我们很近的俄罗斯和韩国以及其他国家，面对这些强硬的竞争对手，核电要向投资国证明自己技术的可靠性，不仅仅是建设的高效性和成本的低廉性，更需要时间来验证①。但是 ZGHGY 发展不过几十年的时间，虽然高速增长，但是在技术领域还有待提高，因此，海外直接投资的过程中面临的来自其他国家的竞争也将长期持续。另外，来自国家内部同行的竞争从未停止，竞争不仅表现在对外直接投资过程中而且也表现在国内核电投资建设中，虽然国家也在调整，但是竞争依然不能停止，这种竞争也提高了 ZGHGY 企业国内、国际投资的成本，加大了企业运作风险。

五　QR 汽车股份有限公司美国投资困境分析

QR 汽车股份有限公司创立于 1997 年，以生产中国自主品牌汽车在国内家喻户晓。在对外直接投资过程中，QR 发展迅速，目前 QR 汽车在伊朗、印度尼西亚、埃及、乌克兰、巴西等地区汽车合作不断加深，企业发展良好，对外直接投资效果显著。但是，QR 在对外直接投资过程中也面临诸多风险，以 QR 在美国的投资为例，合作失败主要是美国国内汽车行业环保高标准技术要求以及垄断集团利益难以分享。

无论是在美国生产的汽车还是向美国出口的汽车，美国环保法严格要求达到环保局所制定的联邦空气污染控制标准②。这项标准制定严格，执行力度很大，即使欧洲高端汽车公司也会感到困难重重。实际中一旦把不符合标准的汽车销售到美国市场，处罚非常严厉③。例如，大众汽车公司被美国环保局指控安装非法软件而受到 180 亿美元罚款。在 QR 与美国梦幻汽车公司合作时期，以 QR 当时的技术水平，根本无法达到美国环保标准，因此与梦幻公司合资生产的汽车很难进入美国市场，合作只能解体④。

QR 汽车股份有限公司与美国克莱斯勒公司的合作失败原因是触及国外汽车垄断集团的利益。汽车行业是垄断性极强的行业，美国汽车生产量居世界前列，但汽车制造厂家被三大巨头垄断，这些垄断企业的利

---

① 蓝旺：《"中国制造""核电"走出去仍面临困境》，《广西电业》2015 年第 3 期。
② 王艳秀：《中国汽车产业的外向发展与节能减排》，《经济与管理》2010 年第 10 期。
③ 本刊编辑部：《美国非关税贸易壁垒》，《世界机电经贸信息》2003 年第 11 期。
④ QR 与梦幻分手还给 QR 招惹了官司。2008 年 7 月，梦幻汽车老板布鲁克林向底特律联邦法庭提出诉讼，控告 QR 未履行双方签订的向美国出口汽车的合作协议，并非法窃取汽车技术和商业计划，要求 QR 支付至少 11 亿美元赔偿。

益一旦被损害，就会要求政府出台政策进行限制。因此，克莱斯勒宣布与 QR 合作生产小型车，并出口到美国市场，让当时已经陷入困境的美国汽车巨头恼羞成怒。再加上美国人对中国产品不信任，对于低价车心存抵触①，因此 QR 汽车合作失败。

六 QDHE 海外投资困境分析

QDHE 海外投资面临的风险是挑剔的顾客及强大的本地竞争对手。QDHE 海外投资虽然取得一定的成功，但面临的风险依然强大，首先是发达国家市场成熟，顾客对产品质量、功能的要求比较高，更加难以满足，在这个过程中企业不得不加大研发投资力度，更加注重细分市场，在其中艰难地寻找商机生产产品以满足当地消费者的需求。其次是强大的本地竞争对手，海尔产品进入发达国家面临的竞争更加激烈。发达国家的市场上常常存在实力雄厚的同类企业，这些企业经营多年，甚至对行业有一定的垄断性，在消费者群体中享有一定的声誉，其产品的销售渠道经过长期的磨合发展比较稳定，QDHE 产品进入这些国家只能以更好的质量、更合理的价格、更人性化的设计、更稳定的性能赢得新的消费者，给企业经营带来巨大的竞争压力，是企业海外直接投资面临的主要风险。

七 CYGDSH 集团股份有限公司法国投资困境分析

CYGDSH 集团股份有限公司海外并购法国汤姆逊和阿尔卡特面临的风险是降低成本困难，运营费用过高，并购后的整合不到位，协同效应难以发挥。CYGDSH 集团海外业务发展迅速，经过十几年的国际化，曾经的国际化道路已经为 CYGDSH 集团赢得了更好的发展机会，但其海外投资过程中也经历过艰难困惑与失败，回顾过去引以为鉴。CYGDSH 集团 2004 年 4 月出资 5500 万欧元，并购了法国阿尔卡特手机业务，获得该公司手机生产领域的专利技术及销售市场；2004 年 7 月收购汤姆逊彩电业务合资成立全球最大彩电企业 TTE，但是 2006 年 CYGDSH 便

---

① 布里克曾把南斯拉夫生产的廉价 YUGO 汽车引进美国，最初由于价格便宜，车型比较新颖，YUGO 在美国时兴了一阵。但不久，包括性能、安全系数、保修等问题暴露。后来，美国就再也没有进口过 YUGO，并且美国人也从此留下了对低价汽车的不良印象。

遭受了收购汤姆逊彩电业务之后的19亿元巨额亏损。亏损来源是多方面的,但主要原因是成本过高,企业难以为继:在新建立的TTE合资公司中,根据协议,公司只能使用合资后的专利技术,对于TTE前身汤姆逊的专利技术,即便是已经公之于众的普通技术,合资公司都要付费才能使用。这条陷阱条款不仅使CYGDSH公司无法获得任何技术的提升,而且要支付巨额的专利费用,对一个刚刚在国外成立的合资企业,各方面都需要整合,成本费用本身较高,巨额的专利费是企业根本无法承受的,再加上人工运营成本远高于国内,每年还要从汤姆逊购买一定的原材料等原因,巨额的成本使公司难以为继。2007年TTE欧洲公司申请破产清算[1]。

CYGDSH在并购阿尔卡特手机业务之后,进行了一系列的努力,但是存在的问题也较多,作为阿尔卡特的老员工,对CYGDSH集团推行的低底薪高提成的薪酬模式难以接受,对公司的不信任难以弥合,有些不得不离开公司;作为CYGDSH方面虽然进行整合,但整合后没有实现品牌渠道的同享,也无法完成采购和销售体系的整合,进而管理体系混乱难以获利,在运营出现全面巨亏之后,2005年CYGDSH收购合资公司持有的股份,阿尔卡特退出合资公司。CYGDSH早期以阿尔卡特技术获得迅速增长的目的基本没有达到。

八 SHQC集团韩国投资困境分析

2004年10月28日,中国SHQC工业(集团)总公司以5900亿韩元收购双龙汽车公司48.92%的股份。次年通过证券市场交易,SHQC增持双龙股份至51.33%,成为绝对控股的大股东。2006年,受韩国市场环境变化、第三季度罢工等因素影响,净亏损折合人民币16.38亿元。2007年,双龙实现盈利。2008年,金融危机将双龙拖向深渊,SHQC被迫向双龙紧急"输血"4500万美元。2009年1月10日,SHQC发布公告称同意该公司按韩国法律相关规定向韩国法院申请进入

---

[1] 2005年,在CYGDSH重组欧洲业务之时,合资方汤姆逊以帮助解决困难为由将其持有的CYGDSH多媒体股份减持到5%左右,套现5.7亿港元。2010年,TTE欧洲公司清算官将CYGDSH告上法庭,以其非法侵占或转移该公司客户及无理取得雇员保存计划等提出索赔诉讼,金额共计超过5亿元人民币。

企业回生流程。2009年2月，双龙汽车进入了类似破产保护的程序。

SHQC集团对外投资失败的原因首先是对双龙技术及市场价值的错误认知。韩国汽车制造技术在世界汽车制造技术领域处于比较落后的地位，与美国及德国等汽车巨头相比差距甚远，韩国双龙汽车公司早期能够生存的主要原因是技术领域来自奔驰公司的支持，但是当准备出售给中国之前，韩国大宇汽车公司曾经收购过双龙，但是因种种不合适又将其售出，因此这时的双龙并不是一个值得收购的优质资产。SHQC收购的目的是通过控股双龙获得该品牌以及获得相关技术①。然而事实证明这个目的根本达不到，双龙汽车部分款型虽然有奔驰公司技术支持，但却不能生产出在美国市场销售的产品，在欧洲市场也没表现。因此，早期的双龙只是一个借助奔驰技术生产产品在国内销售的公司②。当SHQC集团进驻双龙以后才发现在这里制造一辆车的成本高昂、车型耗油量大、制造车型单一，一旦遇到高油价时期的危机，企业根本无力盈利。其次是狭隘的民族主义使并购后融合失败。韩国是一个民族主义很强的国家，排外意识很强，早在1996年韩国就加入发达国家俱乐部，人均收入较高，对中国企业的收购韩国人在心理上不能接受，演变到实际中就是拒绝购买双龙汽车生产的产品。在高油价引发的国际金融危机面前，双龙汽车销量急剧减少，面对企业经营的困难，双龙董事会曾希望压缩工人部分福利使企业渡过难关，但此举遭到公司员工及工会的强烈反对，不顾企业经营实际，一味地强调自己的福利，并因此不断罢工③。劳资矛盾尖锐难以协调，2009年双龙宣布破产。

九 HW公司美国投资困境分析

HW技术有限公司以信息和通信技术为主要业务，在中国内部市场运作良好，资产巨大。在海外投资过程中，HW以其先进的技术在全球170多个国家开展业务④。但是，海外投资风险依然存在，尤其是在发

---

① 黄慧、单颖华：《双龙事件的启示》，《企业管理》2009年第5期。
② 王兵：《上汽10亿元打水漂 国内车业首次跨国并购留下四大启示》，《证券日报》2009年2月18日第C2版。
③ 陈之骏：《上汽集团跨国并购韩国双龙案例分析》，《商业故事》2015年第7期。
④ 冯琛、袁雯竹、孙绍光：《技术创新对企业竞争优势的推动作用——苹果与华为的对比分析》，《时代经贸》2017年第9期。

达国家投资并购过程中，HW 受的限制较多，面临的风险较大。在 HW 对美国的技术并购中，这种风险尤为突出，在 HW 收购 3Com 时最后的政府批准环节被限制，美国投资审查委员会给出的理由是 HW 一旦获得该项技术，将来可能监听或扰乱美国的无线网络通信，因此要求公司终止交易；2010 年 HW 收购 3leaf system 有关云技术的项目，在收购已经完成 7 个月之后，CFIUS 开始对此项交易进行调查，一年后给出结论要求 HW 终止此项目。

HW 收购失败的主要原因是技术先进国家对中国技术崛起的限制。HW 这两次竞购失败，是因为美国外国投资委员会（CFIUS）的阻挠而没有成功。这种风险表面上是个案，是一个公司面临的收购风险，其实质是一项长期风险，是来自发达国家对发展中国家崛起的遏制。美国等发达国家并不希望看到一个制造技术发达的发展中国家，他们更希望发展中国家永远地给他们生产鞋包等低技术含量的产品，向他们出口农矿初级产品，因此对初级农矿产品以及低技术含量的制造品美国采取的是鼓励政策，但是对向发展中国家技术转移的限制、对来自发展中国家高技术制成品的限制一直是其基本国策，毕竟没有哪个国家喜欢出现一个强大的竞争对手，更何况是中国这样拥有巨大潜力的国家。从 HW 美国并购案来看，任何在技术领域发展较好的公司在美国投资并购都会面临这种风险。因此，要丢掉幻想，仅靠购买是不能获得尖端新技术的，自力更生发展技术才是根本。

十　FP 集团[①]巴西投资困境分析

FP 集团在巴西办厂失败的主要原因是监管力度不够，合作伙伴阳奉阴违。FP 集团是一家以家电业务为主的企业，在国内市场发展良好，在东南亚市场有一定的知名度。但是这个企业在对拉美国家直接投资过程中，却以损失高达 5 亿美元而申请破产[②]。在企业的海外直接投资中，企业坚守发展自己品牌、稳步投资，履行企业社会责任、企业本土化等策略，取得一定的效果，在投资初期几年也获得较好的利润，但是 2014 年却突然面临破产的边沿。一方面是巴西国内大环境所致，消费

[①] FP 集团是一个代名词，这是一家电子企业，为避免产生坏影响用这个名字。
[②] 李永源：《折戟巴西之痛》，《中国外汇》2014 年第 9 期。

不振、汇率损失等问题，另一方面是其合作伙伴因为中方对巴西法律的了解不全面，阳奉阴违按照自己的意思办事，草菅中方合理的建议，用虚假的信息欺骗中方，最后使企业面临巨额亏损不得不以申请破产的方式而结束。

第三节　对外直接投资主观因素产生的风险剖析

通过前两节对中国对外直接投资典型案例的分析，成功与失败都有自己的原因，虽然不同企业成功与失败的原因不同，但是对这些个体的案例进行深刻研究，总结其中风险产生的共性原因，为后续投资企业提供借鉴。

一　收购过程信息不对称、被收购公司隐瞒重要事项

收购过程信息不对称、被收购公司隐瞒重要事项，收购过程难以发现，运作时困难重重。海外直接投资过程中，以非常低廉的价格出售的资产收购者都明白这些企业常常存在隐性负债、潜在隐患，属于不良资产，企业收购时会认真研究这些问题，避免上当受骗。但在实际操作中，这些劣质资产经常进行豪华包装，高价出售极具迷惑性。中国企业初到海外，人地两生，一些帮助联系的华侨中介两头收钱，不守信用，设置圈套，有意欺瞒[①]。再加上国际媒体的引诱，其他竞争对手采用假收购的手段表现势在必得，给中国直接投资企业形成的感觉就是如投资失败将是巨大的损失。因此，不遗余力地拿到该项目就像战争中夺取某战略高地一样重要。实际状况是那些企业往往是鸡肋资产。比如，2001年 HL 集团海外并购 FLP 公司业务过程中，对方隐瞒其与美国高通公司就 CDMA 芯片高端技术不对第三方公开的协议，致使 HL 集团虽然花巨资并购成功，但换来的是 FLP 公司落后的技术，当时核心的 3G 技术根本没有得到。2008 年，ZG 集团出价约 14 亿美元，收购了澳大利亚中西部矿业公司 98.52% 的股权。但三年后，ZG 集团的澳洲开发陷入困境，当初并购时，ZG 集团认为该矿储藏以赤铁矿、红矿居多，但开发

[①] 荣郁：《抢抓私有化机遇还需理性为先》，《国际商报》2016 年 6 月 13 日第 A2 版。

后才发现很多是更次的磁铁矿，提炼成本增加，收益自然下降；而且，ZG 公司运矿的港口，则掌握在竞争对手手中，让竞争对手帮助 ZG 公司运矿太困难。当初的大胆并购现在却成了鸡肋资产。

二 对并购企业技术发展前景判断失误，直接投资后根本无法盈利

中国企业并购发达国家的公司时，在对公司技术的判断方面明显能力不足，究其原因首先是我们自身技术落后，因此，对先进技术的甄别能力先天不足，发达公司的一些技术对我国企业来说可能是先进的，但在世界该行业领域可能已经落伍，我们因为自身知识的不足很难准确判断，进行直接投资后运作时才发现市场已经有了更先进的产品。例如，CYGDSH 期待从汤姆逊获得的 DLP 技术能使 CYGDSH 走向技术高端领域，但是实际中液晶电视 LCD 的迅速发展使其并购的这项 DLP 技术的竞争力急剧下降[1]。CYGDSH 对行业技术发展前景预测的失败，使企业没有抓住瞬息万变市场的发展动向，对后期液晶电视的营销影响严重[2]。从世界技术发展规律来看，根据产品生命周期理论，发达国家出售的技术主要目的是尽可能地延长所开发产品的生命周期，其实就是将快要淘汰的技术尽可能地通过转让使其发挥作用。因此，通过购买的方式提高技术水平是发展中国家缩小与发达国家技术差别的最好手段，但绝不是发展中国家与发达国家竞争新技术产品的手段。

三 缺乏对投资国家深刻研究，贸然进入后举步维艰

部分企业开展境外并购存在盲目性。中国企业海外直接投资自 21 世纪以来迅速发展，非金融类对外直接投资金额 2015 年为 1180.2 亿美元、2016 年为 1701.1 亿美元、2017 年 1—11 月为 1075.5 亿美元，海外投资规模不断扩展。这中间有一部分企业是形势所需进行海外投资，例如或者时机成熟由出口产品转为当地投资开拓国外市场，或者国家需要以获得国外资源，或者产品技术先进需要开拓海外市场等原因，企业

---

[1] 杨震宁、李东红、王以华：《中国企业研发国际化：动因、结构和趋势》，《南开管理评论》2010 年第 4 期。

[2] 杨春娜、王明珠：《浅析中国企业跨国并购中存在的问题——以 TCL 集团为例》，《东方企业文化》2010 年第 17 期。

走出去的过程是谨慎、理性的。但实际操作中还有很多企业在投资过程中，在缺乏对投资国家深刻研究的基础上跟风进入。对并购公司业务及技术等缺乏完整认识，仅仅依靠简单的目的地考察、对方公司提供的数据或者当地中介公司提供的材料，在自己分析判断能力缺乏真实材料支持的情况下，贸然投入巨额资金进入不熟悉的国度和行业，这种不理性的行为背后隐藏着巨大的隐患，投资后举步维艰也是理所当然的。中国对外直接投资起步晚，仅仅三十年的时间，跟国际资本主义国家对外直接投资相比还很稚嫩，中国对外直接投资前期积累很少，对当地国了解不充分、缺乏掌控各种风险的人才，例如中国与巴基斯坦合作密切，但国内研究巴基斯坦的学者很少，更没有长期坚持跟踪研究，对国外缺乏研究，研究深度不够，原因在哪里？客观因素是我们对外开放时间才短短40多年，难以跟国际上百年的对外直接投资历史媲美，主观因素是目前社科领域研究人员存在的问题是跟着流行走，跟着热点走，缺乏对一个国家做长期的、细致的、连续的研究。

四 缺乏对投资国用工制度的深刻认识严重影响企业运营

企业对外直接投资时对东道国用工制度认识不深，凭经验办事，或是泛泛了解，最后却吃尽苦头，损失惨重。从已经发生的案例来看劳工法律及工会组织是用工风险的主要来源。从劳工法律来看，对当地员工保护力量强大，对企业运营影响较大，例如马来西亚法律规定，外国投资需要80%使用当地人，其中使用原居住人不少于10%，但这部分当地人没有足够技能，企业在做了大量前期投资后，却深陷用工困难；MJ公司并购西门子手机业务时，对德国用工制度以及工会的力量认识简单，只看到并购价格低廉且公司还有一亿欧元现金可以支配，万分高兴地进行收购，可是在后期的运行过程中才发现德国人力成本高昂，工会力量强大，解雇员工支付金额巨大，加上并购后整合的困难，企业经营不善，盈利艰难。两年过后，MJ—西门子在巨亏8亿欧元后草草了事。HY投资之初承诺要雇用300多名当地员工，但加拿大工资水平大大高于国内工资水平，这对HY来说劳动力成本巨大，随着项目的全面启动，加拿大法律对到加工作的外来劳动力有严格要求，使HY无法将国内相对便宜又具备熟练技术的工人引入加拿大。在企业破产时按当地工资标准，要求一次赔付未来若干年的工资，致使企业经营不利时破产也困难，还很容易惹上官司。不仅这些法律明文规定的条款对企业运营影响较大，被收购企业自身签订的条款也会影响投资及运营，例如，并购企业原来在与管理层及某些重要员工签订的劳动合同中，会包含知识技术产权的条款，员工离职其技术知识产权也被带走；控制权发生变更时必须补偿他们三个月到三十六个月的薪酬等。中国公司为成功收购该目标公司，需要为留任关键人员而重新谈判劳动合同或者为原公司高管支付大笔的补偿金额，导致收购成本增加。其他的典型用工问题如SG-BLTK劳资冲突、WB矿业控股的缅甸莱比唐铜矿社区冲突[1]、秘鲁区域发生针对五矿集团（MMG）的抗议活动、ZXTF澳洲铁矿项目的劳工问题等，企业直接投资面临极大的风险。

五　缺乏对投资国金融环境的深刻认识严重影响企业运营

对外直接投资过程中遇到的国家经济发展水平差异较大，金融环境参差不齐，或者金融环境发展落后或者金融衍生产品发达，对企业直接投资带来较大风险。在发达国家，金融业历史悠久，金融衍生产品发达，这些五花八门的金融衍生品如外汇掉期交易、外汇期权期货等是发达国家企业经常惯用的方式[2]。但是最近十几年国际金融领域危机频发，这些方式用得好会给企业带来一定的利润，预期判断失误会给企业带来较大的损失。中国企业在国内经营过程中对此领域涉及较少，面对纷乱的金融衍生品很难准确预测其发展趋势。国外养老金制度也与中国差别较大，一些公司还设有私人养老金项目，但是这类项目计算复杂，金额巨大，法律烦琐，后患无穷。中国既没有这方面的经验，也没有精力处理好这些事情。在发展中国家，金融环境欠发达，例如，中亚一些国家与我国货币不能自由兑换，要以美元作为媒介，实际操作困难重重，使结算困难、利润返还难问题持续存在，加大对外直接投资风险。金融领域虽然法律规范明确规定货币可以自由兑换，但在土库曼斯坦金融、外汇市场未对外开放，土库曼斯坦中国企业使用美元作为结算货币

---

[1] 该项目最初由加拿大IM矿业公司（Ivanhoe Mines）运作。在西方对缅甸实施制裁后，艾芬豪退出，由中国WB矿业公司接手运作。

[2] 《中国企业海外投资的十二条风险》，《中国经贸》2010年第8期。

和资金来源,在当地产生费用则多以马纳特结算,每100美元会损失0.25美元汇率差,在银行提现需要支付1.8%的银行手续费。乌兹别克斯坦名义上实行经常项目外汇自由兑换,但该国外汇短缺,对外汇管制严格,央行要求企业外汇收入50%强制结汇,而企业用汇时又很难兑换,中国企业难以将收入汇回国内;银行每年因"调汇"问题拖欠中国企业债务5000万美元以上。这些因素使中国对外直接投资面临严重的风险。

六 缺乏对投资国环保问题的深刻认识被罚以重金

发达国家注重环保,发展中国家也因为生态脆弱自动恢复很难,环保意识不断提高,国家颁布新的法律加强对环境的保护,对直接投资企业提出更高的环保要求,增加投资和运营成本。例如,在哈萨克斯坦禁止丢弃有害物质和随意放置生产和生活垃圾,禁止油气企业在石油、天然气开采作业中放空燃烧伴生气。海外直接投资的企业经常因为在国外不尊重当地的环保,而惨遭重金罚款。典型的例子是2013年7月,非洲国家乍得的有关方面称,在某公司负责的Koudalwa周围的油田发现了有大量原油被倒入矿坑,这种行为对当地环境造成严重污染,乍得政府将某公司告上国际法庭,最后以支付4亿美元赔款结束[①]。KKLC项目用地因砍伐149公顷受保护树林而多次遭到罚款,墨西哥联邦环境保护监管局以"未取得联邦环评授权而开工建设"为由对KKLC项目开了724万比索的罚单,最终项目被叫停。

七 运营过程中不尊重当地法律心存侥幸而损失惨重

中国企业在对外直接投资的过程中,采用国内的惯性方式进行运作,对当地的法律不能很好地遵守,心存侥幸,最终吃大亏。企业的力量跟政府比起来是渺小的,一旦引发东道国政府的不满,企业将举步维艰。例如,科威特为扶持国内非石油产业发展,出台法律规定,外国公司在当地投资或承包工程,必须拿出合同额的35%用于在当地投资,而且不能投资于石油行业。中国某企业签订合同前不知道该条法律的存

---

① 李武键:《"一带一路"战略中我国海外投资法律风险研究》,《江西社会科学》2017年第5期。

在，事后得知该法律，但当地政府也没来要过投资，于是该企业并未把这条法律当回事。不久后当地政府就对该公司开出罚单。当时签订的合同条款明确规定，如果违反投资义务，要处以合同额 6% 的罚款。因承包工程项目，该公司原本资金流就紧张，国内总部出于管理约束，未予批准 35% 合同额投资当地。该项目最终以罚款和巨额亏损告终。中国企业不遵守当地劳动法律，对企业人员随意调整、裁减，导致工会罢工、抗议，甚至政府处罚或诉讼。发达国家当地精英雇员法律意识强，维权意识高，择业机会多，中国企业在跨国经营中采取的措施一旦被认为违法或者违规，这些当地雇员会坚决举报，使企业面临巨额罚款；在发展中国家，由于法律不健全或者法律执行力度不够，一些企业严重违规违法，采取不签协议、随意解雇等方式肆意损害当地雇员的利益，损害中国企业的形象，给中国企业的长期发展埋下隐患①。

八 并购后内部员工整合困难最终导致失败

海外投资过程中，不同种族、不同宗教、不同环境下长大的人们在同一个公司合作，合作伙伴之间的磨合是不可避免的，企业收购者往往对此不敏感，收购之后无法通力合作，运营困难。例如，SQ 集团在收购韩国双龙汽车后，整合过程与原双龙内部的员工发生尖锐的劳资冲突，这个冲突伴随着公司后期的发展，最后成为压垮公司的一块土砖。CYGDSH 整合收购手机业务过程中与原阿尔卡特公司员工矛盾尖锐，难以融合。CYGDSH 推行自己的军事化管理以及提倡员工无私奉献的精神，而这些使在宽松环境下工作的原阿尔卡特员工难以忍受，许多员工不得不离职②。CYGDSH 集团董事会主席不满阿尔卡特业务部的法国同事周末期间拒接电话，而法国方面管理人员则不满中国人天天工作，毫不放松。销售方面，阿尔卡特销售人员仅做市场分析，终端销售花钱请经销商来做；而 CYGDSH 雇用很多销售人员去直接做终端销售，随着文化冲突的加剧，业务整合的失败。LX 在整合 IBM 电脑业务中从国内派高层接管重要部门，但是跨国管理者未能真正融入美国的环境和团队中去，LX 没有达到自己的目的。

---

① 郭建军：《中国企业投资非洲风险及应对》，《法人》2013 年第 8 期。
② 罗传芳：《中国企业跨国并购的机遇与挑战》，《环球市场信息导报》2015 年第 41 期。

九 投资过程引发媒体过度关注导致投资失败

中国企业在进行海外收购的过程中,前期要非常注重保密工作,当今社会信息方便我们沟通的同时,信息被窃取的可能性急剧增加。对方知道我们投资的底线、投资的目的,在信息领域我们几乎全裸上阵,如何能谈成,如何能获得我们的利益。收购信息被媒体提前披露,首先,抬高收购对象的市值,使收购付出更多资金;其次,那些对中国进行投资不满的反对派一旦得到这些信息,大肆渲染,引发公众的不满,导致合作难以继续进行。例如,ZHY 并购美国优尼科石油公司失败,媒体起着推波助澜的作用,在交易过程中,媒体先是泄密收购计划,后又将 ZHY 公司内部讲话公之于众,种种措施引发美国普通民众的愤怒和不满,项目自然难以进行,最终以失败告终。中国经济平稳发展 40 多年,人民生活质量大幅度提高,社会环境宽松平安,我们的警惕性相对降低,而国际社会发展存在问题较多,某些国家加大对我们信息的窃取,并无端地加以放大和利用,使我们对外投资困难重重。因此,需要我们不断努力,提高信息保护能力。

第四节 对外直接投资客观因素产生的风险剖析

一 国际市场形势瞬息万变使企业很难准确决断

走出去的企业要判断的不是中国经济形势走势如何,而是要判断世界经济形势如何变化,这对中国企业来说是一项新课题,我们的企业既没有专门分析国际经济形势的智囊团队,也缺乏分析国际形势变化的能力,国内对国际经济形势的判断仅来源于新闻报道,国内也没有合适的研究机构对企业进行个性化指导,一些社会咨询机构很多东西都是直接照搬外国的观点和看法,缺乏全面性。一个国家经济形势的变化具有隐秘性,要预测一个国家的经济状况更需要实际调研、长期观察、认真研究方能得出结论。因此,当这方面的知识都很缺乏时,直接投资的风险不可避免。典型案例是 2006 年 3 月,ZXTF 4.2 亿美元收购两家澳大利亚铁矿石公司,适逢国内钢铁需求强劲,铁矿石价格处于上升期。但后期由于项目开采难度加大，原计划2009年上半年的投产期一拖再拖，直至2012年11月才投产，但此时中国钢铁需求已大幅下滑，铁矿石价格也由高点下跌了36%。而且，大宗商品价格也有周期，在巅峰时头脑发热高价拿矿；价格暴跌后，投资自然大幅缩水。2009年，ZL增资力拓受挫，当时力拓迫于债务压力寻求支持，当时交易已经通过澳大利亚ACCC①与FCO②的审查，但是澳大利亚外国投资审批委员会却将审批时间延长了3个月，这期间铁矿价格上涨、力拓股价止跌，并通过配股筹集到足够的资金，因此不再需要力拓增资，代价仅仅为1%的违约金。2014年，俄国LK石油公司与ZSH签署协议，向ZSH出售旗下里海资源投资有限公司50%股份，交易价格为12亿美元左右，该交易预计在2014年年底前完成，但是截至2015年这项交易陷入停滞。真正的问题是国际石油价格从2014年4月时的100美元以上到2015年已经跌到50美元之下。俄罗斯原油开采成本大概平均在51美元一桶之上，如果ZSH拿下卢克公司的里海油田项目，亏本是显而易见的，违约的损失比拿下来承担亏损或维持的成本更低。这种风险不仅仅出现在非金融类对外直接投资过程中，在金融类对外直接投资过程表现得更加明显。以ZT公司为例，2007年出资30亿美元购买黑石股份近10%的股票，到2008年10月投资账面亏损达浮亏25亿美元；购买摩根士丹利56亿美元面值的到期强制转股债券，账面浮亏30亿美元③。购买雷曼兄弟发行的衍生债券，因其破产中投54亿美元资金被冻结④。这些巨额亏损都是对世界金融危机认识不深刻，对国际金融环境状况不了解。要准确判断国际资本的动向对中国投资者以及学者来讲都是刚刚起步，风险也是长期性的。随着"一带一路"构想的实施，势必有更多中国企业开拓海外市场，但必须要看到，世界很复杂，中国企业更须谨慎筹谋！

二 国际竞争对手强力狙击使海外直接投资风险加大

中国企业对外直接投资过程，无论到发达国家还是发展中国家，面

---

① ACCC：澳大利亚反垄断机构竞争与消费者委员会缩写。
② FCO：德国联邦企业联合管理局缩写。
③ 李睿鉴：《主权财富基金的委托代理人问题及其投资策略》，《农村金融研究》2012年第4期。
④ 周汉兵：《资本并购风险管理》，《现代商业》2017年第24期。

临的主要竞争对手都是发达国家。马克思资本论中明确告诉我们资本主义的高级阶段就是垄断，西方资本主义的发展有几百年历史，这些资本已经垄断到牙齿，中国企业走出去面对的就是这些竞争对手，要从他们那里打出一片天地，面临的风险不可避免。典型案例是在 ZSY 收购俄罗斯 Stimul 公司①过程中，由于俄罗斯国内石油垄断严重，这些石油垄断寡头不断设置障碍，最终阻挠交易的实施。在非洲矿业的投资过程中，绝大部分营利性强、品位较好的矿产资源掌握在西方国家三大矿企（力拓集团、必和必拓公司和巴西淡水河谷公司）手中，他们抢占优质资源，中国企业在矿业合作过程中要想进入优质资源必然触及西方国家利益，他们对中国企业的打压不可避免。不仅矿业领域，其他领域也同样面临高压竞争风险。PN 公司收购 FT 就是典型案例。2007 年欧洲 FT 这家以银行保险业务为主的企业在次债危机的影响下几近崩溃，中国 PN 自 2007 年开始购 FT 通股票，到 2008 年 6 月，PN 投资 238 亿元人民币，拥有 1.21 亿股，成为第一大单一股东②。2008 年 9 月，荷兰、比利时、卢森堡及其他国家政府联手出面，采取种种措施甚至不惜违反本国法律，肆意践踏股东权益，将 FT 集团优质资产完全剥离，PN 被迫放弃成立合资公司③。

三 东道国本土利益集团打压使海外直接投资风险加大

2006 年，在 SG 集团收购澳大利亚 Mount Gibson 矿业过程中，交易基本达成之际，澳大利亚国内矿业寡头 Sinom 从中插手，有意打压，SG 收购失败④。ZGYH 业海外投资过程中，经常面临本土银行业的打压和当地政府的限制，审批时间漫长无期，审批条件过于苛刻。银行业审批拖延背后的本质是对中国企业在海外投资的无声打击。2013 年中国在墨西哥建设的"龙城"项目，当地生产部门和工业商会认为该项目会损及他们的利益，于是联合向当地政府施压，当地政府迫于各种压力，

---

① Stimul 公司过去控股股东是美国 Getty 家族。
② 许闲：《一个不成功的海外投资案例分析》，《银行家》2009 年第 4 期。
③ 唐建东：《论中国海外投资问题的法律缺失与影响——兼评海外投资失败的三大典型案例》，http：//blog.sina.com。
④ 王碧珺：《中国企业海外直接投资缘何屡屡受阻》，《经济参考报》2013 年 5 月 14 日第 A05 版。

该项目以不符合环保名义被驳回。2014 年,中墨企业联合中标墨西哥高铁项目,3 天之后无故被撤销,而后反反复复,本土反对者认为中墨联合体中的墨方与政府关系密切,招标存在腐败,再加上其他势力的干扰,最终项目被取消①。

四 国外各种势力纷争使中国企业在对外直接投资过程中遭遇难以预测的风险

中国企业对外直接投资,经常会遇到各种势力的纷争,这里面包括政府政变的阻挠、不同政治派别的阻挠、第三方对东道国政府施压的政治阻挠。一些国家政治动荡,政府突然被推翻,原来与这些国家签订的合同因为政府的倒台不算数了,还有一些国家,因为国家狭小依附于大国,一旦我们的投资影响到这些大国的利益,在大国的威逼利诱下,就会出尔反尔,毫无诚信。一些国家实行的是多党制,在中国与该国政府签订合同时,反对党从中阻挠,最终无法实现。这类风险不但出现在投资初期,也会出现在投资过程中。投资初期的阻挠会使投资难以达到,投资过程中则会使企业面临前期成本不可收回的困境。例如,时任泰国总理英拉上台以后,积极推动铁路建设,2013 年中泰两国农产品换高铁的计划不断向前推进,但该国突然发生政变,军政府上台后该项目被搁置 3 年多的时间,直到 2017 年才达成协议②。另一典型案例就是 ZY 集团收购希腊比雷埃夫斯港港口的案例,这个项目是 2008 年两国政府共同促进的项目,2010 年 ZY 集团接管码头,2015 年希腊新政府上台,这项交易被迫中止,直到 2016 年 ZY 修改方案,以高于原价 1/3 的价格收购该港口 67% 的股权。这些案例风险主要来源是政府政权更迭或国家政变原来项目被迫叫停,直接投资损失惨重。但是对于一些小国家,即使政府执政稳定,但东道国政府迫于第三方势力经常随意叫停直接投资项目,使中国对外直接投资损失惨重。典型案例:缅甸密松水电站是中国承建的水电项目,利国利民,是两国政府着力推动的项目,2009 年

---

① 冷万欣:《中国企业"走出去"如何避免吃"哑巴亏"?》,《建筑时报》2015 年 2 月 12 日第 6 版。

② 林莎、雷井生、聂晖:《我国企业海外投资的风险分析与对策研究》,《湖南商学院学报》2014 年第 6 期。

年末开始动工，2011年9月缅甸政府突然叫停该项目，原因各异，最后以环保为由项目一搁置就是好几年，中国企业损失惨重。柬埔寨首相洪森宣布停止跟中国合作的水利项目；斯里兰卡新总统出尔反尔暂停中资项目。这些风险来源于东道国迫于第三方势力，随意叫停投资项目，使中国企业损失惨重。

五 能源资源型矿业海外投资面临的风险是资源民族主义盛行

资源民族主义起源于20世纪发展中国家能源国有化运动，已经存在近百年。20世纪发生过两次规模较大的能源国有化运动。在20世纪初全球掀起了第三波资源民族主义浪潮，范围从能源行业蔓延至资源行业。资源民族主义的影响是深远的，给矿业海外直接投资带来巨大风险。矿业海外直接投资失败很大部分集中在初期收购阶段，中国企业经常无端受阻，随意被叫停。一些国家对于中国的忌惮是一直存在且难以改变的，中国企业面临东道国及第三方国家势力的层层限制和盘剥，风险急剧增加。

能源紧缺问题困扰世界经济的发展，石油储藏国自己开发意愿强烈。2002年，ZSY收购俄罗斯斯基母尔石油公司失败，因为俄政府限制中国进入俄罗斯石油市场。2003年泰国国家石油公司曾许诺向ZH集团转让泰国石油精炼厂35%的股份，但最终没有履行诺言。2005年ZHY收购美国优尼科石油公司失败，因为美国作为石油消费大国但是储量不足的状况下对石油敏感程度高，政府直接出面干预使收购难以实现[1]。2009年12月西色国际投资有限公司宣布，退出内华达州金矿项目，该项目被美国政府以国家安全为由否决。2010年，ZHY联合竞标加纳Jubilee油田失败；ZH集团联合收购加拿大钾矿失败[2]。2011年蒙古国国家安全委员会否决中国SH集团竞标塔本·陶勒盖煤矿。南非政府于2004年正式执行BEE法案规定，以法律规定的方式强行从当地外资企业手中剥夺25%的股权给当地人[3]。在津巴布韦，政府单方面通

---

[1] 于成永、施建军：《独占机制、跨国并购边界与企业绩效——基于诺西并购摩托罗拉案例的研究》，《国际贸易问题》2012年第2期。

[2] 魏群、韩雷：《为中国企业海外投资上市提供法律视角》，《中国民营科技与经济》2012年第12期。

[3] 邓瑶：《中钢南非困局》，《21世纪经济报道》2011年7月4日第11版。

知，要求对两个大型钻石矿的资源进行整合，津巴布韦投资的七家矿山企业联名反对之后，津巴布韦政府给出"不接受整合，就不审批新资源"的政策，令众多矿山企业苦不堪言。哈萨克斯坦政府明确规定国家对矿产品的交易和地下资源利用权的转让有优先购买权，对能够影响该类企业决策的第三方企业也有优先购买权①。更为夸张的法律条款规定，一旦政府认为某项油气交易威胁国家安全时，政府可以单方面地修改合同，也可以拒绝执行合同甚至单方面终止合同②。这些条款实质上限制外资染指哈油气产业。中亚国家自己开发的强烈意愿使对外直接投资项目很难达成意向，纵使拿到结果，往往成本很高，经营困难。另外，一些矿产储藏国的税收规则和税法新规定经常变化，执行标准不一，差异很大，使企业无所适从，这些具体措施对企业利润层层盘剥，使企业收益很难保证，加大对外直接投资的运营风险。在油价上涨时期用出口收益税取代出口税，销售单价越高，税率越高，油价下跌时则相反；提高超额利润税税率，矿费率按照年开采量的增加而逐级递增，产量越大，矿费率越高；提高投资回收期之后本国所占利润份额的最低比例等。这些规定最大限度地提高了东道国的利益，但是对进行直接投资企业的影响巨大，尤其是对企业利润的层层攫取，使企业经营艰难，收益损失较大，加大直接投资获益的风险。发展中国家法律法规不健全，执法的随意性强，执法人员执法手段粗糙，例如吉尔吉斯斯坦已颁发的许可证经常被收回、哈萨克斯坦将已私有化的油气公司收归国有、土库曼斯坦外资法规定外企在当地经营过程中发生的争议只能在当地仲裁机构或法院解决。这些行为极大地增加了企业的运营成本和运营风险。

六 通过购买获取国际先进技术的风险长期存在

发达国家对中国技术的设限是长期的，中国企业要想通过购买获取先进技术的风险是长期存在的。例如，2007年HW和恩贝资本以22亿美元竞购3COM失败。2010年HW竞购2Wire和摩托罗拉旗下无线设备业务失败。2010年HW在美国被摩托罗拉指控窃取商业机密。2010

---

① 陆兵：《中国企业走向中亚市场风险和防范措施》，《大陆桥视野》2017年第3期。
② 段秀芳：《中亚国家投资政策的共性与差异》，《俄罗斯中亚东欧市场》2011年第3期。

年 HW 采购竞标 Sprint Nextel 出局。2011 年 HW 并购 3 Leaf System 失败。2011 年赛门铁克终止与 HW 合作。2011 年斯普林特公司拒绝 HW 为其进行网络升级。2012 年 HW 遭遇"安全门",美国国会指责 HW 有危害美国国家安全的可能。2010 年,TX 竞购全球即时通信工具鼻祖 ICQ 失败。2011 年 3 月 ZHTY 飞机有限责任公司全资收购美国西锐公司遭到了美国国会议员的强烈反对。2012 年 9 月 SY 集团收购 4 个位于俄勒冈州的风电场项目,美国外资投资委员会要求终止该风电项目。2012 年 10 月北京 ZY 航空并购美国公务机制造商——豪客比奇失败。AB 保险收购纽约华尔道夫酒店遭遇安全审查。HW 及其他科技公司在美国投资的成功率如此之低,不是中国企业自身原因,而是一些涉及技术企业之类的所谓重要资产,美国就会以所谓国家安全为理由,阻止中国企业进行直接投资,使投资成功风险急剧增加。因此,在重要技术上依靠购买来获得是不切合实际的,技术先进的国家对先进技术的垄断性从来都没有放松过,他们对外出口的技术相对本国国内是比较落后的技术。因此,对外直接投资中不但会面临投资难以实现的风险,即使投资成功还要面临所购买的技术比较落后的风险。这种风险在中国科技产业对外直接投资过程中,将长期持续且很难规避,最好的办法就是自力更生加大科研力度提升自己的技术。

第五节 经验借鉴对丝绸之路经济带直接投资内控风险防范启示

一 甄别国外豪华包装类鸡肋资产避免上当受骗

企业海外直接投资,选择并购方式,面对被豪华包装的资产,要仔细甄别,避免鸡肋资产。首先,从哲学的角度思考问题,在对外直接投资过程中我们经常要问自己,他们为什么要出售这个企业,企业不是普通的商品,建立的目的是进行产品生产而不是用来买卖,因此它与普通商品的买卖不同,当一个企业要出售时,一定有它经营不下去的原因,一个盈利能力高的企业谁会把它卖掉?找到其经营不下去的原因很重要,不能只听对方的说辞,不能只看对方提供的资料,要自己对其认真剖析，如果找不到这个企业经营不下去的真正原因而贸然投资一定要吃大亏。其次，找到出售企业运营不下去的原因，接下来要评估这个原因我们能否克服和解决这个困难，我们能否比原来企业做得更好。根据邓宁的对外直接投资理论，一个企业对外直接投资要具有三个优势：所有权优势、内部化优势、区位特定优势，这样才能投资成功。在对外直接投资过程中，我们将自己和原企业经营者进行比较，我们的优势在哪里，如表5-1所示。

表5-1　　　　中国拟对外投资企业与东道国目标企业优势比较

基本优势	中国拟对外投资企业与东道国目标企业优势比较
资本雄厚程度	中国央企可能优于原经营者，但民营企业不一定比原经营者有优势
能否为企业带来更先进的技术	在发达国家原经营者优势明显，在发展中国家中国企业优势明显
经营管理水平的先进性	在发达国家中国企业优势不明显，在发展中国家中国企业优势明显
销售网络渠道完善性	中国企业无论与发达国家还是发展中国家相比具有一定的优势
能更好地调动员工的工作积极性	优势相近
更善于跟当地政府打交道	原经营者优势明显，中国企业在当地优势不明显
当地居民更愿意在并购企业工作	发达国家居民意愿不强、发展中国家居民意愿强烈
更能得到当地政府的支持	原经营者优势明显、中资企业优势不明显

企业经营不下去的原因各异，根据表5-1，好好对照一下我们是否有优势能解决对方经营不下去的原因。若我们有足够的能力和优势就可以进行购买，如没有足够的优势能化解对方经营不下去的原因，还是要谨慎投资。有些项目，做了比不做更麻烦，既无法获利，还连累国内公司[①]。

二　甄别被收购公司的技术发展前景避免投资失误

中国企业在直接投资过程中要一直坚信这个理念，那就是先进的技

[①] 西方发达国家一般对外直接投资是否都明确规定对外直接投资公司的盈亏与国内母公司无关，避免海外经营不善累及国内母公司。

术是很难通过购买的方式获得。所以,那些以获取国外先进技术为目的的并购必须弄清两个因素,一是这个技术是否先进,不能仅仅比我们先进就认为该项技术先进,要看这项技术在国际上该行业的先进程度,避免花大价钱获得过时的技术。二是这个技术在并购完成后我们是否能真正获得,有些企业花很大价钱并购的项目最后无法获得合资方的技术,原因是在签订协议的时候不了解收购公司相关专利的附加条款。例如,某些专利受政府保护不能随便出口;某些专利所有权归企业个人所有,即使并购了企业也不能得到该技术等方面,难以详细罗列①。这两个因素是我们海外直接投资的底线,若这两个目的达不到,宁可让资金闲置,也不要随便进行直接投资,防患于未然。这是我们对外直接投资过程中要认真思考的方面。

三 设立国家专项研究机构对外国持续深刻研究

在实际工作中,对一个国家的认识需要长期的研究,尤其是要对一个国家的文化底蕴进行研究,通过长期研究,才能深刻认知这个国家,为对外直接投资提供有用的信息。在高校或研究机构设立研究基地就是很好的措施,应该对不同的国家、不同区域分别设立不同的研究基地,给予一定的资金支持,让他们长期从事该领域的研究,对他们科研成果给予专利进行支持。对一个国家的认识过程是缓慢渐进而且需要历史积累的,尤其是对一个国家社会领域的研究更是如此。今天,在"一带一路"直接投资刚刚开始,这里很多国家我们了解甚少,研究做得不够,在中国企业大力走出去的过程中我们应该加紧步伐,加大对国外研究,不仅仅政府建立研究系统提供信息,更要靠广大的社会科学领域的研究人员进行深刻细致的研究,长期坚持不懈,日积月累对一个国家的方方面面进行研究,为我们直接投资提供准确的、有用的、实在的信息,帮助企业很好地走出去并良好运作进而规避风险。

四 海外投资用工要遵纪守法、尊敬员工、谨慎裁员

中国企业在海外并购时要事先了解并识别当地的劳工法律和工会组

---

① 普华永道:《中国企业海外投资的十二条风险》,《中国经贸》2010 年第 8 期。

织对交易结果造成的影响，弄清这些细致法律条款，在经营过程中遵纪守法。国外工会力量强大，在交易结束之前，要与工会组织进行必要的谈判，避免将来运作陷入被动。在运作过程中，尊重当地员工，尤其是并购公司中的核心部门的重要人才，对这些关系公司运作成败的重要职员，尽量在并购早期与其商谈，关注他们的想法及诉求，避免随意损害这些重要职员的利益而使他们不得不离职，给公司运作带来损失。公司运作过程中裁员要审慎考虑，对冗员的问题，最好在并购之前要求对方解决好，否则麻烦不断，甚至直接将企业拖垮。企业接收之后，裁员要谨慎，借鉴当初 SQ 收购韩国双龙汽车集团，为扭转双龙亏损的状况，SQ 希望裁减冗员，但是员工反对激烈，罢工不断矛盾尖锐，最后企业以破产告终。海外投资用工历来都是敏感的话题，尤其涉及裁员，企业在海外运作更应谨慎行事规避风险。

五 注重区域差别选择合理的解决方法降低金融风险

对外直接投资过程中，遇到的国家金融环境差异很大，在发达国家，金融业发达，衍生产品多种多样，在一些发展中国家，金融环境保守，连基本的货币兑换都困难。企业在投资过程中应该认真研究，区别对待。在发达国家直接投资，不仅仅要关注汇率变化、收益汇出、金融环境等一般金融风险，更要关注的就是金融衍生品。并购一家企业时，要弄清楚这家公司所采用的这些金融衍生工具，最有效的办法是在并购前要求对方结束这些运作。对于不能马上终止的金融衍生品，要详细关注其可能产生的风险及对公司的影响，防患于未然。在发展中国家投资，要细致认真地弄清楚发展中国家的金融领域的法律法规，确保货币能正常兑换、确保利润能正常地汇出，找到妥善的解决方法之后再进行投资，投资过程中遵纪守法，减少投资金融风险。

六 注重环保善于运用媒体提高中国企业的环保认可度

丝绸之路经济带沿线国家日益重视环保，环保要求日趋严格，环保法律日臻完善，如吉尔吉斯斯坦有关部门曾就环保问题向中国企业提出交涉。中资企业在投资运营过程中，应遵守环保法律，在项目开展前对环境影响进行评估,根据当地的水文、地质、气候、地形、交通等情况制订详细可行的环境保护计划。处理好生产中产生的废液、生活污水和垃圾废料,保护当地生态环境。

在直接投资过程中,不仅要自觉遵守当地的环保法律,还要学会与媒体打交道,利用媒体做好广告宣传,宣传企业环保有力的一面。丝路沿线国家普通居民对中国了解较少,中国企业对这些国家也缺乏了解,面对丝路沿线核心国家对环保要求日趋严格,应该大力宣传中资企业绿色环保理念,包括如何处理好生产中产生的废液、生活污水和垃圾废料,保护当地生态环境等方面,加大当地民众和社会对中资企业的认可度,为经营活动营造良好的氛围,缓解运营风险。例如,中石油在哈萨克斯坦面对日趋复杂多变的外部经营环境和安全生产重点、难点,始终把 HSSE 管理工作提升到历史使命和政治责任的战略高度,牢固树立"环保优先、安全第一、质量至上、以人为本"的理念,通过大量卓有成效的工作,杜绝了井喷事故,推行第三方监督监管机制,严格执行《环境保护法》和天然气综合利用规划要求,有效遏制了一般污染事故发生。通过优秀案例的宣传,营造良好的经营氛围,缓解中国企业对丝路沿线国家直接投资的风险。

七 内部整合过程以真诚打动对方消除投资隐患

内部整合风险涉及的面特别广阔,有些是文化背景、有些是技术纠纷、有些是民族情结等难以类举,企业在海外直接投资过程中要对这类风险提高防范意识,有时看似很小的一件事,却可能引发大问题。投资初期注重细节尤其是人员、专利、技术等方面,做到投资早期认真研究,防患于未然;经营过程宽容理解、厚德载物包容多种文化。在投资整合过程中,总会碰到一些难以解决的具体问题,面对这些问题,要用真诚感动对方,消除投资的隐患。例如,柳工集团在收购波兰 HSW 公司时遇到巨大的困难,对方工会不能接受对员工的考核方式,柳工集团面对这些问题,积极与工会员工沟通,邀请他们来中国了解中国传统文化、中国管理模式、中国企业效益等方面,使对方从心底开始接受这种管理考核模式,同时柳工集团也最大限度地满足当地员工的要求。整合过程虽然艰难,但是务实真诚的行为打动对方,消灭投资隐患。另一例子,一家中国矿业企业在非洲投资,组织了多次的光明行,海航的飞机把非洲人民包括儿童老人的白内障病人运到中国来治疗,或者同仁医院的专家组下到非洲给他们治病,公司承担所有的费用,所以,这个公司的口碑非洲的民众口传相告,公司所在的矿区没有民众示威游行,非常安定。

八　遵纪守法、入乡问禁撇清麻烦

企业在国外投资,要遵守当地的法律法规,不要心存侥幸,国外不比国内,中国企业在对外直接投资的过程中,不要用国内的惯性方式进行运作,企业的力量跟政府比起来是渺小的,一旦引发东道国政府的不满,企业将举步维艰。因此,遵纪守法是海外直接投资的根本,即使当地企业不守法,我们也不可学习他们的做法,身在异国,谨言慎行、守法经营避免官司缠身。另外,在丝路沿线国家直接投资过程中,这些国家宗教影响巨大,企业应该入乡问禁,撇清麻烦。

九　注重细节消灭隐患降低直接投资风险

首先,注重细节,加强收购或投资计划的保密性,保证我们谈判的底线不被窃取是对外直接投资的根本,这是一个艰难的话题,达到这个目的,需要我们不断努力,提高信息保护能力。其次,在签订合同时注重细节,低价中标要有底线,在对外直接投资的过程中不可为拿工程而拿工程,虽然低价中标从出口物资方面获利的方式国际惯用,但也要保持底线,而且在工程前期要确保出口物资的顺利进行,做好科学的工程预算,合理竞价,切不可用国内流行的做法进行国际经营运作。ZT 在波兰的高速公路项目就是很好的例子。ZT 公司在夺标的过程中报价之低引发世界惊讶,总价格比波兰政府预算的金额一半还低[①]。这个价格使竞争对手无法理解,中国何以在如此低的条件下做好工程? ZT 原本想以此树立中国企业良好的声誉,可最后的事实证明,中国如此低价中标隐患无穷,不是少赚或者不赚钱,而是官司上身巨额亏损退场。在国内有着几十年经验的大公司何以如此没有

[①] 刘洪:《国企走向海外警惕六重陷阱》,《中国青年报》2015 年 10 月 18 日第 3 版。

竞争力，根本原因是之前国内经验和方法在国际承包工程完全不能套用，国内流行的低价中标然后伺机向政府提出补偿、拖欠工程款、克扣工人工资甚至凭空消失的做法，在这里都行不通，稍有不慎甚至闹出两国外交纠纷，最后不得不黯然退出波兰市场，并面临巨额赔偿诉讼。另一个典型的例子就是中国与沙特签订的麦加萨法至穆戈达莎轻轨建设项目，该项目由 ZGTJ 公司承建①。项目签订过程中，过低预计工程量，在后期实际建设中，才发现工程量如此巨大，远远超过合同涉及的金额，最后以 41.48 亿美元亏损结束②。因此，中国在丝路沿线国家直接投资时，尤其是做工程的要认真科学预算，注重细节，合理竞价，低价竞标要有底线。最后，在运营过程中，更要注重细节问题，"千里之堤，溃于蚁穴"。例如，在国外很多国家卫生事业跟中国相比还很落后，一些流行疾病严重地危害人们的健康，在这些国家直接投资，外派人员要注意做好防范工作，同时务必买医疗保险，但是在买保险过程中，要注重一些国家流行的疾病有一定的潜伏期，因此，保险要买得长一些。比如疟疾的潜伏期长达三个月，为那些在疟疾流行的国家的劳务人员购买保险时应该延长期限，一般情况下要比实际工作期延长三个月，这样才能真正有效地防范风险③。进行对外直接投资，既需要大刀阔斧前行的勇气，更需要沉着细致的观察，注重细节，勇敢前行是对外直接投资必备的两个条件。

十 加强投资区位与时间规划及投资领域的设计缓解直接投资风险

（一）根据企业实际竞争力的强弱，在丝路沿线选择合理的投资区位

根据邓宁的国际生产折中理论，企业在对外直接投资的过程中具有所有权优势、内部化优势和区位优势，获益的可能性就非常大。若不具备这三方面的优势而进行对外直接投资，则失败的可能性很大。因此，在企业对外直接投资区位选择过程中，也要充分考虑是否具备这三个要

---

① 李婧、卫效、曲道志：《EPC 项目风险识别及投标阶段风险管理》，《西北水电》2013 年第 12 期。
② 黄自昌：《对外投资还需"诗外功夫"》，《新产经》2015 年第 2 期。
③ 辛颖：《海外投资风险防控启示录》，《法人》2015 年第 12 期。

素。首先，对于具有绝对特定优势的产业，主要包括资本雄厚规模宏大的企业和技术处于国际领先的企业，如中国的银行业、中石油、中石化、中国电力、中国电信等以中字开头的企业，此类企业作为国企，资本后盾强硬，企业规模宏大，管理经验比较先进，在对外直接投资的过程中，在区域规划上没有太多的限制，可以不分区域进行区位规划，只要根据所辖区域的承受力，严格遵循循序渐进的方法，慢慢地渗透投资。在区位选择上不要在一个地区出现几家同类企业，既相互竞争又引起对方的恐惧。具有绝对特定优势的产业还包括具有特色的产业如中医、针灸、餐饮等行业，这些产业或者具有商业机密，或者具有独特技术，投资过程中可以遍地开花，不受区域限制，但是由于此类行业很难受到国家资本的支持，投资资本较小，抗风险能力较小，广告效应的能力有限。因此，在一个地区集中投资数目较多的企业，联合提高广告能力及抗风险能力，同时在总数目上要加以限制，一个区域内不要有太多的产业集结群。其次，具有相对优势的产业进行对外直接投资，此类产业在我国很多，包括纺织行业、电子行业、化工等产业领域，特点是企业技术不是最先进的，但与落后国家相比有一定的实用性和先进性，要使这些优势发挥出来，在对外直接投资中要严格进行投资区位规划，寻找技术和经济发展相对落后[①]的国家或地区进行投资[②]。因为这些企业大多属于劳动密集型的企业，对劳动力需求较大，投资过程中不但应充分考虑东道国的各种状况，尤其要关注劳动力价格，避免在一些劳动力价格很高的国家又必须雇用当地工人的区域投资。同时，对外直接投资要避免一窝蜂地集中在少数地区、避免在同一地区扎堆出现、避免多家国内公司海外相互竞争的状况。

（二）根据世界经济发展规律制订海外投资时间规划，缓解对外直接投资风险

根据世界经济发展规律制订海外投资时间规划，世界经济以市场经济为主，马克思在他的著作《资本论》中已明确指出，市场经济不可避免经济危机的出现。世界经济的发展历史证明，马克思的论点是完全

[①] 相对落后并不是越落后越好，一些落后国家基础设施及劳动力技能素质很低，对企业经营产生严重制约。

[②] 贺宁华：《中国企业对外直接投资收益分析》，《中国集体经济》2009 年第 6 期。

正确的,纵观世界经济发展历史,一直伴随着经济危机的出现,差异的是不同条件下经济危机的周期和深度不同。因此,在中国对外直接投资的过程中,根据世界经济发展变化规律,从时间上规划各个产业走出去的时间,避免走出去时面临世界经济严重的问题而遭受损失,具体来看,在世界经济活跃期,对外投资不应进行盲目跟风追涨,在世界经济萧条期不应故步自封,该出手时还要出手①。在国内紧缺的战略资源海外投资过程中,不要被国际战略资源市场牵着鼻子,买涨不买跌,价格越涨越买,因为害怕进一步上涨,处处被动,经济损失惨重。应该把握时机,顺应国际市场潮流,瞅准时间,果断行动,最终提高企业的收益率,缓解对外直接投资风险。

(三)把握好企业的投资领域,缓解对外直接投资风险

企业对外直接投资过程中,对投资领域的把握极其重要。首先,企业海外投资活动不仅是企业自身经营活动的一部分,也是国家整体产业发展战略的一部分,企业投资领域也是国家对外直接投资战略规划的重要组成部分。因此,企业投资领域大的方向上应该与国家规划相一致,以国家战略规划为指导,制订自己的海外直接投资规划。避免收购目标与国家整体发展目标不符;避免对收购目标的未来发展方向不明确,最终和国家整体战略规划相背道。其次,在投资过程中要注重企业对外直接投资计划要与东道国的发展计划相适应,投资过程中应考虑东道国的发展计划,避免投资国外即将淘汰的产业,与东道国的发展计划不相适应,投资后不被投资国看好,难以运作经营。最后,企业对外直接投资应与企业本身国内业务相适应,寻找和配置与企业整体发展目标一致的兼并收购投资目标,从而实现投资的短期及长期目标。对外直接投资是一项长期的、复杂的系统工程,对于那些本身不熟悉的领域或是与国内业务差距较大的领域投资都要谨慎对待②。

十一 甄别专家的言论辨别真伪

丝路沿线国家各种势力纷争不断,这些不同势力都有其代言人,因此,在对外直接投资时要注意不同言论的价值取向。在对丝路直接投资

---

① 贺宁华:《我国对外直接投资国家战略规划研究》,《商业时代》2012年第9期。
② 同上。

过程中资料收集时，国外一些有着多个光环的专家的言论常常影响我们的决策，但我们要明白经济学没有国界，但经济学家是有国界的，站在谁的立场上说话很重要，同样是产品生命周期理论，西方学者研究如何延长产品生命周期，中国学者却在研究如何缩短制造产品的差异性。因此，在采用这些言论时更要用清醒的头脑，辨别真伪，弄清这些专家说的是真话还是假话，在企业进行投资收购过程中，我们要认真研究，不要崇拜和迷信外国国际专家的话语，要用我们自己的眼光根据发生的事实去分析判断。国有企业在投资的过程中，更要擦亮眼睛，国际反对势力不会放弃对中国的限制，他们不希望看到一个强大的中国，任何国家崛起的过程都会遇到这样的障碍。在我们签订合同的过程中要警惕合同之外的阴谋，苏联尼古拉耶夫造船厂[①]的遭遇给我们提醒，经济诈骗和政治倾轧是可以合二为一的。在中国国有企业走出去的过程中，比民营企业遇到的这方面的阻力更大，陷阱更多，更要我们在投资时多问几个为什么。

十二　在投资过程中密切关注西方国家的媒体舆论

西方媒体很擅长无中生有、颠倒黑白、瞒天过海等欺骗手段，这些敌视中国的不良媒体在中国海外直接投资过程中针对中国企业进行有失公允的报道，在一些敏感问题上煽动普通民众产生不满情绪，进而影响政府决策，使中国对外直接投资难以如期进行。还有媒体与中国企业拟投资的目标企业联合，夸大中国投资的效应，引发目标公司股价高涨，使中国企业在收购过程中不得不付出更多的成本[②]。因此，密切关注，及时揭露和正义回击不良媒体的报道，是对外直接投资必须要做的工作。

十三　注重企业投资规模与丝路沿线国家经济规模的适应性

对外直接投资过程中，东道国经济基本状况非常重要，对直接投资

[①] 尼古拉耶夫船厂又称为黑海造船厂，是苏联时期一家技术最先进的船厂，拥有900吨吊车。作为苏联唯一能制造航空母舰的造船厂，拥有制造航母所需的技术和设备，俄海军最大的67000吨级的航空母舰"库兹涅佐夫海军上将"号就是该厂建造的。

[②] 普华永道：《中国企业海外投资的十二条风险》，《中国经贸》2010年第8期。

影响严重。在当地投资大型关系民生的项目时,要弄清当地的基本需求,不能根据当地政府的要求进行带资承包,因为如果当地经济规模小,投入资金短期难以收回,获利也变得遥遥无期。例如,在一个只有10万人的区域建设一个可供千万人需求的电厂,电厂建好后盈利非常困难①。丝绸之路沿线很多国家地广人稀,在进行这些直接投资项目时,注重这些具体细节,避免陷入困境。投资国市场狭小、消费有限,这些市场很容易饱和,投资者必须清楚一旦市场需求饱和,企业该以何生存。如果仅仅生产满足狭小市场需求的产品,企业能否获得规模经济,如果达不到规模经济,优势何以存在,竞争力是否下降? 一些企业在投资过程中是本着投资国的经济辐射范围而去,即使投资国市场狭小,但是只要其辐射的经济区域市场庞大也值得投资,但实际中,这些辐射市场经常有严格的原产地限制或其他限制,使企业可以涉及的市场范围极大减少。因此,投资过程中主要关注被投资国的市场规模,制订合理的生产规模。

十四　央企在丝绸之路直接投资时应该强调其商业性

通过对以往投资案例分析,我国国有企业在海外直接投资过程中面临的壁垒更大,这里原因不再赘述,但是在我国目前的技术水平上,能在国外进行博弈的公司中国有企业扮演着重要角色,因此,在丝路经济带沿线直接投资中,央企同样扮演着重要角色。在现代公司理论中,企业是以盈利为最终目的的,国有企业也一样,只是它的本金属于国家所有,因此,国有企业在丝路沿线直接投资时应该尽量少地去承载外交任务甚至政治目的,企业投资就是纯粹的商业目的,作为企业,海外投资运作获利才是根本目的。不要给在丝绸之路沿线国家投资的央企赋予太多的政治意味和战略性,过多的政治意义和战略性使央企在被投资国受到过度关注,甚至被敌视者过分夸大国家资本的威力,无形中增加国有企业经营的负担和困难。另外,过多的政治意义和战略性也使央企对国家资本依赖性过大,央企虽然是国家资本,但也要对自己的商业经营负责,过分依赖国家资本使央企自身能力难以发挥,一旦国家资本金不能

---

① 荣郁:《抢抓私有化机遇还需理性为先》,《国际商报》2016年6月13日第A2版。

及时跟上，企业就难以承受。因此，淡化国有气氛，强调企业的经营获利目的是缓解直接投资风险的重要手段。如果是出于政治目的或者说政治目的大于经济目的或国家战略意图的投资，可以通过政府行为来达成，例如以政府间援助贷款、丝路基金贷款、亚投行贷款等方式来实现。

十五　在丝路沿线投资能源领域时要预测能源市场波动趋势

世界能源产品价格有其自身的规律，以石油价格为例，自 20 世纪 60 年代西亚的石油地理大发现之后，石油作为主要的能源资源，其价格变化是有规律的，当石油价格处于上升通道，产油国往往进行限产和惜售，世界石油供给减少，油价不断上涨，这个过程经常持续十年左右，直到油价的暴涨对世界经济产生严重的制约作用，世界经济因高油价发展缓慢，甚至停滞不前，世界对能源的需求减少，油价就会走向下降通道，在这个过程中产油国为了获得足够的石油收入，不得不加大产量，世界石油供给增加，石油价格下降，这个过程也会持续十年时间。从目前看来，石油价格处于下降通道。其他矿产品也会随着石油价格的上升和下降而相应地上升和下降，石油价格变化的这一趋势是世界矿产品价格变化的总趋势。因此，再投资的过程中，应该注意矿产品价格变化周期，在价格处于下降期应该理性思考，不要盲目跟进，这个期限有时很长，而企业以贷款进行直接投资，银行巨大的利息成本几年就会把企业压垮。在矿产品刚刚处于上升通道时，回顾历史，在上升初期可以大胆跟进，在价格高位运行时的跟进要非常谨慎，此时直接投资风险极大。

十六　运用合同条款和购买国际保险等方法应对丝路沿线国家的摇摆不定

丝路沿线很多国家经济规模小，国土面积不大，在经济领域和政治领域对大国的影响难以抗拒，更容易受到来自外部势力的影响，或是金钱利益的诱惑，或是威逼恐吓的压制，其政策的多变性和随意性将是长期的过程，只要丝绸之路沿线大国纷争持续不断，这种状况短期内不会改变。因此，在这些国家直接投资，要吸取在越南、缅甸等国家的经验，确保所投资金的安全。这些小国家的特点是国家政府靠不住，密切关系靠不住,谁给钱就跟谁跑,谁厉害就听谁的,翻脸只在顷刻之间,全然不顾国际公约。在与这些国家签订大项目时应该明确一旦项目被撤销的国家赔偿。例如缅甸,中电投承建的密松水电站本是一个多方获利的项目,为缅甸提供经济发展需要的电力支持,甚至还可以向中国出口电力。但是在第三方势力的干预下,政府毫无信用随意叫停这个项目,完全不顾中国企业的付出。因此,大规模长期的资金投入,在投资初期,或者购买国际保险,或者签署详尽的法律文献,尽可能地保持中国投资者的利益,甚至强调无论什么原因造成项目无法进展,东道国政府应承担相应的赔偿责任。这一条对在"一带一路"直接投资尤为重要,这是一个多方势力角逐的地区,政策领域的摇摆不定将是新常态,在这样的区域直接投资,一些项目在第三方势力的干预下被东道国随意叫停将是不可避免的风险,初期详尽的法律条款及后期的积极购买国际保险是经济手段防范风险的主要策略(这种风险还可用外交的方式进行规避,本章不作论述)。

十七 事前预防为主、事后措施为辅,加强对外直接投资核准管理

在对外直接投资过程中,防患于未然非常重要,通过事前的主动安排降低遭遇风险的概率是缓解直接投资风险的最有效手段。中国对外直接投资不断发展,在海外工作的人员越来越多,海外投资涉及的范围越来越广,触及的国家越来越多,甚至在一些高风险国家依然可见中国员工的身影,因此在风险事前防范方面,商务部对于前往战乱国家或者没有战乱但风险很高的国家以及未与中国建交的国家进行直接投资时,实行核准管理制度,就是事前防范最好的方法,值得别的部门借鉴。在实际中单个企业获取信息的能力有限,对国家之间关系的发展变化及趋势的预测能力更低,对投资东道国重要投资策略的变更及发展也很难掌握清楚,作为政府部门在这方面比企业信息多,预测能力强,因此加强政府就企业到高风险国家投资的核准管理,防患于未然在今天意义更加重要。

对外直接投资过程中,即便是我们做足功课也不可完全避免风险,有些风险是难以预料的,有些风险是难以防范的,当风险不可避免发生时,不要消极应对,应该积极地寻找补偿途径。在实际中根据风险产生

的原因，如果风险是人为因素所致，而企业本身占有有利的地位，要积极地进行申诉、协调或者仲裁，通过这些途径尽量减少损失①。例如，在实际投资合作中，人为因素产生的风险制造者有时是权力至高的政府，面对这样的侵权对象，企业应该鼓起勇气，寻找突破口进行，积极勇敢面对。如三一重工的侵权者是当时美国政府，因为其在美投资的合法权益被侵犯，积极上诉，三年之后终于挽回损失。因此，在对外直接投资过程中，运用法律的武器，积极争取自己的合法权益，也促使中国企业真正成长起来②。如果风险非人为因素，比如不可抗力带来的风险，企业也要积极采取切实可行的有效措施，将风险降到最低。

十八　借鉴发达国家经验，强化相关机构职能，设立海外企业维权机构

我国对外直接投资起步较晚，对海外投资保护方面经验缺乏。但是美国、日本、英国等发达国家海外直接投资已经进行了上百年，长期应对海外投资风险积累了相应的保护经验，这些都值得我们借鉴。具体来讲，建立高级别的海外投资保护机构，并随着海外投资的增加而不断加强，保护执行力度也不断加大，如英国的国际发展部、加拿大国际发展署③。另外，建立完善海外投资咨询管理信息系统，通过定期发布本国企业海外投资经营状况、机会状况、风险的规避等信息，为企业海外投资提供真实资料，促进海外投资发展，降低对外直接投资风险。因此，中国政府鼓励国内企业进行海外直接投资过程中也要相应地强化相关政府的功能，建立高级别的海外投资保护机构，成立相关的海外公关、维权、安保等专业辅助机构。这些机构专门进行海外维权，给中国企业海外经营保驾护航。即使是中国企业在海外遇到警察、官员敲诈勒索这样的事情，海外投资保护机构也应该出面交涉，尤其加强对大使馆没有精力顾及的小事但是对企业或个人影响较大事件的关注，切实保护海外投资者的利益。

---

①　冷万欣：《中国企业"走出去"如何避免吃"哑巴亏"？》，《建筑时报》2015年2月12日第6版。

②　黄自昌：《我国对外直接投资项目为何中标后屡屡受挫》，《中国招标》2015年第4期。

③　郝红梅、吕博：《中国对外投资及国际经验借鉴》，《中国经贸》2012年第9期。

十九　正确认识风险存在的长期性

庞大的外汇储备额及新经济常态决定着中资将大规模地走向海外，和平崛起的中国是世界经济均衡发展的重要力量。中国对外直接投资不断增加，面临的风险不可避免。从外部环境来看，面临的风险主要有：国际势力的干预。从我们内部来说，中国对外直接投资不过是20年的事情，刚刚起步，而发达国家在20世纪60年代就已经展开轰轰烈烈的对外直接投资了。根据西方学者对外直接投资理论，我们对外直接投资的比较优势并不突出，技术管理等领域优势不足。这些基本的因素注定我们的对外直接投资历程不会一帆风顺，风险因素也不能完全回避。因此，面对投资过程中出现的问题和障碍，我们应该做到：要正确认识风险存在的长期性，不过分夸大投资失败的效应。

二十　理性评价企业对外直接投资

从交易未成功的项目来看，大都受到来自美国的限制，尤其在西亚的投资直接受到美国政府强权干涉，在俄罗斯的投资受到政府的干涉，这些状况在"一带一路"直接投资中还将持续存在。对于失败我们要用发展的眼光来看，有时直接投资的失败也未必不是好事。例如，中国公司收购优尼科和斯基母尔石油公司的失败，当时看来中国是失败了，但瞬息万变的国际原油市场上原油的价格由原来的100美元降到50美元，那些购买了美国优尼科公司的企业现在会想什么呢，那些没能与中国合作成功的俄罗斯企业在低油价面前会想些什么，会不会暗自后悔没卖给中国。当年中铝向力拓注资195亿美元寻求并购，最终被否决，在国人的惋惜和感叹还没结束时，世界大宗商品价格突然急转直下，连续几年暴跌，转瞬之间才发现当时的不成功并购是多么幸运的一件事。对外直接投资过程中，不要偏颇地以"一城一池"的得失来衡量投资的成败，投资的目的最终是要获得回报的，投资获利是一个长期工程，受到很多不确定因素的影响。因此，对企业投资成功的评判要更理性、更科学，不应以短期的业绩作为成功与失败的评定依据，要用长远的业绩中肯地对企业投资进行评判才是最合理的。面对那些我们志在必得却投资并购失败的项目要辩证地看待，失败是不可避免的，也是很难预测和防范的，要想走出去，就要面对并理性、平和地对待这些投资失败的风险才是我们应有的态度。

对外直接投资过程中通过内控风险防范，缓解和降低中国"威胁"论，提高中国企业海外直接投资成功率和收益率。要内控风险防范的缺失，防止企业海外投资无序竞争。比如，在一个人口数目及消费能力有限的国外市场，突然涌进数家实力雄厚的企业，并购一个外国项目不仅会过度刺激东道国政府和企业的敏感神经，还会因为担心受到中国企业的挤压而对中国企业层层设限，这已经成为我国对外投资的重要障碍。在海外直接投资并购案例中，多家中国企业参与竞标，哄抬并购价格，即使并购成功，高昂的并购成本也使并购收益大大降低。严重损害中国对外直接投资企业自身的利益。另外，还会出现国内企业前期艰苦谈判，耗资巨大，但是后期进入的国内同行企业全然不顾前期企业的成本，一意孤行地以更高的价格接受苛刻的条件，使前期谈判的企业血本无归，而后期的企业进入后举步维艰，经营困难。中国商务部虽然制订了对"一带一路"投资的主要产业规划和行业设计，但境外投资协调困难，各部门、各地区之间以及企业之间各自为政，对外投资随意性大，企业蜂拥海外，造成海外重复投资，中国企业在国外市场恶性竞争，再加上西方国家善于搬弄是非，挑拨离间，使中国企业与当地企业相互对立，严重损害中国境外投资环境，影响整体投资收益[1]。在核电企业海外投资过程中，国家能源局出面给大家划分投资范围，但是这个约定在实际海外投资中很难落到实处，不良竞争依然存在[2]。因此，通过内控风险防范避免恶性竞争和重复投资意义重大。随着中国对丝绸之路经济带投资规模不断扩大，通过积极、正面的沟通，有序引导国内企业进行对外直接投资，既能避免国内企业在国外互相损害，减少中国企业对外直接投资的失败概率和经济损失，也有助于缓解东道国的担心和疑虑。对外宣传中要引用一些鲜活、生动的案例，强调我国企业的直接投资会给当地带来先进技术、充足资金，增加当地就业、增加政府税收，提高当地经济发展，改善当地人民生活，为双边投资和经济合作创造一个良好的环境。通过内控风险防范，避免产生中国"威胁"论，

---

[1] 贺宁华：《我国对外直接投资国家战略规划研究》，《商业时代》2012年第9期。
[2] 蓝旺：《"中国制造""核电"走出去仍面临困境》，《广西电业》2015年第3期。

提高中国企业海外直接投资成功率和收益率。

第六节　小结

　　中国对外直接投资发展有 20 年的历史，积累了较多的经验和教训，丝绸之路经济带建设中中国企业对外直接投资不仅面临来自外部的风险，同样面临来自内部的风险，从自身角度出发深入分析中国企业在丝绸之路沿线国家直接投资过程中内部风险的来源，做好内控风险防范意义同样重大，因此研究历史，借鉴经验，规避风险，促进中国企业更好地走出去并顺利地运营最终获利已成为最紧迫的问题。本章主要以中国企业在丝绸之路经济带沿线国家对外直接投资内部风险防控为题进行研究，采用实际调研和网络调研相结合，分析归纳与总结相结合的研究方法，通过对 2001—2016 年中国对外直接投资成功和失败的典型案例进行跟踪调研，选取中国对外直接投资比较成功的典型案例进行剖析，分析其成功的原因，对外直接投资失败的典型案例进行剖析，分析其失败的原因，在此基础上剖析对外直接投资主观因素和客观因素产生风险的共性原因，借鉴历史经验提出对丝绸之路经济带直接投资内控风险防范措施。

第六章

丝绸之路经济带典型国家直接投资风险防范研究

"一带一路"国家中,一些典型国家有其自身鲜明的风险特点,但是这些国家鲜明的风险特点对中国对外直接投资影响深远,宏观研究虽有涉及却无法准确地衡量这些国家风险状况。因此,对这些典型国家需要进行单独关注,主要包括:中国对巴基斯坦直接投资风险防范研究、中国对菲律宾直接投资风险防范研究、中国对土耳其直接投资风险防范研究、中国对沙特直接投资风险防范研究、中国对俄罗斯直接投资风险防范研究等。根据《推动共建丝绸之路经济带和21世纪海上丝绸之路的愿景与行动》的规定,丝绸之路经济带重点畅通中亚板块(前面外部风险关注较多)、西亚板块、中蒙俄经济走廊、中巴经济走廊四个板块。这些典型国家的选择是依据其在四个板块均匀分布以及在板块中的重要性来进行的。通过对这些国家的单独研究,提出切实可行的风险防范策略以供企业借鉴。

第一节　中国企业对巴基斯坦直接投资风险防范研究

当前国际投资格局与多边投资规则正处于深度调整期,国际投资合作的机遇与挑战相伴,风险与收益并行。新形势下深入实施"走出去"战略是顺应国际经贸新格局、提升对外投资竞争力,促进中国经济健康良好发展的根本途径。伴随着"一带一路"倡议的不断推进,中国与巴基斯坦经贸合作愈加密切,越来越多的中国企业加强与巴基斯坦企业的合作[①]。由

[①] 张立伟:《"一带一路"战略背景下中巴经济走廊建设的基础与挑战》,《改革与战略》2016年第10期。

于巴基斯坦地缘政治环境复杂，国内不同地区间经济发展水平差异较大，中国企业需要充分研究潜在的各类风险，从而确保投资项目稳步推进。因此，防范规避在巴基斯坦直接投资面临的风险，成为中国企业亟待解决的问题。

一 中国企业在巴基斯坦投资现状

（一）投资基础良好且投资力度不断加大

自1978年中国改革开放以来，中巴两国签订了一系列的协定来加强双方相互开放程度。1989年，两国签署《中华人民共和国政府和巴基斯坦伊斯兰共和国政府关于对所得避免双重征税和防止偷漏税的协定》，两方承诺互相实行税收双边饶让抵免。2009年，随着《中国—巴基斯坦自由贸易区服务贸易协定》的推进，为两国之间货物服务贸易及投资合作的发展提供了合作的坚实基础和有效平台[①]。2013年，中巴两国政府提出共同建设"中巴经济走廊"的构想。该走廊全长3000千米，起点在中国新疆喀什，终点在巴基斯坦瓜德尔港。双方在走廊沿线开展基础设施、信息通信、能源电力、工业园区等一些项目的合作，不仅促进巴基斯坦境内走廊沿线地区的经济增长，还能为中国进口商品及能源提供一条捷径——不必经过海上咽喉马六甲海峡。2015年年初，《巴基斯坦伊斯兰共和国政府与中华人民共和国政府关于建立全天候战略伙伴关系的联合声明》的发布，将中巴两国的合作关系推向更高的层次。两国之间建立更加密切的合作伙伴关系，在经济领域实现全方位发展合作。在对外直接投资合作领域，2007年中巴两国签署的自由贸易协定实施之后，当年中国在巴基斯坦直接投资流量大幅度提升，紧跟其后的2008年、2010年、2011年、2013年、2014年、2015年投资流量金额也巨大，如表6-1所示。

表6-1　2008—2015年中国对巴基斯坦直接投资流量存量情况　单位：万美元

年份	2008	2009	2010	2011	2012	2013	2014	2015
流量	26537	7675	33135	33328	8893	16357	101426	32074

---

① 毕夫：《新兴市场：贸易保护的魅影》，《新经济杂志》2009年第3期。

续表

年份	2008	2009	2010	2011	2012	2013	2014	2015
存量	132799	145809	182801	216299	223361	234309	373682	403593

资料来源：《2016年度中国对外直接投资统计公报》。

从投资存量来看，中国在巴基斯坦直接投资存量自2008年到2015年持续稳步上涨。2014年，随着中巴经济走廊的建设，中国成为巴基斯坦外商直接投资的最大来源国，在中国对外直接投资流量排名前二十位的国家中位列第十三位。巴基斯坦国家银行（SBP）2016年的统计数据显示，2015年7月至2016年1月，巴基斯坦吸引外国直接投资（FDI）6.48亿美元，中国投资4.09亿美元，是其第一大外国直接投资来源地[①]。

（二）电力能源及基础设施领域直接投资成绩辉煌

中国企业与巴基斯坦投资合作不断发展，投资领域不断扩大，重点投资领域不断增强。据驻巴大使馆经商参处的统计，在电力能源与基础设施方面投资增长迅猛。2014年年底，在使馆经商处注册登记的96家中资企业，主要涵盖以下几个领域：水电、太阳能、风能、天然气、铁路、公路、港口、通信、金融服务等领域。2015年年初，习近平主席对巴进行国事访问，中国与巴基斯坦签署了50多项投资合作协议，投资总值达460亿美元，其中340亿美元投资能源项目、120亿元投资基础设施建设项目。2015年6月底，在巴的中国企业65家，接近一半的企业从事基础设施建设领域。在电力能源基础设施方面，中巴经济走廊大约涉及27个能源合作项目，投资金额达487亿美元。其中华能山东发电有限公司与山东如意集团共同投资建造的1320兆瓦萨希瓦尔火电项目、长江三峡集团72万千瓦卡洛特水电站项目、中国电建所属水电顾问集团投资建设的大沃地区50兆瓦风电项目、上海电气公司塔尔煤田煤电合作项目等能源电力项目是中巴两国重点合作和优先推进的重大基础设施项目，而且总价值约为16.5亿美元的卡洛特水电项目为丝路基金注册成立后的首笔投资项目。中国对巴援建的工程恰希玛核电项目，中国已在巴基斯坦承建6台核电机组，总装机容量达340万千瓦，

[①] 中华人民共和国驻巴大使馆经济商务参赞处：《巴基斯坦的经济增长困局》，2016年。

其中建成的恰希玛 1 号及 2 号对巴基斯坦经济发展已经起到了巨大的促进作用，其他在建项目的完工会为巴基斯坦电力发展带来质的飞跃，成为巴经济增长的坚实的基础。在 2015 年双方还签订了 1100 兆瓦恰希玛核电五期项目（C5 项目），总价值约为 150 亿美元。中国援建的一条从伊朗到巴基斯坦的天然气管道，极大地缓解了巴基斯坦的天然气资源短缺问题。在基础设施建设方面，为了使中巴关系更加紧密、发展空间更加广阔，同时本着互利共赢的丝路精神，中国在巴基斯坦投资援建了多个基础设施项目。2013 年 3 月，中国公司正式取得了瓜德尔港的运营管理权，瓜德尔港作为重大基础设施项目将成为陆上新丝绸之路与 21 世纪海上丝绸之路的交汇点。2015 年，中国对瓜德尔港计划投资 16.2 亿美元，包括修筑连接瓜德尔港港口至东部海岸线的高速公路、瓜德尔港防波堤建设、锚地疏浚工程、自由贸易区基础设施建设、新瓜德尔国际机场等 9 个早期合作项目。2014 年，中国兵器工业集团公司承包建设巴基斯坦拉合尔轨道交通橙线项目，总投资金额达 90.34 亿元人民币。这是巴基斯坦的第一条城市交通轨道，也是中巴经济走廊首个签约的基础设施项目。2014 年，中国移动又以 5.16 亿美元的最高竞价取得巴基斯坦 3G 和 4G 移动网络牌照，成为巴基斯坦唯一的 4G 运营商。2016 年，中国移动耗资 3 亿—4 亿美元，使巴国内 3G 覆盖率提升为 100%，同时将 4G 的覆盖范围提高到 60%，极大地方便了巴基斯坦的通信与交流，促进了巴移动通信的快速发展。2015 年 12 月 12 日，中国交通建筑股份有限公司与巴基斯坦国家公路局正式签订总额约为 28.9 亿美元的卡拉奇至拉合尔的高速公路（苏库尔至木尔坦段）商务合同。中巴经济走廊的另外一个重要公路项目——喀喇昆仑公路升级改造二期（哈维连至塔科特段）总金额约为 13.15 亿美元。这些项目均为"中巴经济走廊"的旗舰项目。

二 中国企业在巴基斯坦直接投资面临的风险

（一）经济风险

经济发展水平低，水务及电力资源短缺。巴基斯坦是典型的农业国家，农业在国民经济中占有较高的比重。巴基斯坦的农业长期受水资源紧张、基础设施不足、生产技术较落后以及一些不合理生产制度等因素的制约，生产起伏不定。巴基斯坦的农业现状在某种程度上直接影响了其整体经济的发展速度。巴基斯坦工业增长率较低且发展门类不全，主要以原材料为主，产品主要包括水泥、化肥、麻黄制品、白糖、豆油、纸张等初级产品。制造业欠发达，高科技产业较少，经济增长多半依赖服务业。目前，巴基斯坦服务业的比重在三大产业中已经超过了农业和工业。巴基斯坦当前的经济结构导致其经济发展水平总体偏低。因此，在巴国内投资建设基础设施的中国企业可能会陷入投入大、回报周期长、收益低的困局。

巴基斯坦虽然有一定的水资源，但由于水资源政策和管理不到位，导致巴基斯坦成为全球水资源最为紧张的 36 个国家之一。目前，巴基斯坦的人均可用水量为 1038 立方米，人均储备水量仅为 132 立方米。巴基斯坦一些地区的地下水平面正在下降，60% 的民众难以获得清洁水源，水资源短缺还在一定程度上限制了电力及工农业各部门的发展。巴基斯坦电力供应严重不足。给企业生产经营造成很大的困难。有些中资企业采用发电机发电，虽然这些措施缓解了用电紧张但极大地增加了企业生产成本。因此，电力短缺的问题是制约企业经营发展的重要因素，也是中国企业对该领域直接投资必须面临的风险。

(二) 金融税收风险

金融业的发展状况对中巴经济走廊的建设起着至关重要的作用，是两国经济合作发展的核心内容，具体项目的落实和实施也需要中巴两国在金融领域的大力支持，比如项目的融资。就巴基斯坦的金融环境来看，持续不断的恐怖袭击和频繁的反恐战争对巴的投资环境造成了严重的影响，金融环境欠佳，银行不敢发放贷款，个人的投资意愿较低。另外，巴基斯坦的货币不能自由兑换，其中包括与人民币的兑换，据商务部 2014 年的统计，中国对巴的出口增长而进口下降，这就间接导致了巴基斯坦对外汇的管控严格，中方的企业若要汇出利润变得非常困难，手续也非常烦琐。此外，巴基斯坦的国际收支账户也存在巨大的压力，2015 年得益于原油价格的走低而使经常账户有所改善，但由于出口动力增长不足而且随着进口需求的增加，国际经常账户的压力难以改变。

从税收方面来看，近年来，巴基斯坦政府不断地扩大税基和提高税收幅度来增加财政收入，非本国公司和国民与巴国公司和国民同等纳税。巴基斯坦的企业所得税率高达35%，比中国高出10个百分点（按普通企业所得税率25%计算）。除此之外，巴基斯坦还对年收入超2.5亿卢比的高所得企业另加征税，同时对股息红利所得、财产所得、出售证券投资收益等科目单独征税。巴基斯坦国内的税率过高和税级繁复等问题将会降低中国企业在巴的投资回报率。巴基斯坦的税收制度不规范，税务部门（巴联保税收委员会）经常不合理地解读企业的财务报告，并下达补税通知，15天之后就会从企业银行账户上强制划账。由于税务部门与企业彼此间的不信任，税收风险对直接投资影响明显。

（三）文化风险

中巴两国主体文化之间的差别大，巴基斯坦属于伊斯兰国家，目前，巴基斯坦还有一些地区甚至还处于"政教合一"的传统状态，社会经济的发展深受宗教观念的影响。而中国长期受儒家文化的熏陶，习惯用"是"与"非"的标准来看待与评判外部世界，以马克思主义理论为指导，强调经济发展的客观规律，中国企业大多处在无神论的市场经济环境之中，对当地宗教习俗往往缺乏敏感性，极易产生误解或引起冲突，影响中国企业在巴基斯坦的直接投资建设。例如，针灸按摩行业是我国中医的一种疗法，但在巴基斯坦从事这些行业会被认为有伤风化，甚至会遭到暴力袭击或者绑架。还有一些在我们看来再普通不过的行业，在巴基斯坦常常被认为是违反伊斯兰教义，从业者遭到袭击甚至枪击，对生命构成严重威胁。因此，在巴基斯坦进行直接投资的企业要高度重视文化差异性带来的风险，避免不必要的伤害。

（四）自然风险

在企业进行对外直接投资过程中，被投资国自然地理环境风险经常给企业生产经营带来严重的困扰。巴基斯坦自然地理环境风险相对较高。整个巴基斯坦位于世界主要的地震带——欧亚地震带上，是一个地震灾害频发的国家，国内曾多次在不同的地区发生5—7级的地震，2010—2016年发生的地震如表6-2所示。在巴基斯坦还曾发生历史上罕见的洪涝灾害，造成重大人员伤亡和巨额财产损失。2010年7月，受被阻的喷射气流与夏季季风的共同影响，巴基斯坦发生特大洪灾。这次洪灾造成1600人死亡，2000多人受伤。2016年，受厄尔尼诺现象的影响，巴基斯坦多地先后遭遇强降雨天气，造成128人死亡、百余人受伤，同时还引起山体滑坡、泥石流等自然灾害的发生。

表 6-2　　　　　巴基斯坦地震发生情况（2010—2016 年）

地震发生时间	地震发生地点	震级
2010 年 2 月 28 日	巴基斯坦西北部地区	6.2 级
2011 年 1 月 19 日	巴基斯坦西南部	7.1 级
2013 年 9 月 24 日	巴基斯坦西部	7.7 级
2013 年 9 月 28 日	巴基斯坦西南部	7.2 级
2014 年 8 月 31 日	巴基斯坦西北部	6.0 级
2015 年 10 月 26 日	巴基斯坦北部科哈特地区	7.7 级
2016 年 4 月 10 日	巴基斯坦北部和东部地区	7.1 级
2016 年 5 月 13 日	阿富汗与巴基斯坦交界处	5.4 级

资料来源：根据中国商务部网站相关资料整理。

三　中国企业在巴基斯坦直接投资风险的防范对策

（一）寻求当地政府保护与企业自身防范相结合

中巴合作成绩显著，随着"一带一路"倡议的深入实施，更多中国企业在巴基斯坦的海外利益迅猛发展，因此要更加谨慎预防风险。中巴政府之间良好的关系是企业缓解风险的坚强后盾，中国企业在当地投资过程中要采取合理的手段，例如公益活动性的赞助、对困难群体的捐款等方式密切与当地政府的关系，以便在遇到问题时能及时获得当地政府相应的支持。但不能只指望巴基斯坦政府单方面对中国企业给予保护，企业还需自身采取更有效的防范措施，在企业直接投资经营的过程中，要充分了解巴基斯坦的经济基本状况、市场需求基本状况、金融环境、法律问题、国家负债基本情况以及具体存在的问题，做好相应的防范措施。例如，在与巴基斯坦开展投资合作前，企业应实地考察，客观、全面评估环境中潜在的风险，做好各种应急预案，充分准备以应对突发的各种风险。在经营过程中，中国企业应通过吸收更多的巴国当地人力资源参与企业经营发展、加强对当地员工的素质和技能培训等一系列措施来积极实现属地化经营。让企业利益更多地贴近当地民众的利益，只有得到巴国当地政府和民众的双重支持，才有可能保证中国企业的利益少受或者不受损失。

（二）依托援助模式向商业模式过渡

中国企业初期在巴基斯坦投资建设的基础设施工程以援助为主要模式有其重要的现实意义。在不断加大投资的过程中，要渐进地向商业模式过渡，在基础设施领域，中国企业应逐步调整经营策略，探索新的合作经营模式。在向商业模式过渡的过程中，应该秉承分散化经营的策略，将在巴投资经营的业务深入到不相连的各个行业中，通过分散化经营降低行业集中的风险。

（三）参考多边税收条款完善两国税收协定

在直接投资过程中，从政府的角度来看，为了更好地保障两国投资合作者的利益，双方应当在对当今两国经贸形势、国际税收协调和两国国情有深刻认识的情况下，参考多国签订的多边税收协定的条款，完善两国税收协定，在继续执行已签订的税收饶让抵免条款的同时更新补充相应内容，提高税收协调水平。例如，逐步降低企业所得税税率，完善相应条款等方面。从企业的角度组建一个强大的专业税收团队，才能在征税与缴税互相博弈的过程中解决繁杂的事务。

（四）尊重当地习俗促进文化融合

中国企业及人员应尊重当地的宗教信仰和宗教习俗。首先，与巴基斯坦人员洽谈商务事件的过程中在时间的安排上要避开穆斯林礼拜时间，避免打扰对方做礼拜。其次，在日常交往中，不要用我们国内的交往方式与巴基斯坦民众打交道，尊重他们的信仰，不随便谈论宗教信仰，不随便触及宗教物品，不对宗教行为发表任何评论，不随便参与与宗教有关的活动。最后，在与当地人交往的过程中充分了解当地的习俗，例如关于服饰、饮食、用品等日常生活方面的禁忌，在生产经营活动中要注意避免触犯禁忌。谨慎应对当地宗教风俗，缓解对外直接投资面临的文化风险。中国传统文化不可避免地会随着中国企业走出去的步伐走进巴基斯坦。中资企业在巴基斯坦投资和运作过程中，在尊重巴基斯坦文化的同时，还应该积极促进中国传统文化在当地的传播，利用公共外交平台，积极树立中资企业和中国员工的文明形象，用具体行动展现中华文明的博大精深，用鲜明事实展现中华文明的内在魅力，以促进中国文明与当地文明的交流与包容，减少摩擦与冲突。

（五）科学严谨的投资选址缓解自然风险

在进行国际直接投资的初始阶段，初期选址问题应当引起足够的重视，要对目标地区的地质条件和地理环境进行详细的考察，在地质条件方面尤其是要避开地震活动频发区域，更不能将公司地址选在地震断裂带上，必要时雇用专业的地震灾害研究人员进行指导；在地理环境方面，根据具体的地形地貌避开自然灾害事故频发的区域，例如根据巴基斯坦官方公布的信息，其国土北部地区地质状况复杂，地貌形态多样，土质黏性较低。雨季山体滑坡及泥石流频繁发生，冬季雪崩也经常出现，在这一地区范围内投资建设要充分研究地形地貌，在工程实施过程中，对道路旁的农田、山地、河沟取土应慎重，避免发生地质灾害。

第二节　中国企业对菲律宾直接投资风险防范研究

一　中国对菲律宾直接投资概况

（一）中国对菲律宾的直接投资总体规模不断扩大

"一带一路"倡议的逐步推进，为沿线国家发展提供了新的机遇，中国企业对外直接投资热情高涨，中国和菲律宾两国经贸合作不断加深。2016年，菲律宾自杜特尔特就职后，把中国作为东盟之外的首访国家，中菲关系实现全面改善并持续向好发展，经济领域合作不断推进。在直接投资领域发展迅速，直接投资总体规模不断扩大。自2007年起，中国对菲律宾直接投资流量波动上升，其中流量金额较大的年份是2010年、2011年、2014年，流量金额较小的年份是2007年、2008年、2009年、2013年，但是在2014年之前，流量金额为正。2015年，由于多种原因，流量为-2759万美元。中国对菲律宾直接投资存量自2007年起逐年上升，在2009年以后增长迅速，在2014年总量达到75994万美元这一水平，2015年由于资金的撤出，投资存量减少，具体如表6-3所示。

表6-3　2007—2015年中国对菲律宾直接投资流量存量情况　单位：万美元

年份	2007	2008	2009	2010	2011	2012	2013	2014	2015
流量	450	3369	4024	24409	26719	7490	5440	22495	-2759
存量	4304	8673	14259	38734	49427	59314	69238	75994	71105

资料来源：《2016年度中国对外直接投资统计公报》。

（二）中国对菲律宾直接投资行业不断扩展

2016年后，菲律宾国内经济逐渐得到改善，在很大程度上实现了稳定增长。根据菲律宾央行2016年9月公布的数据显示，菲律宾2015年外国直接投资净流入达22亿美元，这些投资大部分来自中国、中国香港地区、日本、新加坡等地，主要投资行业集中于金融保险、房地产、电力、煤气、蒸汽和空调供应等制造业、建筑业、信息和通信、批发和零售贸易、住宿和食品服务相关行业。其中中国对菲律宾直接投资行业不断拓展，中资企业在菲律宾主要以大中型企业的分公司或者代表处的方式存在，目前官方机构登记的多达90多家。从对外投资的行业来看，早期以工程承包发展较快，主要是传统的以中国路桥、中国建设等企业为主，在菲律宾投资势头猛烈。另外，航海和航空公司对其投资发展迅速，主要以国航、南航、厦航、中国远洋等集团公司为主，目前新发展的项目以科技以及电力技术发展为主，如上海电力承建的马利万斯2X660MW燃煤电站项目、中国东北电力第一工程有限公司承建菲律宾MISAMIS 3X135MW循环流化床燃煤电站、华为技术有限公司承建菲律宾电信等。

二 中国企业在菲律宾直接投资面临的风险分析

菲律宾经济发展较为落后，经济规模较小，在"一带一路"倡议的推进下，搭乘中国经济发展的顺风车是其实现国家振兴经济发展的最佳选择，但是，菲律宾受外部势力影响较大，对华关系变化无常，企业在该领域进行直接投资面临较大的不确定性。中国出口信用保险公司《"一带一路"沿线国家风险分析报告（2015）》对菲律宾的风险评级为6级，属于中等偏上的位置。经济学人智库对东盟国家基础设施的风险进行评估，菲律宾分值为59分，属于中等偏上的位置。中国企业在菲律宾直接投资面临的风险纷繁复杂，既有菲律宾国内的风险，也有外部势力插手引发的风险，这些对直接投资产生深刻的影响。

（一）领土纷争及大国的插手使菲律宾国内的排华情绪强烈

菲律宾与中国在南海地区存在岛礁主权之争，更有日益增长的外部力量阻止和干预，两国关系发展存在深层次障碍。菲律宾对外策略领域，一方面需要中国的投资，增加国外产品到本国市场，丰富自身产品的多样性,加强基础设施的建设;另一方面又依赖美国承诺对本国的政治和经济方面的保护,践行美国的"亚太再平衡"战略。由于中菲两国之间存在错综复杂的地缘政治分歧和大国博弈,中国对菲律宾直接投资增加了更多的不确定性,典型的表现是菲律宾国内排华情绪强烈,菲律宾政府频繁借由中国南海海域中的岛礁问题制造事端,不断鼓动民众进行反华示威游行活动,严重损害了两国的友好关系,导致两国间关系倒退,不断威胁中资企业在菲律宾的安全和稳定。

(二)菲律宾家族式资源垄断致使营商环境较差

菲律宾四大家族[①]在其家族势力的支撑下不断地积累和吸取社会财富,以及政治实力。各个家族之间又通过合作、联姻等手段相互维持实力,致使他们能完全掌控国家和地方的权力。有数据显示,菲律宾在2014年的清廉指数为38,在全球的157个国家和地区中排名第85位,明显处于中下的位置,而它也是亚洲所有国家中腐败和贪污程度最为严重的国家之一。受此因素影响,菲律宾的社会环境始终向着不良方向发展,整个经济发展水平始终处于较低的程度,而贫富差距的不断扩大也加剧了这一现状,不断增长的贫困人口数量和腐败的政治形势使人民对于政府的信任度不断降低,对于社会的不满也在逐渐加强,进一步对社会的稳定造成负面影响。这种现状对于投资环境的影响十分严重。

(三)菲律宾对外国投资限制严格且公司税税率高

菲律宾对外国投资限制之严格,在东南亚地区首屈一指。菲律宾对外国投资在总体上采取的是鼓励政策,但是保护本国经济的自主发展,维护民族利益,对于外资企业的组织形式、关税、外汇管理、外国人经营活动都有明确限制。目前,对于外国投资的限制,主要体现在限制外商投资项目清单上,这份清单由政府每两年更新一次,一旦某个行业被菲律宾政府纳入限制清单,相关企业就将遭遇限制。无论是转售还是撤资都是一笔巨大的开支。同时,由于菲律宾对于中小投资者的限制较多,这些企业需要更加注重外资项目清单,避免出现较大损失。另外,菲律宾国内的税率普遍较高,对于一些商品征收一定的消费税,例如机动车、酒、烟等。与此同时,菲律宾征收的利息税、印花税、房产税的

---

① 四大家族:阿罗约家族、阿基诺家族、马科斯家族、埃斯特拉达家族。

税率也在东盟十国中位居前列。中国企业在菲律宾投资，除应缴的税费外，还需要向当地政府缴纳不动产税和产权转让税，在一定程度上增加了中国直接投资企业的成本和压力。除此之外，由于经济方面的诸多限制和政治上的腐败，中国对菲律宾直接投资缴纳地方税情况更加复杂，这些都直接地影响着中国企业对外直接投资。

三 中国对菲律宾直接投资风险防范措施

在菲律宾直接投资面临的风险防范过程中，要采用富有创新性和建设性的方式，不仅仅要在合作机制与外交理念上有所创新，而且要深化推进具体项目领域的合作，化解菲律宾国家的战略疑虑，通过中菲睦邻友好合作条约的推进，使中菲之间的关系得到进一步加深，从而缓解对外直接投资的风险。

（一）积极执行宏观战略、主动规避政治风险

菲律宾国内情况比较复杂并且和中国差异较大，在中国与菲律宾的外交政策中，由于南海地区的争议以及外国势力的干涉，中菲外交变化多端，菲律宾务实的外交政策使其对华关系摇摆不定，变化无常。中国政府在积极执行宏观战略，坚守主权问题不放弃的立场上，可以搁置争议、在互利双赢的基础上加强合作与沟通，主动进行双边发展规划战略的深化和发展，建立完善与菲律宾国家的双边联合工作机制。中国企业在菲律宾直接投资过程中，应积极推进中国"一带一路"倡议的实施，充分考虑菲外交政策的多变性，密切关注菲律宾的反应动态，采取积极措施趋利避害，以缓解中国企业在菲律宾直接投资的风险。

（二）建立对菲律宾的安全风险评估及预警机制

建立中国对菲的安全风险评估机制。对其风险进行全面的评估，建立风险预警机制，才能保障对外直接投资的安全。长期持续关注菲律宾国内社会环境、经济环境、生态环境、军事状态、自然灾害等可能会对我国对外投资产生严重影响甚至威胁的因素。创建对菲律宾的风险评估体系，制定相应的评估指南，探析对菲律宾直接投资的每一行业合作项目的风险点可能在哪里，综合评估直接投资风险损失大小，设定风险承受底线，包括投资项目可能会造成多少资金损失、发生风险时对投资项目进行改良后的风险损失能否承受，如果通过评估这些问题难以解决，

风险底线难以承受，则要坚决放弃该类项目，以保护中国对菲律宾直接投资企业的利益。

（三）慎重选择投资区域、精确定位投资领域

中国对菲律宾直接投资区位选择首先考虑首都区域和大的经济特区。由于菲律宾国内基础设施比较落后，菲律宾有许多地区虽然投资价值和收益很大，但投资成本十分昂贵，非一般企业可以承受。中国企业到菲律宾投资，应该选择发展成熟的大马尼拉市和克拉克等经济特区，合理规避投资风险。其次，由于菲律宾国内的政治和经济的主要控制权掌握在四大政治家族手中，因此中国直接投资菲律宾，不得不寻求拥有强大的背景和强大实力的合作伙伴，最好是有相当实力的国家和地区的合作对象。一方面，他们可以帮助调解各类纠纷，保护外国投资者免受腐败官员的限制和恶性盘剥。另一方面，他们能帮助企业提高办事效率，享受优惠政策，迅速适应当地综合投资环境。最后，中国对菲律宾直接投资可以首先选择制造业或者出口导向型企业。虽然菲律宾国家严格限制外商投资某些行业，但是对于制造业的发展和出口导向型企业保持支持和鼓励的态度，因此建立这种类型的企业，更容易享受一些税收减免，以及各种各样的优惠待遇，突破对外资所有权的限制。

第三节　中国企业对沙特直接投资风险防范研究

伴随着"一带一路"倡议的推进和深化，在中国"走出去"战略的大背景下，加速对外投资发展，开创对外投资格局，2016年全年，中国对沿线国家的投资总额为145.3亿美元，截至2016年年底，中国对沿线国家的累计投资总额达到185.5亿美元。沙特作为西亚经济大国，并且也是中国直接投资的优先考虑对象，中国对于沙特的投资力度不断加强。沙特投资环境相对较好，根据《2016年营商环境报告》[①]，沙特排在第82位，在200多个国家的排名中居于偏上的水平。沙特政府重视基础设施建设，加大外商投资优惠力度，包括行业鼓励政策、地

---

① 《2016年营商环境报告》是世界银行和国际金融公司联合发布的。

区鼓励政策，中国与沙特经济合作不断加强。中国在沙特的直接投资虽然起步比较晚，在 2000 年才开始有项目投资，但是在十几年的发展中，中国对沙特的投资力度在逐步加大。尤其是"一带一路"倡议提出后，投资额度呈现迅猛上升之势。

一 中国企业对沙特直接投资基本状况

（一）投资额度迅猛增长

由国家商务部发布的《2015 年度中国对外直接投资统计公报》可以看出，2010—2015 年度中国对沙特直接投资的流量分别为 3648 万美元、12256 万美元、15367 万美元、47882 万美元、18430 万美元、40479 万美元。整体稳步持续上升，特别是在 2013 年之后，流量显著增加，增幅较大。中国对沙特直接投资的存量自 2007 年开始持续不断增加，特别是在 2010 年之后，存量增加显著，增幅较大。具体如表 6-4 所示。

表 6-4　　2007—2015 年中国对沙特直接投资流量存量情况　　单位：万美元

年份	2007	2008	2009	2010	2011	2012	2013	2014	2015
流量	11796	8839	9023	3648	12256	15367	47882	18430	40479
存量	40403	62068	71089	76056	88314	120586	174706	198743	243439

资料来源：《2016 年度中国对外直接投资统计公报》。

（二）投资领域不断扩大

沙特作为石油大国，起初中国选择对沙特投资，多是基于资源考虑，投资领域狭窄，主要集中在石油能源领域。目前，随着对外投资发展的不断成熟，一些企业已经将投资领域延伸到建筑业和制造业等。近年来，一些新的行业投资如住房、医疗、教育、信息通信技术也有所涉及，这些投资领域发展较晚，比例小，但投资类型多元化趋势明显。

二 中国企业对沙特直接投资面临的风险

（一）经济受油价波动影响严重

沙特经济的典型特征是以能源（石油为主）出口支撑经济运行。沙特的经济收入中，石油出口占到一半以上，石油价格的变动，会直接影响收入总额的多寡。经济运行状况好坏直接与原油价格挂钩。石油石化占沙特国家财政收入的70%以上，GDP的42%。2008年国际金融危机以来，沙特经济受到两次重创。一次是2009年，因危机影响，原油价格急转直下，经济受到严重影响。另一次是2014年下半年开始的石油价格暴跌，其经济增长率由2013年的3.8%降至3.6%，持续到2015年，增长率再次下降为3.3%。2015年，世界原油价格的不断下跌使沙特国内财政赤字达980亿美元，到2016年沙特财政赤字近870亿美元。沙特财政仅仅由于石油价格这单一原因，可能就会出现连续三年的财政赤字。石油价格波动幅度大，沙特经济的整体状况波动幅度大，企业在投资过程中不能准确地预测，不确定因素过多，承担的风险大。

(二) 法律执行过程中对外资欠缺公平性

沙特法律制定合理，但在执行过程中对于本地企业和外资企业区别对待的现象时有发生，欠缺公平性。以《外商投资法》为例，法律明确规定外商在沙特境内成立的全资子公司或分公司，可以享受到沙特当地法人公司的同等待遇，合法注册的外资企业不必通过沙特代理人进行商务活动等，但在执法中，投资法的具体细则却比较笼统，相关部门总是会通过独立的规章制度给予本国企业更多保护。中国企业在自行办理注册、劳动、税收等手续时，不被接待。在难点问题上，如果不通过代理人的协调，基本不可能。沙特执法过程中对外商投资的歧视对待，使中国投资者在当地投资产生巨大的实际障碍，尤其是在与当地人产生经济纠纷时，处于非常不利的地位。

(三) 流行疾病风险加剧

中东的呼吸系统综合征冠状病毒——新型冠状病毒，自2012年6月首例患者发现以来，势头有增无减，沙特成为重灾区。由于该种病毒主要携带在呼吸道分泌物中，口液、喷嚏、接触都是其传播方式，所以感染概率极大。据报道，截至2015年3月，沙特境内感染新型冠状病毒的人数高达936例，死亡人数达到402人，且死亡对象集中在沙特各大城市。中国对沙特的直接投资本身集中在特大城市，外加沙特卫生部门对于疾病防范的宣传工作力度不够，疾病应对措施不及时，国人的健康或生命得不到保证，增加了人员伤亡的风险。

三　中国企业对沙特直接投资风险的防范对策

在经济全球化和区域经济一体化的浪潮下，我国顺应世界潮流，政府应加强与沙特的经济联系，积极参与区域经济合作和对外直接投资框架谈判，积极与沙特签订经济合作方面的双边协定、投资互惠的双边协定，努力争取一个良好的投资环境。从企业的角度，做到"知己知彼，百战不殆"，信息的完整性对一个企业的投资决策极为重要。企业需重视对沙特直接投资区位分析和环境评估，在企业内部设立专门的海外投资调研部门，通过选拔，组织专业人员深入沙特进行实地考察，追踪同行业其他企业现有投资的状况。通过这种方法，收集、整理、分析沙特的投资环境。同时，结合自身情况，找出自身优势，扬长避短，抓住投资机遇。另外，企业还可以通过政府部门提供的投资信息，了解沙特的投资环境。如查阅《对外投资合作国别（地区）指南》《对外投资合作国别（地区）产业导向目录》《国别贸易投资环境报告》；有些难以确定的问题，可以到相关机构咨询，如中国驻沙特大使（领）经商参处（室）、沙特中资企业协会、沙特驻中国大使馆、沙特投资促进机构等。减少投资的不确定性，降低不必要的经营成本。沙特的投资环境整体上在变好，吸引力足够大，中国可以加大对沙特的直接投资，但是需要注意，在扩大投资规模的同时，中资企业也要意识到风险隐患是客观存在的。在对沙特的直接投资过程中，企业切不可仅将目光聚焦于优势和机遇，漠视风险挑战。中资企业一定要懂得统筹全局，趋利避害，从而降低投资风险，提高投资效益。

第四节　中国企业对土耳其直接投资风险防范研究

中国作为世界上最大的发展中国家，经济发展取得的成就举世瞩目。随着改革开放的深入，许多中国企业走出国门，到世界各地投资设厂，为当地的经济发展注入新的活力。随着"一带一路"构想的提出，中国企业走出去的愿望也更加强烈。土耳其横亘欧亚两个大洲，东北临高加索，东接中东，西毗东欧巴尔干，南望北非，与俄罗斯和中亚国家邻近，是西亚、中东地区陆、海、空交通枢纽，是"一带一路"的重要组成部分。作为新兴的经济体,在世界银行和国际金融公司联合公布的《2016年营商环境报告》中显示,土耳其在全球192个国家中土耳其位列55位。土耳其社会秩序良好,经济增长迅速,投融资环境得到改善。在基础设施领域,轨道、海港、飞机场建设完备,通信技术飞速发展,电力等能源设施逐步完善;政治领域自正发党执政后,提倡法律、以人为本,建立自主文明的共和政体,改革经济体制,采取各种措施缓和社会冲突以维持政治格局的稳定;经济领域纵观土耳其经济发展历程,年GDP增长速度以5%平稳增长,人均国民生产总值超过万美元,国内市场大,国民消费水平逐步提高,内需持续增长,区位优势显著,发展势头良好、增长潜力巨大;对外开放程度越来越高,政府支持金融资本自由流动,对外汇的管理相对宽松,融资渠道众多,法律体系跟财会体系接近国际轨道,已经是地区较为发达的贸易中心,吸引众多投资者。

土耳其特殊的地理位置和强劲的经济发展态势,促进中国与土耳其在经贸领域的合作发展迅速,中国和土耳其的政治、经济关系全面深化,贸易总额、投资总额快速增长,成为两国合作深入发展的重要纽带。特别是"一带一路"倡议提出以来,中国企业在土耳其直接投资不断增加,面临的风险也不断彰显,为了更好地促进中国企业在土耳其直接投资的发展,研究中国企业在土耳其直接投资面临的风险防范意义重大。

一 中国企业在土耳其直接投资现状

(一)发展前景广阔、投资规模不断扩大

近年来,土耳其经济发展速度加快,2015年,土耳其国内生产总值达到8611亿美元,在世界经济体排名中居第17位。人均国民生产总值高达1万美元,已经达到中等国家收入水平。政府不断加大在基础设施建设和能源开发等领域的投入,土耳其的工程承包市场活跃,中国企业在土耳其承包工程机会增加。土耳其致力于成为能源枢纽,为周边国家输送电力。土耳其拥有丰富的煤炭、地热和光照资源,中国企业利用这些资源优势,在土耳其投资火力发电和地热发电、太阳能等项目成功概率大增。1995年,土耳其与欧盟签订《关税同盟协议》,之后在土耳其与欧盟之间,工业产品可以自由流动,取消关税和非关税壁垒的限

制,极大地提升了土耳其的投资辐射区域。其辐射的周边区域市场潜力巨大,远远超过土耳其本土市场,这些优势不断促进中国企业在此直接投资。在国内"一带一路"倡议下,中国企业对土耳其直接投资发展前景广阔。

土耳其过去的经济合作主要以欧盟为主要伙伴,但近年来与中国联系不断加深,中土两国的贸易投资不断增加。在早期,土耳其投资主要来自欧盟及美国,自2012年开始,中国对土耳其直接投资稳步发展,2015年中国对土耳其直接投资存量约13.29亿美元,有超过600家土耳其的公司有中国资本的注入。2007—2015年中国对土耳其直接投资流量存量如表6-5所示。

表6-5　　2007—2015年中国对土耳其直接投资流量存量情况　　单位:万美元

年份	2007	2008	2009	2010	2011	2012	2013	2014	2015
流量	161	910	29326	782	1350	10895	17855	10497	62831
存量	1199	2236	38617	40363	40648	50251	64231	88181	132884

资料来源:《2016年度中国对外直接投资统计公报》。

(二) 中国企业在土耳其直接投资行业集中、成绩卓著

土耳其对外国投资门槛很高,小型企业投资难度大,中国投资土耳其的主要行业有采矿业、组装行业、高速铁路建设业、能源业、电信业等。近期规划或已经开始投资建设的主要有以下公司:华为技术有限公司自2002年在安卡拉注册,现已成为土耳其当地知名通信设备和服务供应商,招聘当地员工超过700人。2012年,华为公司在土耳其的销售总额已经超过5亿美元,2013年销售总额为8亿美元。目前,华为在安卡拉已建立全球第二大研发中心,投资总额超过5000万美元,为土耳其当地创造超过5000个工作岗位,其中85%的员工为土耳其本地人。纺织业天虹集团2013年投资1.8亿美元在土耳其建成首家中国纺织企业,土耳其本土纺织业相对发达,纺织品销往德、法等发达国家。在欧洲和俄罗斯市场上土耳其的纺织品也颇受欢迎,天虹集团在土耳其投资设厂既可以利用自身优势降低生产成本,又可以利用土耳其纺织品的销售渠道打入国际市场。中铁牵头实施的安卡拉—伊斯坦布尔高铁项目二期工程在2014年7月25日完工并顺利通车。作为中国在国外建成的第

一条高铁，标志着"一带一路"倡议在土耳其取得了初步成果。与此同时，中国企业在土耳其的盐湖天然气储库项目，中国铁路工程总公司开工建设的总额60亿美元的伊斯坦布尔机场第三候机楼项目，国家电力投资集团参与、总额超过200亿美元的土耳其第三核电站项目等，得到了土耳其政府和民众的一致认可。中国工商银行成功收购了土耳其纺织银行75.5%的股份，并在伊斯坦布尔金融区正式挂牌营业，是中国企业在土耳其投资的成功典范。该银行可以为"一带一路"具体项目提供资金支持，促进伊斯坦布尔成为新的境外人民币结算中心，将直接减少中土企业在贸易投资方面的结算成本，同时也促进了人民币在中东地区的流通和人民币的国际化。招商局国际有限公司、中远太平洋有限公司和中投海外直接投资有限责任公司组成的三方联合体与土耳其费纳控股公司2015年9月16日在伊斯坦布尔签署库姆波特码头股权的收购协议，该项目的金额高达9.4亿美元。土耳其位于地中海和黑海等交通要塞上，库姆波特码头又是土耳其重要的集装箱码头之一，可以辐射到周围广大的地区。

二　中国企业在土耳其直接投资面临的风险

（一）国土周边环境复杂、问题突出

近代以来，土耳其与其周边国家因为领土争端纠纷不断。土耳其与叙利亚因库尔德人的问题，邦交关系恶化；土耳其与伊朗的关系因美国在中东地区的干预，加上两国都想扩张在高加索地区的势力，彼此敌意加深；在车臣和库尔德人问题上，土耳其与俄罗斯也相互指责；在爱琴海岛屿归属问题上，以及历史遗留的塞浦路斯问题上，土耳其与希腊积怨颇深。最为突出的问题是土耳其的邻国叙利亚近年来战乱不断，叙利亚内战的外溢效应使土耳其受到严重冲击，土叙边境地区数次发生叙利亚炮火越境进入土耳其境内，造成土耳其境内民众伤亡。土耳其南部武装冲突频繁发生，土耳其东南部也不太平，武装冲突不断，多重因素使土耳其的安全形势恶化。2015年10月至2016年年初，土耳其已发生4次自杀式炸弹袭击事件，约200人在恐怖袭击中殒命，使当地中资企业员工的人身安全受到严重威胁。

（二）经济环境稳定性较差

土耳其虽然经济发展迅速，但是土耳其经济基本面存在的问题较

多,稳定性较差。首先,自2014年来,土耳其经济改革私有化,但落后的生产能力无法满足需求状况,供需不平衡,通货膨胀严重,里拉是世界震荡浮动最大的货币。其次,货币里拉兑美元的贬值,虽然增加了产品的出口竞争力,但是引发的问题较多,例如里拉继续贬值,导致进口产品价格上涨,尤其是进口能源价格[①]上涨将推动土耳其国内的通货膨胀水平,破坏经济稳定。货币贬值使土耳其对外资的吸引力下降,引发投资减少,进而使土耳其高通货膨胀率和高失业率并存,2014年土耳其的通货膨胀率达到8.9%,超出土耳其中央银行制订的5%的控制通货膨胀的目标。通货膨胀率高,会增加企业的生产成本,造成居民的购买力下降,从而使企业生产的产品难以打开销路,影响企业的盈利,又引发高失业率。土耳其的失业率2015年高达10.8%,远高于印度、俄罗斯、巴西等新兴经济体。据2015年12月土耳其的官方数据显示,当月土耳其国内的就业人数达到2640万,失业人数高达320万,大量的土耳其青年处于失业状态会给社会安定带来一定的隐患。土耳其政府为增加就业,相关标准向欧盟看齐,其中较为严苛的一项是就业1带5捆绑措施,即我国每外派1个劳动者,要增加5个土耳其人就业岗位,带动当地就业,但土耳其正处于人口增长的阶段,青少年占比高,平均年龄在29岁左右,高级前端的劳动者严重缺乏,中级劳动者也不足,再加上为劳工缴纳保险金额较高,使中企增加了劳务成本,经济成本负担沉重。因此,货币贬值及就业问题使土耳其社会的不稳定性增加,严重地影响了中国企业在该土耳其的投资,也加大了直接投资风险。

(三) 投资行业限制严格

土耳其对外来投资企业实行国民待遇原则,给予本国产品的待遇,外国企业同样享有,向国内民用资本开放的行业,也都全部向外来投资者开放,但在房地产、海运、航空、广播、金融等行业严格限制外商涉猎,通过采用进口许可证、投资禁止、股权比例限制购置数量等主要措施,保证土耳其占有绝大部分股份,控制企业的经营决策权。除官方的明确限定外,中国与土耳其两国在某些产业领域优势产业重叠性较高,例如,在纺织行业、门窗幕墙产品行业表现明显。纺织产品既是中国主

---

① 土耳其是一个能源资源极为匮乏的国家,国内油气资源无法满足生产生活需要,主要能源石油和天然气消费95%依赖进口。

要的优势产品,同样也是土耳其的优势产品,作为世界级纺织产品生产大国,两国都是世界主要的出口国,低端产业出口领域较高的重叠性直接导致在世界纺织行业出口领域的激烈竞争①。像门窗幕墙深加工设备这种远途运输成本高的产品,无论在东南亚市场、欧盟市场还是俄罗斯市场,两者总是狭路相逢。优势产业过高的重叠也是中国企业到当地投资受限的客观原因。

(四) 来自政府部门的风险不断增加

土耳其政府设置的部门繁杂,机构臃肿,工作人数冗多,行政审批环节多,处理效率低下,腐败问题严重,众多的官员涉腐被捕事件,震惊国内外。2014年1月9日,土耳其警方以经济受贿的罪名,对4名内阁部长的家属、金融机构的管理层等超过50个人下逮捕令,紧接着涉案的4名内阁部长递交辞呈,首都安卡拉超过500多名的警察被强行替换,内阁成员的一半重新组建。土耳其为吸引外来投资建立健全投资法律体系,但仍然存在贸易投资法规体系不健全,法律条例频繁修改变动,外国投资会面临无法可依、有法难依的局面,进而存在被严重侵权的风险。例如,土耳其进口的机械设备等产品严格执行欧洲标准,加盖CE认证标志,进口欧盟的产品,如果符合欧洲标准,不需要第二次额外检验检测,直接进入土耳其境内,但是从其他国家进口的产品还要进行二次检验,奉行双重标准制约了外来直接投资。2013年土耳其政府否决了一项价值57亿美元的公路特许经营项目。该项目由土耳其 Koc Holding 集团公司和马来西亚主权基金 Khazanah 旗下的 UEM 主导的联合财团中标。土耳其政府单方否决招标结果的行为,不仅对中标企业打击沉重,也对已经投资或者正在考察投资的企业是当头一棒,严重挫伤境外投资者投资该国的积极性,加大企业的投资经营风险。

三 中国企业防范风险策略

(一) 注重利益牵制,避免征用和没收风险

鉴于土耳其周边国家战争对土耳其产生的巨大影响,企业可能面临征用和没收风险,为规避此类风险,中国企业可以通过在生产和经营方

---

① 尹忠明、邓国营:《西部地区加工贸易发展的产业定位分析》,《云南财经大学学报》2007年第12期。

面的安排，使土耳其政府对中资企业实施征用甚至没收政策后，其也难以维持原公司的正常经营，从而避免被征用的风险。在生产战略上，可选择从土耳其境外采购原材料及零部件，外部采购原材料及零部件虽然可能会增加成本，但企业可以免受土耳其政府的控制，达到有效地降低政治风险的目的，因为即便是土耳其政府征用中资企业，也无法稳定地获得生产产品所需要的原材料及零配件，企业也无法保证正常地运转，继而无法获利。中国企业也要控制企业的核心专利及技术，即便企业被征用也是无法正常运行的。在营销战略上，通过控制产品的出口市场及产品的运输及分销渠道，使土方政府即使强行征用或是没收了中资企业，也很难使产品顺利出口，从而减少了中资企业被征用的风险。在融资方面，中国企业要积极争取在土耳其金融市场上进行融资，即使在土方的金融市场上融资成本较高，但采取这种方法，土耳其在对中国企业实施经营限制或是不公正待遇时，会影响土方当地金融机构的利益，在对企业征用时，土耳其也会谨慎而为，使中国企业达到规避风险的目的[①]。

（二）权衡经济形势，注重投资细节

中国企业到土耳其投资不但要了解土耳其政策法律、做好市场调研、及时办理工作许可、充分考虑汇率风险、担负企业社会责任等，更要权衡经济形势，注重投资细节。土耳其国内的财政赤字较高，创汇能力差，无论投资还是消费，对外部资金依赖性较大。因此，适度购买土耳其国债，从而形成对土耳其政策决策的影响力，中国企业可以得到一定的维护权益的话语权。企业在投资之前，要对当地的社会、经济、政治、文化等进行细致的考察和调研，或者委托国际咨询机构对当地的投资情况进行科学的评估，注重对可能出现的风险进行研究，减少投资失误，降低中国企业投资风险。企业在投资过程中签订合同要注重细节，例如，明确界定我国企业可以将利润、股息、红利等资金汇回到母国的条款、准确界定中国企业在土耳其缴纳所得税所依照的法律法规、明确界定双方发生争议时采用的仲裁法和仲裁地点。鉴于土耳其经济稳定性较差，有些风险企业很难预测和防范，建议企业办理海外投资保险，中

---

① 贺宁华：《丝绸之路经济带建设中的国际势力纷争及其风险防范》，《求索》2016 年第 8 期。

国企业可以在土耳其或是国内的相关部门办理保险，定期支付保险费，即使投资风险发生，企业也可以凭借保险机构支付的赔偿将投资损失降到最低。

(三) 关注无政府组织，学会与媒体打交道

中国企业要在土耳其谋求长远发展，不仅需要与土耳其中央政府各经济部门、地区政府和议会建立良好关系，关注土耳其的政治格局和选举情况，跟踪其政策走向，知晓颁布的政策和法律条例的修改，了解其职责和权限，更要关注无政府组织，学会与媒体打交道。土耳其社会开放程度较高，无政府组织是土社会多元化的重要标志，其反对或者赞成经常会对政府决策产生较大影响。在土耳其投资的中国企业应学会与无政府组织打交道，在这个过程中，学会利用新闻媒体的力量，积极宣传中国企业在当地承担的社会责任、中国企业与伊斯兰文化的融合、中国企业对当地就业所做的贡献、中国企业对当地环保所做的努力、中国企业对当地社会发展的贡献。通过媒体将企业优秀的一面放大，从而规避社会文化风险，避免中资企业受到非政府组织指责、避免中方员工遭到非政府组织绑架。在提高处理危机的能力过程中，中资企业要充分认知当地的文化习俗，尊重伊斯兰文化的禁忌；避免将重要的商务事宜安排在穆斯林的重要节日；对外派的中国员工要进行文化敏感性训练以提升员工对伊斯兰文化环境的适应能力。

(四) 注重自身品牌建设，提升企业形象

中国企业对土耳其的社会文化及风俗习惯的了解还不够深入，生产的产品不能完全达到当地民众的满意，早期土耳其民众接触到的中国产品都是知名品牌的贴牌商品，对中国本土品牌非常陌生，甚至民众对中国制造产生价廉档次低的不良印象。中国企业应增加具有高附加值的新产品生产，对产品进行优化升级和更新换代，制造优质的、具有差异化的产品，从而改变当地民众对于中国制造的不良印象。例如，华为在国际市场成功的原因是其生产的产品科技含量高且性能优良，极大地提升了中国产品的知名度，优秀企业国外市场成功运作模式是值得后继投资企业认真学习的。注重自身品牌建设，提升企业形象，促进土耳其民众接受中国产品，也是中国企业在土耳其投资过程中规避社会风险的重要手段。

第五节　中国企业对俄罗斯直接投资风险防范研究

一　中国企业对俄直接投资现状

(一) 两国合作关系不断加强但投资规模相对较小

俄罗斯作为中国最大的邻国和全面战略协作伙伴，经济合作不断增强，直接投资领域和金额不断扩大和提高。2015年，俄罗斯远东跨越式开发区建设、对华天然气输气管道建设、石油出口项目以及高铁和公路建设等基础设施项目合作不断增加；高科技领域，航空航天、核能等大项目投资合作强劲；传统农业领域优势互补明显，投资合作意愿强烈；金融领域推进双边贸易本币结算，全面促进双方储备合作、股权债券、基金投资等领域合作。目前，中国的服饰、工程类企业OFDI步调逐渐加快，绿地投资项目增长势头不减，华为、长城汽车等一些知名企业相继在俄罗斯投资建厂；中国工商银行、中国银联等在俄商务开展顺利；大型工程承包、资源合作开发等项目不断增加[1]。俄罗斯如今是中国OFDI增长速度最迅猛国家中的一员，紧随塞浦路斯、荷兰、卢森堡之后，位居第四。虽然俄罗斯与中国合作关系不断加深，中国对俄罗斯直接投资发展迅速，但是总规模还比较小。2007—2015年中国对俄罗斯直接投资存量及流量如表6-6所示。

表6-6　2007—2015年中国对俄罗斯直接投资流量及存量情况　单位：万美元

年份	2007	2008	2009	2010	2011	2012	2013	2014	2015
流量	47761	39523	34822	56772	71581	78462	102225	63356	296086
存量	142151	183828	222037	278756	376364	488849	758161	869463	1401963

资料来源：《2016年度中国对外直接投资统计公报》。

根据表6-6所示，自2007年，中国对俄罗斯直接投资年流量总金额不大，最大的投资流量是2015年的约29.61亿美元；自2007年中国对俄罗斯直接投资存量总金额虽然不断增加，到2015年年末达到最大，但是这个金额在中国对外直接投资存量总金额中占比很小，仅仅为

---

[1] 中华人民共和国商务部：《对外投资合作国别（地区）指南》（2015），俄罗斯。

1.3%。在俄罗斯设立境外企业1000多家,雇用外方员工4.1万人。从全局来看,中俄投资规模相对较小且合作仍然处于起始阶段。

(二) 投资领域趋向互补性较强行业

在中国对俄罗斯直接投资的过程中,主要投资的领域是互补性较强的行业。农、林、牧、渔及矿产资源开发业直接投资发展迅速,这一直以来都是中企对俄罗斯直接投资的重点领域。制造业领域,中俄互补优势明显,发展迅速,投资存量金额占中国对俄投资的比重较高。服务业领域由于两国政府在生产性服务行业极力倡导和大力推进,租赁和商务服务业成为投资规模迅速增加的行业。2015年,中国在俄投资存量行业分布中,采矿业占比最高,接近40%;位于第二位的是制造业,占22.2%;农、林、牧、渔业位于第三位,占比17.6%;位于第四位的是租赁和商务服务业,占比9.4%;其他的金融、房地产、建筑、批发和零售业占比都在3%以下[1]。

(三) 投资方式受限致使相对落后

传统的绿地投资和跨国并购是对外直接投资的两种主要方式,目前绿地投资如创建分支机构、子公司等是我国企业对俄进行直接投资的主要方式,其他投资方式需要依据俄罗斯对外国投资市场准入的相关规定来决定[2]。由于当前俄政府提倡外商对于能源、纺织、交通通信、食品木材加工、建筑建材等领域进行投资,因此在这些领域对海外企业投资的限制相对较小,中企在这些行业可以通过绿地投资模式建立控股权大于50%的企业,通过良好运作获取较高收益。但是对战略性企业,俄法律对外商投资及并购控股比例有明确规定及限制,明确规定在联邦级地下资源公司有外国政府背景的外资持股应在5%以下,若想在法律明文规定相关战略性企业或地下资源项目中持有高于10%的股权,必须向俄罗斯政府外国投资者监管委员会提交申请。自然垄断行业被俄方定为限制外资进入领域。在俄联邦博彩业、人寿保险业等行业明令禁止外资投资。普京于2008年签署的《有关外资进入对国防和国家安全具有战略性意义行业程序》的联邦法第5款明令指出:13大类42种经营活动如

---

[1] 林乐芬、陈燕:《中国对其他金砖国家直接投资联动效应分析》,《亚太经济》2017年第5期。

[2] 桑召敏:《中国对俄罗斯直接投资研究》,《北方经贸》2013年第9期。

核反应堆项目的建设运营、国防军工等被视为具有战略性意义行业明令禁止外资进入。因此，中企若想投资联邦级地下资源开发项目、国防军工等俄战略性领域，仅能采取跨国并购、建立合资公司或分支机构等方式对俄投资，想持有高于10%的股权，必须向俄罗斯政府外国投资者监管委员会提交申请，但这种方式的投资也仅能取得境外企业不到50%的股权，不具有控制权。综上所述，我国对俄直接投资方式受限严重致使其相对落后。

二 俄罗斯投资环境分析

俄罗斯投资环境基本面良好，在政治领域，俄罗斯政局处于苏联解体以来最稳定的时期；经济领域俄罗斯地大物博，横跨欧亚大陆，是世界上领土最广袤的国度，自然资源丰富、土地资源储备大、矿产资源储量大，被称作世界资源大国。俄罗斯作为经济大国之一，在国际金融危机之后，经济复苏的速度领先于诸多发达国家。加入世界贸易组织之后，放宽了对于国内外投资者投资领域的限制管束政策，吸引和支持外资投资俄罗斯市场；财政赤字水平较低，宏观经济形势不断改善；本国居民生活水平显著提高，市场需求进一步增大；国民受教育普及程度较高；科技领域基础科学研究实力雄厚，尤其是在军工、航天、核能等尖端技术研究领域较为领先。目前，俄罗斯在工业改造、基础设施建设、新一轮私有化等领域，为外国投资者提供了更多的机会。虽然俄罗斯投资环境发展趋势良好，但是俄罗斯投资环境中风险因素依然众多，直接投资的不确定性增加。俄罗斯政局较稳定，但仍受乌克兰事件、车臣势力和其他犯罪势力的波及影响，中央与地方的矛盾等根本性问题仍未妥善解决。在外商股权歧视性限制方面，俄方对于战略性企业的并购控股比例有着明确的法律规定及严格限制。俄罗斯资本的供应能力很大程度上受其资源情况影响，原油价格走低对其影响严重。通货膨胀率较高，2011—2015年分别达到6.1%、6.6%、6.5%、11.4%、12.9%。税费繁多且征收税率较高等风险依然存在。根据中国社会科学院世界经济政治研究所国家风险评级课题组首次发布的风险评估——《2016年中国海外投资国家风险评级报告》"一带一路"国家风险评级子报告，俄罗斯位于BBB级，属于高级别风险国家。

三 中国企业对俄直接投资风险分析

虽然俄罗斯地大物博,是世界上最大的国家,同时拥有丰富的能源及其他矿产资源,被视为资源大国。另外,作为经济大国之一,国际金融危机后,俄经济发展迅速且成效显著,同时与之相伴的对国内工业更新改造,对基础设施进行完善以及私有化改革的不断推进,为外国投资者创造了更多的投资机会①。但实际对于俄罗斯的投资市场,海外投资者有很多抱怨及担忧。主要是因为俄罗斯经济领域、政治领域、政策法规、社会治安、税务负担等多方面存在较大的风险,具体分析如下。

(一) 经济发展受国际油价波动影响强烈

自苏联解体已经快 30 年时间,但是在俄罗斯经济结构中,石油及天然气的出口收益仍是俄罗斯外汇收入的主要来源,经济发展对石油及天然气的依赖严重并未随时间的改变而改变,天然气和石油占了国内 1/3 的生产总值,出口总值的 70% 也被这两个行业占据着,在国际油价上涨时期,俄罗斯赚得盆满钵溢,丰富的外汇资金收入为俄罗斯的经济发展提供了强大的支援,但是遇到石油价格下跌期,会使国家经济安全形势剧变,外汇收入减少幅度过大。俄罗斯经济至今仍未摆脱对石油及天然气出口的依赖,但是国际油价波动幅度却越来越大,自 2009 年开始,国际油价上涨幅度变小。总的来看,还处于上升趋势,于 2012 年 6 月左右出现了短暂的下跌,但是并没有跌落每桶 80 美元以下,很快就又回升至每桶 100 美元左右。从 2014 年年初开始,油价暴跌,半年之内跌幅已经达到了 65%,变成了每桶 50 美元左右。在 2015 年 1 月,油价跌破 50 美元,俄方的财务部长出面表态,俄罗斯已经因为油价下跌至少损失了 1400 亿美元收入。2017 年 6 月原油价格接近 40 美元/桶。以西西伯利亚油田为例,扩大了生产却没有实现效益的增长,部分企业利润下降明显,投资超过成本,很难获利。短期内俄罗斯难以完全改变对石油、天然气出口的依赖,经济发展不可避免地受到国际油价波动的影响,国际油价波动对俄罗斯国内经济发展影响严重,尤其是在油价处于下降通道时,会波及俄罗斯国内其他行业,形成较高的风险,为直接

---

① 王世钰:《农业与基础设施打造中俄经贸新增长点》,《中国对外贸易》2017 年第 3 期。

投资企业带来不确定的风险。

（二）地缘政治困境引发经济波动严重

俄罗斯在东欧的地缘政治困境依然存在，东西方之间的政治军事利益之争依然存在。乌克兰越来越趋向西方，乌这种脱离俄罗斯加入欧盟的举动使俄罗斯面临更大的地缘政治困境，触及俄罗斯底线，俄罗斯通过军方力量展现出了强硬且导向鲜明的外交[1]，但是并没有缓解俄罗斯在东欧的地缘政治困境，相应地，这种强硬的政治外交直接致使俄罗斯与西方处于完全决裂的状态，最终美欧对俄方进行了能源与经济方面的系列制裁，比如限制俄方向外国借款与能源出口等，这一系列的制裁措施，使俄罗斯经济衰退、外汇储备下降、卢布的兑换利率下降，大幅贬值，卢布大幅贬值又使通货膨胀率飙升，通胀率在2015年高达12.9%，失业率高达5.3%。俄罗斯为控制通货膨胀的速度并稳定汇率，将银行存款利率从8%直接提高到17%，引发银行资金吃紧，银行之间的相互拆借率也提高到了26%。尽管俄罗斯想方设法用储备的外汇来稳定利率，但收效甚微。货币大幅度贬值对企业进行投资的影响是严重的，例如，WD集团于2014年投资大约一万亿卢布进行的吉尔汽车废弃工厂重新开发的投标项目，由于卢布的大幅下跌而不得不放弃投资。地缘政治困局依然存在，西方国家经济制裁对宏观经济产生严重影响，通货膨胀率较高，汇率浮动较大等问题为中国投资企业直接投资带来很大的风险。

（三）政策多变法规不健全

政策法规方面，因为逐步深化俄罗斯对外开放程度的需要，政府在金融、工商等方面继续加强法制化建设，但是在相关法律系统的优化与完善上仍旧有着很多问题。主要表现如下：俄方对于外商投资的立法长时间延迟，全新的《俄联邦外国投资法》一直拖到1999年7月才颁布；俄罗斯对于法律法规未能进行协调管理，地方政府与很多联邦法律法规的说明大相径庭，矛盾不一，不能充分保护外国投资者的利益；政策法律并不稳定，往往单方面修改，这导致了投资者无法预计及把控经济损失[2]。另外，对外国投资者的优惠政策并不清晰、明

---

[1] 熊李力、潘宇：《乌克兰困局：俄罗斯外交延续与断裂性》，《外交评论》（外交学院学报）2015年第3期。

[2] 桑召敏：《中国对俄罗斯直接投资研究》，《北方经贸》2013年第9期。

确，给引进外国资本造成困难。很多海外投资者对于俄罗斯政策及法规的频繁变化感到深深的无奈。在这样的情况下，海外投资机构的合法权益往往难以得到保障，投资者在投资规划上难以预判应对，对我国投资者的积极性造成一定打击。例如，我国第一家投资进入俄罗斯的零售企业（莫斯科）TKL 超市，没有充分了解俄的政策法规及市场环境就贸然进入俄市场，因经营不善、风险应对不及时等原因导致昙花一现，最后只得黯然退场。

四 对俄罗斯投资风险防范对策

（一）加强对俄直接投资企业的指导

中国企业对俄直接投资过程中，政府加强指导对于缓解投资风险意义重大。政府之间签署的协议及协定初步确立的双方直接投资合作的约束框架和协调机制，是企业投资依据的根本。例如，《俄中投资合作规划纲要》等政府签订的合作协议，这些协议促进两国企业踊跃进行投资合作活动，为中国企业在俄罗斯投资提供了便利可靠的法律依据及保护措施。因此，政府应逐步完善协调机制，营造良好的中俄投资合作环境。不仅鼓励企业对外直接投资，更应进行指导和监督，政府职能部门在参阅国家外汇管理部门、中国银行境外子机构、我国驻俄使领馆经商参赞处等相关部门提供的俄罗斯资料的基础上，明确对俄直接投资合作的规划方向和阶段性目标，创建我国企业对俄直接投资的事后监督管理体系，保证我国企业结合自身情况准确定位，减少我国企业在境外投资风险。

（二）充分了解俄罗斯投资环境并加强可行性分析

俄罗斯的投资环境复杂，风险相对较大，我国许多企业在对俄罗斯直接投资准备期间，要深刻认识俄罗斯的投资风险，对俄罗斯投资环境进行充分的调研考察，全面系统地认识了解俄罗斯的经济环境、当地居民的消费观念、俄罗斯民族的文化观念[①]，还要有预见性地评估俄罗斯可能出现的政治风险及市场变化。不认真调研很容易使企业水土不服，投资者遗憾退场。因此，在俄罗斯进行直接投资前应对投资产业产品进

[①] 俄国著名思想家尼·别尔嘉耶夫在《俄罗斯思想》中描述俄罗斯民族：专制主义、国家至上和无政府主义、自由放任；残忍、暴力和善良、人道、柔顺……它能使人神魂颠倒，也能使人大失所望，它能激起对其热烈的爱，也能激起对其强烈的恨。

入的市场壁垒、市场模式、供需结构、消费观念等问题进行深入考察和研究，包括营销途径的开拓、购买者对商品的偏好差别等问题都要进行认真的调研，充分了解俄罗斯消费者的心理消费观念，加强可行性研究分析，使企业能很好地适应环境，降低直接投资风险。

近年来，虽然中俄投资合作顺利开展，也取得了相当可观的成就，但相比于中俄的经济实力及双方关系的发展程度，两国投资合作进度及规模相对还较小，我国对俄投资额还不足我国对外投资总额的1%。目前，俄罗斯正努力推动落实多项招商引资政策，整体投资环境正在逐渐改善。相信在逐步实施俄经济现代化和远东地区开发等战略过程中，将会为我国企业创造越来越多的投资机会。两国都是全球主要经济体，互为彼此最大邻国，在投资合作方面具有无限潜力及发展空间。虽然对俄直接投资面临着诸多风险，但俄罗斯作为全球经济大国之一，综合实力毋庸置疑，在投资吸引力方面具备大量的潜在诱因，可谓机遇与风险共存。中国企业应把握机遇，合理规避风险，将投资与资源、科学技术合作研发进行有效结合，以实现双赢局面。

第六节　小结

"一带一路"国家中的典型国家因其具有鲜明的风险特点而对中国对外直接投资影响深远，但是宏观研究却无法准确地衡量这些国家风险状况，因此选择巴基斯坦、菲律宾、土耳其、沙特、俄罗斯五个国家为典型国家作为研究对象，来分析中国在这些国家直接投资的现状、面临的风险并提出切实可行的风险防范策略，为企业在丝绸之路经济带直接投资提供借鉴。

第七章

"一带一路"发展及展望

一 "一带一路"提出后措施得力造福沿线民众

"一带一路"提出之后，受到中国各个省份、世界众多国家及联合国的大力支持，在倡议推进过程中，措施得力，成果显著。自贸区建立为"一带一路"发展创造良好的国内条件：2013年上海自贸试验区成立，2014年天津、广东、福建第二批自贸区成立，2017年第三批自贸区在陕西、四川、重庆、湖北、辽宁、浙江、河南成立，11个自贸区覆盖面积1000多平方千米。其中河南自贸试验区服务于"一带一路"现代综合交通枢纽、内陆开放型经济示范区。重庆自贸区以长江经济带为依托，打造国际物流枢纽，发展成为"一带一路"口岸重地。陕西自贸区依托西部经济，以经济合作为主要目标，兼顾"一带一路"人文交流，将该自贸区打造为中国西部内陆改革开放重要基地。中欧班列开通把丝路沿线广阔的市场连接起来：全国多个城市开通中欧班车，在货物运输中克服天气、气候等客观不确定因素，稳步按照计划到达运输节点，保障物品按时到达目的地，给沿线国家和地区注入新的经济增长点，缩短彼此之间的距离，提高经济互补的效率。新航线开通如西安至罗马直飞航线为"一带一路"搭建空中桥梁。亚洲基础设施投资银行、金砖国家新开发银行、丝路基金的设立及成功运作为丝路发展提供资金支持[①]。中哈霍尔果斯国际边境合作中心横跨界河两岸，全封闭区域内的两国商铺和游客享受免税、退税等优惠政策，是世界上首个跨境自由贸易和投资合作区，为中国与沿线区域经贸合作提供新思路。规划合作领域，中国与沿线多个国家在不同领域签署"一带一路"经贸投资合

[①] 周雪松：《互联互通重塑世界经济格局 促进各国联动发展》，《中国经济时报》2017年5月10日第A05版。

作协议,为"一带一路"倡议落实保驾护航。标准化领域中国政府以"一带一路"为契机,加强与沿线国家标准化领域的合作,通过《标准联通"一带一路"行动计划(2015—2017)》,形成与蒙俄及欧洲国家标准化领域的初步合作,为"一带一路"顺利发展铺平道路。国家税务总局积极与"一带一路"沿线多个国家就企业税收领域开展合作研讨,以减轻我国企业境外税收,成绩卓著[1],促进境外中国企业更好地发展,为"一带一路"倡议落实锦上添花。信息化建设方面,《"一带一路"贸易合作大数据报告(2017)》正式发布、首笔跨境交易2017年1月在珠海横琴通过双边国家跨境交易平台完成,亚欧3号海缆(SMW5)、亚非欧1号海缆(AAE-1)等国际海缆项目作为亚非欧高容量信息通道即将全线贯通。人才交流方面,中国政府奖学金加大对"一带一路"沿线国家学生的支援力度,2016年61%的受惠学生来自该领域的国家。2017年,中国政府针对该领域的学生专门新设"丝绸之路"奖学金,资助范围广阔,资助领域宽泛[2]。政府政策的大力支持,使该领域来华学习的学生人数不断攀升,从过去的寥寥无几到2016年已经达到207746人。针对该领域沿线国家人才培养的优惠措施,对促进"一带一路"倡议落实意义重大。

二 "一带一路"未来展望

2017年5月在北京召开的"一带一路"国际合作高峰论坛,使世界对"一带一路"殷切关注,寄予厚望。随着"一带一路"倡议的实施,在产品贸易发展、基础设施建设、投资领域合作方面不断推进,为该领域的国家创造更多的发展机会,为该领域国家提供更多的税收资源,为该领域国家的民众创造更多的就业岗位,为该领域国家的消费者提供更可心的消费产品,促使"一带一路"沿线国家共同繁荣发展。"一带一路"倡导的理念方法及措施也为世界经济健康发展提出新思路、新方法。在世界经济发展动力不足的情况下,原来崇尚自由贸易的国家纷纷采取以邻为壑的贸易保护主义,对当前世界经济发展雪上加

---

[1] 赵力扬:《"一带一路"战略下企业"走出去"税收问题研究》,《财政科学》2016年第11期。

[2] 王小霞:《"民心相通"成效显著》,《中国经济时报》2017年4月27日第A02版。

霜,世界经济良好发展需要新理念、新思路。"一带一路"倡导的共同发展理念正是目前世界经济发展需要的新思路①。"一带一路"贸易投资及基础设施领域的务实合作也是解决目前世界经济发展难题最值得借鉴的策略。因此"一带一路"倡导的理念及发展模式被联合国充分认可,并为联合国解决目前世界经济问题提出新的切实可行的思路方法及理念②。

让我们用吉尔吉斯斯坦经济和工业部长科若舍夫在接受记者采访时的话语来展望未来:在中国的大街小巷到处充满着劳动热情,劳动是这个国家人们最主流的生活方式,是人们心底一种光荣和伟大的理念,正是中华民族的勤劳勇敢,对美好生活的向往并将这一切付诸努力实施,是这个国家高速发展不断前进的根本原因。在"一带一路"倡议英明构架下,中国人民将与沿线各国人民为实现共同富裕及美好生活不断努力奋斗,实现"一带一路"经济区域发展的新奇迹,创造人类文明史上的新篇章。

---

① 张娜:《开花结果 渐入佳境》,《中国经济时报》2017年4月18日第A04版。
② 熊丽:《"一带一路"沿线已成为我国对外投资热土》,《经济日报》2017年1月3日第12版。

参考文献

阿金汉：《中国对哈萨克斯坦直接投资动因与经济效益研究》，硕士学位论文，首都经济贸易大学，2014年。

白楠楠：《中石化海外并购浅析》，《商场现代化》2008年第6期。

包小玲：《中国对非洲直接投资的影响因素——基于金融发展与国家风险因素的实证研究》，《国际金融研究》2013年第9期。

毕夫：《新兴市场：贸易保护的魅影》，《新经济杂志》2009年第3期。

毕雅婷：《海信国际化经营战略研究》，硕士学位论文，河北工业大学，2013年。

才华：《哈萨克斯坦直接投资的法律环境分析及思考》，《才智》2014年第21期。

蔡子嘉：《海外电力总承包工程的风险评估及对策》，硕士学位论文，对外经济贸易大学，2016年。

曹海峰：《丝绸之路经济带构建中的风险考量与规避策略》，《实事求是》2014年第1期。

曹宇明：《基于组织学习能力的高新技术企业成长路径研究》，博士学位论文，北京交通大学，2012年。

常抄、朱凌云：《政策性资金在我国城市水业设施建设中的作用与挑战》，《给水排水》2006年第8期。

陈杰军：《浅析中亚市场的投资风险》，《中国高新区》2008年第6期。

陈其钢：《HPFM理论在跨国企业管理中的实践与应用》，《经贸时间》2015年第9期。

陈庆春:《中国家电企业何以持续增长》,《IT 经理世界》2010 年第 2 期。

陈蔚:《企业跨国直接投资的风险管理》,《理论导刊》2004 年第 12 期。

陈曦:《中国企业海外投资的"拦路虎"——透过失败案例看风险》,《国际工程与劳务》2015 年第 12 期。

陈雪、陈湛匀:《全球化:中国制造业跨国经营现状浅析》,《对外经贸实务》2006 年第 8 期。

陈之骏:《上汽集团跨国并购韩国双龙案例分析》,《商业故事》2015 年 7 月 25 日。

成诗跃、许敏:《中国对外直接投资的国内制度评析》,《经济问题探索》2011 年第 10 期。

褚红:《中国企业跨国投资风险的防范》,《沈阳农业大学学报》(社会科学版) 2006 年第 2 期。

单雷:《海信集团跨国投资模式研究》,《商场现代化》2009 年第 6 期。

都允珠:《后冷战时期中国周边区域多边外交研究》,博士学位论文,复旦大学,2008 年。

杜强:《论国际投资风险与我国对外直接投资战略》,《国际贸易问题》1998 年第 9 期。

杜庆昊:《"一带一路"战略面临的安全风险及对策建议》,《实事求是》2016 年第 11 期。

杜尚泽:《在和平发展的旗帜下 中国国家主席习近平访问亚欧三国综述》,《中亚信息》2015 年第 5 期。

杜希:《中国矿业集团海外并购风险浅析》,硕士学位论文,西南财经大学,2012 年。

段帷帷:《印度环境法制发展研究》,《云南大学学报》(法学版) 2016 年第 5 期。

段秀芳:《中亚国家投资政策的共性与差异》,《俄罗斯中亚东欧市场》2011 年第 3 期。

冯琛、袁雯竹、孙绍光:《技术创新对企业竞争优势的推动作用——苹果与华为的对比分析》,《时代经贸》2017 年第 9 期。

高潮:《"一带一路"建设中塞尔维亚的投资机遇》,《中国对外贸易》2016 年第 2 期。

高磊:《中资企业在阿尔及利亚建筑领域直接投资研究》,硕士学位论文,对外经济贸易大学,2016 年。

耿树艳:《关于我国对外直接投资中外汇风险管理的思考》,《辽宁经济》1995 年第 8 期。

古丽阿扎提·吐尔逊:《2016 新疆地区恐怖主义新常态及其对策》,《云南师范大学学报》(哲学社会科学版) 2016 年第 1 期。

古丽艾山力·阿衣木:《中国对俄罗斯直接投资的现状剖析》,《北方经贸》2013 年第 4 期。

郭建宏:《中国的对外直接投资风险及对策建议》,《国际商务研究》2017 年第 1 期。

郭建军:《中国企业投资非洲风险及应对》,《法人》2013 年第 8 期。

郭建鸾、闫冬:《"一带一路"倡议下国际产能合作风险与对策研究》,《国际贸易》2017 年第 4 期。

郭洁:《首钢秘鲁铁矿项目的历史与变迁》,《国际政治研究》2015 年第 2 期。

郭振家:《试析冷战后美国国际战略信誉的受损及其原因》,《国际论坛》2013 年第 4 期。

国家风险评级课题组:《2013 年中国海外投资国家风险评级报告(CROIC-IWEP)》,《国际经济评论》2014 年第 1 期。

韩东:《推进中国与中亚五国贸易投资便利化研究》,博士学位论文,新疆大学,2015 年。

韩隽、李游:《近期土耳其国内安全形势分析》,《新疆大学学报》(哲学·人文社会科学版) 2016 年第 11 期。

郝红梅、吕博:《中国对外投资及国际经验借鉴》,《中国经贸》2012 年第 9 期。

何帆:《中国对外投资的特征与风险》,《国际经济评论》2013 年第 1 期。

何茂春、郑维伟：《"一带一路"战略构想从模糊走向清晰——绿色、健康、智力、和平丝绸之路理论内涵及实现路径》，《新疆师范大学学报》（哲学社会科学版）2017年第2期。

何时有、肖欣：《"中巴经济走廊"能源电力项目的投资风险》，《国际经济合作》2015年第2期。

何小欧、马晓宇、孙丽霞：《中兴通讯"走出去"与援外工作》，《国际经济合作》2010年第5期。

贺宁华：《丝绸之路经济带建设中国际势力纷争及风险防范》，《求索》2016年第8期。

贺宁华：《丝绸之路经济带建设中我国企业对外直接投资面临的风险防范研究——基于丝路沿线国家经济基本状况分析》，《经济体制改革》2016年第4期。

贺宁华：《我国对外直接投资国家战略规划研究》，《商业时代》2012年第9期。

贺宁华：《中国企业对外直接投资收益分析》，《中国集体经济》2009年第6期。

洪庆福：《海外直接投资的政治风险》，《国际经济合作》1991年第8期。

胡伟、孙浩凯：《"一带一路"视角下我国企业对外直接投资的风险及防范对策分析》，《湖北经贸学院学报》（人文社会科学版）2016年第3期。

胡迎春、罗丹：《我国企业跨国直接投资产业发展战略投资选择》，《学术探索》2003年第2期。

黄风、籍满田：《大湄公河》，《黄河》2016年第11期。

黄河、许雪莹、陈慈钰：《中国企业在巴基斯坦投资的政治风险及管控——以中巴经济走廊为例》，《国际展望》2007年第7期。

黄慧、单颖华：《双龙事件的启示》，《企业管理》2009年第5期。

黄婧：《中国与乌兹别克斯坦共谱经贸合作新篇章》，《中亚信息》2011年第5期。

黄天玉：《中东欧 下一站经贸价值新洼地》，《商业观察》2016年第9期。

黄文：《我国企业介入印度尼西亚市场的初步探析》，《冶金管理》2015年第11期。

黄莹：《"一带一路"沿线国家投资指南》，《中国建材报》2017年5月12日第A01版。

黄永稳：《中国对非洲对外直接投资的风险防范》，《中国管理信息化》2013年第23期。

黄自昌：《对外投资还需"诗外功夫"》，《新产经》2015年第2期。

黄自昌：《我国对外直接投资项目为何中标后屡屡受挫》，《中国招标》2015年第4期。

冀亚峰、冯凯、李瑞贤：《缅甸油气勘探开发中的环境问题研究》，《中国安全生产科学技术》2014年第12期。

贾国华：《亨廷顿"文明冲突"论评析》，《山西高等学校社会科学学报》2007年第8期。

贾敬华：《小米手机：成也营销，败也营销》，《中小企业管理与科技》（中旬刊）2012年7月。

贾瑛瑛、孙芙蓉：《实现金融关键改革新突破——人民银行负责人谈金融业热点》，《中国金融》2015年第6期。

江莹：《走向世界 海阔天空》，《国家电网报》2014年8月1日第1版。

姜萧潇：《中国国企对外直接投资风险防控》，《国际经济合作》2014年第6期。

姜艳文、程兵：《我国水电企业海外投资趋势与社会风险》，《水力发电》2017年第9期。

姜英梅、王晓莉：《科威特金融体制及中科金融合作前景》，《西亚非洲》2011年第5期。

姜英梅：《卡塔尔经济发展战略与"一带一路"建设》，《阿拉伯世界研究》2016年第6期。

蒋冠宏、蒋殿春：《中国对外投资的区位选择：基于投资引力模型的面板数据检验》，《世界经济》2012年第9期。

康磊、祁婧：《"一带一路"框架下中国和中亚五国合作风险浅析》,《北方经济》2017年第5期。

兰迪:《当代国际恐怖主义犯罪的社会因素之解构》,《北京警察学院学报》2016年第3期。

蓝旺:《"中国制造""核电"走出去仍面临困境》,《广西电业》2015年第3期。

冷昕:《金砖五国信息产业国际竞争力比较研究》,博士学位论文,吉林大学,2014年。

李冰:《中国对外直接投资国家风险实证研究——基于"一带一路"国家风险数据》,《现代商业》2016年第11期。

李东阳:《对外直接投资中的政治风险防范》,《东北财经大学学报》1999年第6期。

李鸿洋:《国际直接投资的风险识别与管理》,《国际经贸探索》1992年第1期。

李建民:《丝绸之路经济带合作模式研究》,《青海社会科学》2014年第5期。

李杰群、赵庆、李京:《中国企业对外直接投资战略风险投资控制系统研究》,《统计与决策》2010年第18期。

李捷:《"一带一路"沿线国家群体性反华事件探析》,《当代亚太》2017年第1期。

李婧、卫效、曲道志:《EPC项目风险识别及投标阶段风险管理》,《西北水电》2013年第12期。

李娟娟:《汗血宝马的故乡——土库曼斯坦》,《石油知识》2017年第4期。

李军:《恐怖主义与主要大国的战略研究》,博士学位论文,华中师范大学,2014年。

李屏:《中东双阿基础建设项目齐头并进 赴阿曼和阿联酋承包工程两大法务问题需关注》,《中国工业报》2017年8月3日第8版。

李琪:《"东突"分类主义势力的思想体系和基本特征》,《西北民族论丛》2004年年刊。

李琪:《中亚国家的民族关系与地区安全》,《中国边疆史地研究》2007年第2期。

李倩：《石油企业海外经营模式研究》，硕士学位论文，西安石油大学，2011年。

李瞧：《征战海外 西电集团欲跻身全球前三甲》，《中国工业报》2015年5月12日第B3版。

李睿鉴：《主权财富基金的委托代理人问题及其投资策略》，《农村金融研究》2012年第4期。

李王芳：《企业内外部人力资本对创新绩效的作用机理》，博士学位论文，浙江大学，2013年。

李武键：《"一带一路"战略中我国海外投资法律风险研究》，《江西社会科学》2017年第5期。

李一文、钟齐：《中国企业海外投资经营风险评价指标体系研究》，《当代经济》2014年第12期。

李永源：《折戟巴西之痛》，《中国外汇》2014年第9期。

李振：《引导性设计在办公空间中的应用研究》，硕士学位论文，吉林建筑大学，2013年。

梁励：《第14届东博会开幕 中国东盟基础设施互联互通进展显著》，《21世纪经济报道》2017年9月13日。

廖中新、蔡栋梁、高菲：《亚投行运营模式及其发展前景》，《财经科学》2016年第3期。

林乐芬、陈燕：《中国对其他金砖国家直接投资联动效应分析》，《亚太经济》2017年第5期。

林莎、雷井生、聂晖：《我国企业海外投资的风险分析与对策研究》，《湖南商学院学报》2014年第6期。

刘爱霞：《中国及中亚地区荒漠化遥感测试研究》，博士学位论文，中科院遥感应用研究所，2004年。

刘安然：《进军欧盟第二增长国——波兰》，《中国联合商报》2010年4月12日第B01版。

刘从德、吴晓波：《不变的公式——哈尔福德·麦金德对"心脏地带"理论的三次论证》，《华中师范大学学报》（人文社科版）2001年第5期。

刘枫：《跨国电建工程项目分包风险管理研究》，硕士学位论文，武汉纺织大学，2017年。

刘国胜：《哈萨克斯坦共和国外商投资法述评》，《伊犁师范学院学报》（社会科学版）2007年第9期。

刘国涛：《中资企业国际创业风险管理体系研究》，博士学位论文，吉林大学，2009年。

刘宏、汪段泳：《"走出去"战略实施及对外直接投资的国家风险评估：2008—2009》，《国际贸易》2010年第10期。

刘辉群、邹赫：《中国电力工业对外直接投资风险与防范》，《海外投资与出口信贷》2016年第6期。

刘杰、罗泳泳、张佳宁：《中国企业国家化之路——以海尔海外投资为例》，《知识经济》2012年第5期。

刘来会、邓文慧：《中国对丝绸之路经济带沿线国家直接投资：现状、动机与政策建议——基于不同发展经济体的比较研究》，《经济问题探索》2017年第5期。

刘浪琴：《新疆与中亚各国区域经济合作研究》，硕士学位论文，中南民族大学，2009年。

刘莎、杨海余、洪联英：《我国能源资源行业对外直接投资风险及评估》，《长沙理工大学学报》（社会科学版）2016年第2期。

刘锡良、董青马：《"走出去"战略中我国企业金融风险分担机制研究》，《国际贸易》2013年第1期。

刘新超：《中国对东盟直接投资面临的外汇风险及完善途径》，《对外经贸实务》2017年第4期。

刘振华：《中东经贸合作不断取得新成果》，《国际商报》2017年8月31日第C1版。

楼永庆：《XSPC集团公司国际化发展战略研究》，硕士学位论文，兰州理工大学，2016年。

卢近勇、闫实强：《中国企业海外投资模式比较分析》，《国际经济合作》2005年第3期。

陆兵：《中国企业走向中亚市场风险和防范措施》，《大陆桥视野》2017年第3期。

陆正飞：《跨国经营中的外汇风险与公司对策》，《经济理论与经济管理》1996 年第 1 期。

吕美琛：《试论中国全民反恐战略》，《广西警官高等学校专科学校学报》2015 年第 1 期。

罗传芳：《中国企业跨国并购的机遇与挑战》，《环球市场信息导报》2015 年 11 月 11 日。

罗娜、杨净如：《海外矿业投资，你准备好了吗?》，《中国有色金属报》2017 年 12 月 5 日第 8 版。

马建威：《中国企业海外并购绩效研究》，博士学位论文，财政部财政科学研究所，2011 年。

马玲：《中国石油企业对外直接投资面临的风险》，《消费导刊》2008 年第 11 期。

马玥：《探秘沿线八大玩具出口市场潜力股》，《中外玩具制造》2017 年第 7 期。

马云飞：《我国企业对外直接投资的汇率风险及防范》，《黑龙江对外经贸》2009 年第 7 期。

毛丽冰：《建设丝绸之路经济带任重道远》，《经济》2013 年第 11 期。

梅新育：《TCL 在越南》，《对外传播》2010 年第 8 期。

梅新育：《警惕对印进行基础设施投资的风险》，《中国国情国力》2014 年第 7 期。

梅新育：《中国制造业的产业升级与转移》，《电器工业》2013 年第 12 期。

孟凡臣、蒋帆：《中国对外直接投资政治风险量化评价研究》，《国际商务研究》2014 年第 5 期。

孟醒、董有德：《社会政治风险与我国企业对外直接投资的区位选择》，《国际贸易问题》2015 年第 4 期。

聂名华：《论中国企业对外直接投资的风险防范》，《国际贸易》2008 年第 10 期。

聂名华：《中国企业对外直接投资的政治风险及规避策略》，《国际贸易》2011 年第 7 期。

聂娜：《中国参与共建"一带一路"的对外投资风险来源及防范机

制》,《当代经济管理》2016 年第 9 期。

潘素昆、代丽:《中国企业技术获取型对外直接投资风险量化与评估》,《工业技术经济》2014 年第 12 期。

潘镇、金中坤:《双边政治关系、东道国制度风险与中国对外直接投资》,《财贸经济》2015 年第 6 期。

普华永道:《中国企业海外投资的十二条风险》,《中国经贸》2010 年第 8 期。

期刊编辑部:《"一带一路"沿线各国参与建设进展情况梳理》,《大陆桥视野》2017 年第 4 期。

钱明阳、宋近双:《伊拉克国际油气合作法律法规及应对策略》,《国际石油经济》2011 年第 10 期。

任志远:《中国新疆与中亚五国物流业发展研究》,硕士学位论文,新疆财经大学,2015 年。

荣郁:《抢抓私有化机遇还需理性为先》,《国际商报》2016 年 6 月 13 日第 A2 版。

桑召敏:《中国对俄罗斯直接投资研究》,《北方经贸》2013 年第 9 期。

商务部:《三大措施维护中国海外企业的安全利益》,商务部官网(http://finance.eastm)。

沈芳、石中心:《企业对外直接投资的风险分析和管理》,《财经研究》1993 年第 11 期。

沈漠:《国际财税合作阻力"一带一路"建设》,《财会信报》2017 年 5 月 22 日第 A01 版。

史建军:《我国企业海外投资的政治风险及规避》,《产业与科技论坛》2008 年第 5 期。

舒新年:《企业投资环境分析》,《中国乡镇企业会计》2009 年第 9 期。

孙聪颖:《海尔收购 GE 家电 国际化在下一城》,《中国经营报》2016 年 1 月 25 日第 C05 版。

孙力、吴宏伟:《中亚国家发展报告》,社会科学文献出版社 2014 年版。

孙丽：《我国企业对外投资风险的模糊综合评价方法研究》，《国际商务》（对外经济贸易大学学报）2008 年第 1 期。

孙睦优、陈倩、陈燕和、吕丹、李汉丹：《国际投资》，清华大学出版社 2016 年版。

孙岩冰：《里海峰会 意在言外》，《中国石油石化》2007 年第 11 期。

孙有强：《沙特投资法律概要》，《中国石化》2006 年第 8 期。

谭庆美：《企业跨国经营面临的政治风险及其防范》，《西北农林科技大学学报》（社会科学版）2004 年第 2 期。

唐建东：《论中国海外投资问题的法律缺失与影响——兼评海外投资失败的三大典型案例》，新浪网（http：//blog.sina.com）。

田泽、李艳霞：《中国企业境外投资的风险评价研究》，《经济研究导刊》2013 年第 5 期。

《推动共建丝绸之路经济带和 21 世纪海上丝绸之路的愿景与行动》，《智富时代》2015 年第 3 期。

汪平：《小米"三板斧"抢占海外市场》，《中华工商时报》2015 年 12 月 28 日第 10 版。

王碧珺：《中国企业海外直接投资缘何屡屡受阻》，《经济参考报》2013 年 5 月 14 日第 A05 版。

王兵：《上汽 10 亿元打水漂 国内车业首次跨国并购留下四大启示》，《证券日报》2009 年 2 月 18 日第 C2 版。

王方方、赵永亮：《中国对外直接投资区位分布——贸易引致型 VS. 水平型》，《世界经济研究》2013 年第 7 期。

王海军：《政治风险与中国企业对外直接投资——基于东道国与母国两个维度的实证分析》，《财贸研究》2012 年第 1 期。

王海军、高明：《国家经济风险与中国企业对外直接投资：基于结构效应的实证分析》，《经济体制改革》2012 年第 2 期。

王建刚：《联合国鼎力支持"一带一路"倡议》，《经济参考报》2017 年 4 月 17 日第 A04 版。

王梅：《中国海外投资：质疑、事实和分析》，中信出版社 2014 年版。

王蕊:《国际发展援助经验对我国援外工作的借鉴》,《国际经济合作》2012 年第 8 期。

王尚达:《中亚国家之间的边界问题》,《中国世界史研究论坛学术年会文集》2008 年。

王世钰:《农业与基础设施打造中俄经贸新增长点》,《中国对外贸易》2017 年第 3 期。

王树华:《越南投资法律制度研究》,硕士学位论文,昆明理工大学,2010 年。

王文生:《A 公司捷克彩电基地环境与财务及技术可行性研究》,硕士学位论文,电子科技大学,2008 年。

王小霞:《"民心相同"成效显著》,《中国经济时报》2017 年 4 月 27 日第 A02 版。

王鑫:《海信集团国际化的成功经验与启示》,《对外经贸实务》2015 年第 12 期。

王旭辉:《国家电网:全球布局 出海扬帆》,《中国能源报》2014 年 8 月 4 日第 4 版。

王艳秀:《中国汽车产业的外向发展与节能减排》,《经济与管理》2010 年第 10 期。

王义桅:《"一带一路"机遇与挑战》,人民出版社 2015 年版。

王永中、李曦晨开:《中国对"一带一路"沿线国家投资风险评估》,《开放导报》2015 年第 4 期。

王佑:《中石化海外抄底五年得失》,《第一财经日报》2013 年 12 月 13 日第 B 叠版。

王志超:《华为在美投资案例研究》,硕士学位论文,山东大学,2014 年。

王自锋:《汇率水平与波动程度对外国直接投资的影响研究》,《经济学(季刊)》2009 年第 4 期。

卫玲、戴江伟:《丝绸之路经济带:超越地理空间的内涵识别及其当代解读》,《兰州大学学报》(社会科学版)2014 年第 1 期。

魏群、韩雷:《为中国企业海外投资上市提供法律视角》,《中国民营科技与经济》2012 年第 12 期。

闻璋：《民资占国家对外投资的 65%》，《中国招标》2016 年第 39 期。

翁东玲：《"一带一路"建设的金融支持与合作风险探讨》，《东北亚论坛》2016 年第 5 期。

翁国民、马俊彦：《论民营企业对外直接投资之风险评估与防控》，《法制研究》2015 年第 2 期。

《乌兹别克斯坦：民企投资活跃》，《中国对外贸易》2014 年第 5 期。

吴绒：《丝绸之路经济带陕西段文化资源深度开发研究》，《丝绸之路》2014 年第 9 期。

吴彤、陈瑛：《中国对拉美主要国家直接投资的风险分析》，《国际经济合作》2015 年第 10 期。

吴渊、杨川梅：《"新丝带"：全球化中的中国诉求》，《中国经济导报》2015 年 3 月 5 日第 T10 版。

吴铮：《"走出去"企业面临的税收风险及防范》，《中国财政》2013 年第 4 期。

谢春芳：《后危机时代我国对外直接投资的风险与防范》，《贵州社会科学》2011 年第 5 期。

谢康、邓勤民：《对外直接投资的风险估计与对策》，《世界经济研究》1993 年第 1 期。

谢岷：《国际投资机会抉择（一）——跨国公司经营与管理讲座第六讲》，《国际贸易》1989 年第 6 期。

谢玮：《中国海外矿业投资八成失败》，《中国经济周刊》2013 年第 46 期。

谢许谭：《国际反恐新战场：应对伊斯兰媒体宣传的挑战》，《外交评论》（外交学院学报）2016 年第 4 期。

辛颖：《海外投资风险防控启示录》，《法人》2015 年第 12 期。

熊李力、潘宇：《乌克兰困局：俄罗斯外交的延续与断裂性》，《外交评论》（外交学院学报）2015 年第 3 期。

熊丽：《"一带一路"沿线已经成为我国对外直接投资热土》，《经济日报》2017 年 1 月 3 日第 12 版。

徐晨、沙力肯古力·阿依把别克：《吉尔吉斯共和国》，《中国海关》2015年第12期。

徐荣：《基于丝绸之路经济带建设的兵团建工集团向西发展战略研究》，硕士学位论文，石河子大学，2015年。

徐义国：《丝绸之路经济带战略构想中的金融元素》，《新商务周刊》2015年第5期。

许启启：《土耳其外交转型背景下的对外经贸关系》，硕士学位论文，中共中央党校，2014年。

许涛：《中亚国家是如何处理民族矛盾的》，《中国民族报》2007年1月12日第5版。

许闲：《一个不成功的海外投资案例分析》，《银行家》2009年第4期。

薛晶晶：《"一带一路"背景下中国与土耳其的关系》，《法制与社会》2017年第7期。

晏澜菲：《入乡随俗便于经商》，《国际商报》2010年5月4日。

杨柏华、王嘉薇、林晓峰、冯晶石：《境外能源投资建设项目 公共安全管理的实践与思考》，《大众用电》2016年第12期。

杨春娜、王明珠：《浅析中国企业跨国并购中存在的问题——以TCL集团为例》，《东方企业文化》2010年第17期。

杨海恩：《基于AHP的中国石油企业海外投资环境评价》，《经济问题》2013年第3期。

杨莉：《"一带一路"战略实施中的哈萨克斯坦宗教风险研究》，《世界宗教文化》2017年第4期。

杨恕、王婷婷：《中亚水资源争议及其对国家关系的影响》，《兰州大学学报》（社会科学版）2010年第9期。

杨震宁、李东红、王以华：《中国企业研发国际化：动因、结构和趋势》，《南开管理评论》2010年第4期。

姚遥、程惠芳：《基于模糊一致矩阵的我国对外直接投资宏观风险分析》，《经济理论与经济管理》2014年第12期。

《"一带一路"国际合作高峰论坛有何成果？清单在此！》，《中国机电工业》2017年第6期。

伊万诺瓦·叶莲娜：《俄罗斯远东与中国东北地区经贸合作研究》，硕士学位论文，黑龙江大学，2016年。

尹忠明、邓国营：《西部地区加工贸易发展的产业定位分析》，《云南财经大学学报》2007年第12期。

于成永、施建军：《独占机制、跨国并购边界与企业绩效——基于诺西并购摩托罗拉案例的研究》，《国际贸易问题》2012年第2期。

余国杰、刘伟：《我国企业对外直接投资的风险及其防范》，《江汉论坛》2000年第5期。

余世耕、李志千：《战略对接激发中哈合作新活力》，《国际工程与劳务》2017年第11期。

岳立、杨帆：《丝绸之路经济带中国与中亚五国能源合作的经验借鉴及路径探析——基于地缘经济视角》，《人文杂志》2016年第9期。

曾庆斌、唐任伍：《银行业对外直接投资的政治风险及规避》，《河南社会科学》2005年第6期。

曾向红：《中亚国家对丝绸之路经济带构想的认知和预期》，《当代世界》2015年第4期。

詹姆斯·麦克布莱德、李笑然：《建设新丝绸之路》，《国际经济评论》2015年第4期。

张碧琼、田晓明：《中国对外直接投资环境评估：综合评分法及应用》，《财贸经济》2012年第2期。

张波：《俄罗斯联邦生态鉴定制度研究》，硕士学位论文，中国海洋大学，2006年。

张栋、张怡：《后危机时代中亚五国贸易和外商直接投资发展：回顾、比较和展望》，《金融发展评论》2017年第8期。

张国旺：《中国对"一带一路"沿线国家投资现状、风险与对策》，《中国市场》2017年第9期。

张华：《中非矿业合作空间有多大》，《中国国土资源报》2012年8月25日第6版。

张华：《中国对非洲矿业投资现状、问题及对策》，《中国国土资源经济》2012年第5期。

张纪凤：《制度因素、资源寻求与中国对外直接投资的区位选择》，

《工业技术经济》2013年第9期。

张家栋：《"一带一路"战略倡议及发展趋势》，《印度洋经济体研究》2017年第2期。

张洁：《中国周边安全形势评估（2015）："一带一路"与周边战略》，社会科学文献出版社2015年版。

张磊、赵桂香：《中国西北能源通道建设的金融支持分析》，《经济问题探索》2013年第6期。

张立：《我国石油企业国际竞争力评测研究》，博士学位论文，山东大学，2006年。

张立伟：《"一带一路"战略背景下中巴经济走廊建设的基础与挑战》，《改革与战略》2016年第10期。

张梅：《中国对俄罗斯直接投资与贸易关系研究》，硕士学位论文，浙江理工大学，2017年。

张明、王永中：《中国海外投资国家风险评级报告2015》，《光明日报》2015年6月3日第16版。

张娜：《开花结果 渐入佳境》，《中国经济时报》2017年4月18日第A04版。

张启振：《我国企业对外投资经营的现状与对策》，《集美大学学报》（哲学社会科学版）2006年第3期。

张芯瑜、孟庆军、崔悦：《中国农业企业对外直接投资项目风险评价》，《湖北农业科学》2017年第11期。

张艳辉、杜念茹、李宗伟：《国家政治风险对我国对外直接投资的影响研究——来自112个国家的经验证据》，《石泉投资研究》2016年第2期。

张燕：《互联网时代的品牌生存之道》，《艺术科技》2014年第3期。

张熠：《吉尔吉斯斯坦投资优惠的法律制度》，《法制与经济》2010年第12期。

章丽群、陆文安、李肇扬：《中国企业对外投资汇率风险研究》，《国际商务研究》2016年第4期。

赵昌明：《对外直接投资风险分析》，《中外企业家》2013年第

28 期。

赵静：《中国东盟国际产能合作战略研究》，《宏观经济管理》2017年第 5 期。

赵力扬：《"一带一路"战略下企业"走出去"税收问题研究》，《财政科学》2016 年第 11 期。

赵青、张华容：《政治风险对中国企业对外直接投资的影响研究》，《山西财经大学学报》2016 年第 7 期。

赵士英：《中东欧国家矿业投资环境评估研究》，硕士学位论文，中国地质大学，2017 年。

赵志文：《丝绸之路经济带核心区视角下中亚各国物流业发展现状分析》，《新疆职业大学学报》2016 年第 3 期。

郑乐：《中国企业跨国经营对策研究——华源集团在加拿大投资案例启示》，硕士学位论文，对外经济贸易大学，2002 年。

郑手瑛：《塔吉克斯坦投资法律制度研究》，硕士学位论文，新疆大学，2016 年。

郑学敏、高秀德：《中国企业跨国并购风险的模糊综合评判》，《上海工程技术大学学报》2007 年第 4 期。

中国社会科学院世界经济与政治研究所课题组：《国别风险启示录》，《中国外汇》2014 年第 22 期。

中国驻土耳其使馆经商处：《土耳其外资制度》，《国际商报》2010年 10 月 8 日第 T06 版。

中华人民共和国商务部：《对外投资合作国别（地区）指南》，俄罗斯（2015）。

仲其庄：《充分发挥连云港港口与口岸在丝绸之路经济带建设中的枢纽地位和引领示范作用——访连云港市委常委、市政府党组成员、港口管理局局长吴以桥》，《大陆桥视野》2014 年第 2 期。

周保根、田斌：《"一带一路"投资合作风险的深入评估及应对》，《国际贸易》2016 年第 11 期。

周汉兵：《资本并购风险管理》，《现代商业》2017 年第 24 期。

周婧、刘静：《中国企业对马来西亚投资现状与前景分析》，《现代商贸工业》2013 年第 1 期。

周文波：《国际长输管道项目 EPC 总承包风险评估及应用研究》，硕士学位论文，兰州交通大学，2016 年。

周五七：《"一带一路"沿线直接投资分布与挑战应对》，《改革》2015 年第 8 期。

周武英：《"一带一路"进入全面务实新阶段》，《今日中国》2017 年第 5 期。

周雪松：《互联互通重塑世界经济格局 促进各国联动发展》，《中国经济时报》2017 年 5 月 10 日第 A05 版。

Buckley P. J., et al., "The Determinants of Chinese Outward Foreign Direct Investment", *Journal of International Business Studies*, 2007, 38 (4): 499-518.

Chui, Andy, Alison E. Lloyd, Chunk C. Y. Kwok, "The Determination of Capital Structure: Is National Culture a Missing Piece to the Puz-zle?", *Journal of International Business Studies*, 2002, 33: 99-127.

Cosset & Roy, "Political Uncertainty and Stock Market Returns: Evidence from the 1995 Quebec Referendum", *Canadian Journal of Economics*, Vol.39 (2), 2006, pp.621-642.

Dunning J. H., "Explaining the International Direct Investment Position of Countries: Towards a Dynamic or Developed Ap-proach", *Review of World Economic*, 1981, 3 (117): 30-64.

Habib M. and Zurawicki L., "Corruption and Foreign Direct Investmen", *Journal of International Business Studies*, Vol.33, No.2, 2002, pp. 291-307.

Haims, "Participatory Ergonomics and Macroergonomic Organizational Questionnaire Surveys", *Proceedings of the Human Factors and Ergonomics Society Annual Meeting*, Vol.46 (15), 2002, pp.351-354.

Kaufmann Daniel, Aart Kraay, "Pablo Zoido-Lobaton. Governance Matters", *World Bank Policy Research Working Papers*, 1999.

Keefer P., "A Review of the Political Economy of Governance: From Property Rights to Voice", *Policy Research WorkingPaper*, 2004.

Kolstad I., Wiig A., "What Determines Chinese Outward FDI?", *Journal of World Business*, 2012, 47 (1): 26-34.

Loree D. W. , Guisinger S. E. , "Policy and Non‐Policy Determinants of US Equity Foreign Direct Investment", *Journal of International Business Studies*, 1995, 26 (2): 281–299.

Nigh D. , "The Effect of Political Event on US Direct Foreign Direct Investment: A Pooled Time‐Series Cross‐Sectional Analy", *Journal of International Business Studies*, 1985, 16 (1): 1–17.

Rodriguez & Uhlenbruck, "Social Media's Influence on Business‐to‐Business Sales Performance", *Journal of Personal Selling & Sales Management*, Vol.32 (3), 2012, pp.365–378.

Sirgal, J.L., A.N.Licht, S.H.Schwartz, "Egalitarianism, Cultural Distance, and FDI: A New Way Approach", *Organization Science*, 2012: 1–21.

Woodward D. , Rolfe R. , "The Location of Export‐Oriented FDI in the Caribbean Basin", *Journal of International Business Studies*, 1993 (24): 121–144.

后　记

　　本书出版之际首先感谢国家社会科学基金对课题研究及本书出版给予的资金支持。感谢西安财经大学的领导和同事，对于课题研究及本书出版的支持。感谢课题组成员及我的学生对课题调研的支持。感谢中国社会科学出版社刘晓红编辑对本书出版的支持。

　　在课题研究和本书出版中，参考了国内外众多学者的研究成果，对此都做了标注，但疏漏之处在所难免，敬请谅解。由于研究者学识有限，对中国企业在丝绸之路经济带直接投资面临的风险防范分析还存在不足之处，希望各位专家不吝指正。

贺宁华
2019 年 9 月